本书由陕西师范大学出版基金资助出版

陕西师范大学国家重点学科建设项目

张懋镕　主编

中国古代青铜器整理与研究

青铜斝卷

吴　伟　著

科　学　出　版　社
北　京

图书在版编目（CIP）数据

中国古代青铜器整理与研究. 青铜斝卷 / 张懋镕主编；吴伟著. —北京：科学出版社，2015. 12

ISBN 978-7-03-046615-0

Ⅰ. ①中… Ⅱ. ①张… ②吴… Ⅲ. ①青铜器（考古）-研究-中国 Ⅳ. ①K876. 414

中国版本图书馆CIP数据核字（2015）第295405号

责任编辑：李 茜 曹 伟 / 责任校对：邹慧卿

责任印制：徐晓晨 / 封面设计：北京美光制版有限公司

科学出版社 出版

北京东黄城根北街 16 号

邮政编码：100717

http://www.sciencep.com

北京建宏印刷有限公司印刷

科学出版社发行 各地新华书店经销

*

2015年12月第 一 版 开本：787 × 1092 1/16

2026年 1 月第四次印刷 印张：18 3/4

字数：450 000

定价：209. 00 元

（如有印装质量问题，我社负责调换）

多卷本《中国古代青铜器整理与研究》编写缘起

经过十几年的准备工作，多卷本的《中国古代青铜器整理与研究》即将出版。回顾往事，真是百感交集。

30年前，我的处女作《释“东”及与“东”有关之字》发表，从那时候起，青铜器的学习与研究注定成为我一生的追求。

29年前，我开始师从李学勤先生研习古文字。中国古文字有很多分支，如甲骨文、金文、战国文字、简牍帛书文字。先生告诉我：“你在陕西，陕西有很多青铜器，你就做金文研究吧。”在先生的指导下，我受到严格的学术训练，这令我终生受益。我的硕士学位论文是《周原出土西周有铭青铜器综合研究》。所谓综合研究，就是从青铜器、古文字、历史文献三方面来研究。从此综合研究成为我研究青铜器遵循的准则与方法。

1989年，西北大学文博学院成立新的专业——博物馆专业，大概考虑到我本科学的是考古，于是把我从文献专业调到博物馆专业。除了继续讲古文字，又开了一门新课“青铜器鉴定”。自此之后，我开始系统研习青铜器，包括没有铭文的青铜器。

在长期的教学与研究工作中，我渐渐对中国古代青铜器有了新的认识。

概而言之，中国古代青铜器的研究，自两宋以来，已有一千多年的历史，取得了丰硕的成果。尤其是近百年来的研究，在青铜器的分期、分区系、分国别、分器类诸方面卓有成效，为世人所瞩目。

回顾历史，也毋庸讳言，我认为就青铜器基础性工作而言，其资料的整理还远远不够。且提一个最基本也是最简单的问题：迄今为止究竟有多少件中国古代青铜容器？（尚且没有涉及兵器、工具、车马器、钱币、铜镜等）几万还是十几万，恐怕连一个非常粗略的估计都没有，专家也说不清楚。家底不清，研究对象模糊，研究很难继续深入。由于中国古代青铜器资料十分庞杂，其收集、整理并非易事，所以这一部分的工作非常重要。说到研究，比如青铜器的定名，鼎、鬲、簋等各类器物的分类研究，它们之间的相互关系，各类纹饰的分类研究，纹饰和器物之间的相互关系，各个阶段铭文的特点，器物、纹饰、铭文三者之间的互动关系以及对断代的作用等等，其研究或不够系统，或不够深入，有些方面甚至是空白。

20多年来，我一直在进行这方面的研究工作，写了《西周方座簋研究》《两周青铜盨研究》《西周青铜器断代两系说刍议》《试论中国古代青铜器器类之间的关系》《青铜器自名现象的另类价值》等文章，希望从器类、断代、地域、定名等多个角度和层面对青铜器进行探索。

同时我也十分关注国内外青铜器研究专家的成果，他们的论著是我案头的必备书籍，我经常地反复阅读，受益无穷。

在研究中，我深感个人力量的有限。从1999年招收青铜器方向研究生起，就逐渐形成了一个构想：如果研究生本人没有更好的研究题目，我就请他（她）来作青铜器中的某一部分，整理、研究某一类青铜器，或某一类纹饰，或某一时段的铭文，等等。经过十多年的积累，已经完成了20多篇硕士和博士学位论文。其中分器类的整理与研究完成多半，某一地区、某一时段的铜器的整理与研究正在进行，纹饰与铭文的分类、分时段研究也做了一部分。这些为多卷本《中国古代青铜器整理与研究》的编撰奠定了基础。同时，我注意到其他先生也在指导研究生做类似的学位论文，对我们也很有启发与帮助。

前几年，在编写《青铜器论文索引》的过程中，与北京线装书局的刘聪建先生多有接触。他听了我的上述介绍后，很感兴趣，遂与我商定，在原有研究生论文的基础上，由我主编，各专题作者分别著述，形成一套多卷本《中国古代青铜器整理与研究》。但由于种种原因，在线装书局只出了三卷。如今，在科学出版社的大力支持下，计划得以重新实现，拟在今后的若干年里，陆续完成和出版20卷以上的著作。

写作多卷本《中国古代青铜器整理与研究》的目的拟在全面、系统整理青铜器资料，充分吸取古今中外研究成果的基础上，对青铜器的形制、纹饰、铭文、组合关系等方面作全方位考察和研究，并试图总结出关于中国古代青铜器产生、发展、消亡的基本途径、规律、特点及其原因。这是一个遥远的目标，但我们有信心一步一步地走近它。

由于这套多卷本《中国古代青铜器整理与研究》的作者都是毕业不久的研究生，眼界有限、文字青涩也在所难免。我的指导也很有限，很多问题我也不懂或知之甚少。当时作学位论文时，我希望他（她）们放大胆子去写，因此他（她）们的观点与我也不尽一致。但无论如何，在阅读他（她）们的学位论文时，在与他（她）们的反复讨论、交流中，我也有很多的收获，这是最令人快乐的事情。我将阅读后的感想写出来，作为序言放在书前，就是希望继续与大家讨论，将《中国古代青铜器的整理与研究》延续下去。而随着一本本书稿的出版，这一批年轻的作者也正在走向成熟，这或许是比书稿的出版更有意义的事情。

最后要感谢参加我的研究生学位论文答辩以及审阅论文的诸位先生，并希望今后继续得到你们的批评与帮助。感谢陕西师范大学暨历史文化学院给予的大力支持，感谢科学出版社李茜与曹伟两位编辑的辛勤工作，让我们十几年来的梦想终于得以实现。

乙未年立冬后二日张懋镕写于
陕西师范大学中国青铜文化研究中心

中国古代青铜酒器器类演变的差异性研究*

——从青铜斝谈起（代序）

张懋镕

关于中国古代青铜容器的演变轨迹，通常的表述是：从夏代开始出现，进入商代之后发展迅速，由小到大，由少到多，在商代晚期形成青铜器发展史上的第一个高峰期，而第二个高峰期则在春秋晚期，到了战国中期以后逐渐衰落。作为青铜酒器，演变轨迹似乎也应该如此。问题是具体到每一类酒器，发展演变的轨迹也是如此吗？

数年前，吴伟完成硕士学位论文《青铜斝整理与研究》[1]，而今又经修改后出版专著（以下简称《吴著》）。在初稿中吴伟认为青铜斝发展的高峰期在商代中期。一开始，我对此表示怀疑。商代晚期是商人“重酒”即酒器盛行的时期，按理说作为商代酒器中的重要类别——青铜斝，它的繁盛期似乎只能在商代晚期，怎么会在商代中期呢？近来在看另一位研究生裴书研的硕士学位论文《商周青铜壶研究》[2]，也涉及相似的问题，裴书研得出的结论是：青铜壶的第一个高峰期并不在商代晚期，而是在西周早期。开始我也不大相信。但无论如何，这两件事给我提了个醒：所谓商代晚期是青铜器发展史上的第一个高峰期的说法只是一个笼统的说法，具体到各类酒器，则各有差别，不能一概而论之。情况究竟如何，下面还是先从青铜斝说起。

附带说明一点，本文是在我所指导的多位研究生的学位论文的基础上写成的。他（她）们对于各类酒器的发展轨迹已经做了很好的探索，凡是相同的论说，我尽可能不去重复，请读者去看他（她）们的论文。他（她）们没有谈到或者强调不够的地方或者有争议的问题，乃是我论述的重点。关于如何衡量一类青铜酒器发展的状态，以往的研究十分强调铸造的精美程度，纹饰的繁复华丽程度，这是正确的，但是窃以为还不是最主要的。度量的尺子主要有两把，一是器物的数量，二是器物的高度。至于纹饰的繁缛还是简约，那是我们现在的自我感觉，未必能代表古人的审美情趣，一味地推崇商器的华丽，排斥周器的简约，很难说是恰当的评判标准。另外本文关于各类青铜酒器的分期不追求细致，勾勒粗线条或许更能展现它们起伏演变的状态。

---

* 本文系国家社会科学基金项目《夏商周青铜礼器的兴衰及其原因》（立项号15BKG007）阶段性研究成果之一。

一、关于青铜斝高峰期的讨论

《吴著》已经对青铜斝的资料作了很好的整理，为了更直观地说明问题，我们在《吴著》的基础上补作了表一。

表一　青铜斝数量统计表

朝代	分期	出土数量（件）	传世数量（件）	小计（件）	百分比
夏代晚期商代早期早段	一期早段	15	8	23	5.85%
商代早期晚段	一期晚段	49	12	61	15.52%
商代中期	二期	65	23	88	22.39%
商代晚期早段	三期早段	53	67	120	30.53%
商代晚期晚段	三期晚段	40	24	64	16.28%
西周早期	四期	18	19	37	9.41%
总计		240	153	393	

考虑到仅仅从数量还不能比较准确地判断青铜斝的发展轨迹，尚需要考察各个期别青铜斝的质量，质量主要表现在体量方面，于是我们在《吴著》的基础上收集出土青铜斝的通高数据，又补作了表二。

表二　出土青铜斝通高统计表

朝代	分期	20厘米以下	20～29厘米	30～39厘米	40～49厘米	50～59厘米	60～69厘米	70～79厘米	小计
夏代晚期至商代早期早段	一期早段		13	1					14
商代早期晚段	一期晚段	1	41	4					46
商代中期	二期	3	39	11	2				55
商代晚期早段	三期早段	1	14	14	6	2	10	2	49
商代晚期晚段	三期晚段	7	15	14	3				39
西周早期	四期	1	3	12					16
总计		13	125	56	11	2	10	2	219

通过以上两份表格，或许可以比较清楚地看出青铜罍的发展趋势和特点。

第一，从夏代晚期到商代早期早段，青铜罍数量有23件，虽然只占总数的5.85%，但比起同时期青铜壶只有区区几件而言，数量还是不少（详后）。青铜罍自诞生开始，就是墓葬出土青铜器组合中的核心成员。而且此时青铜罍的通高均在20厘米以上，要比同出的其他青铜酒器如爵、盉等高很多。这些都为青铜罍能在以后的发展阶段有出人意料的表现奠定了基础。

第二，对于青铜罍来说，商代早期晚段是一个重要的发展阶段。总量从23件增加到61件，翻了一倍多，尤其是出土量从15件增加到49件，翻了两倍多。商代早期早段通高超过20厘米的有14件，超过30厘米的1件，而商代早期晚段通高超过20厘米的就有45件，超过30厘米的有4件，同样翻了两倍多。为商代中期青铜罍的发展创造了有利条件。

第三，商代中期确实是青铜罍大发展的时期。出土青铜罍的数量为65件，不仅远超商代早期晚段的49件，也比商代晚期早段的53件要多。至于传世青铜罍只有23件，远逊于商代晚期早段的67件，是有原因的。一是由于传统金石学对铭文的偏爱，从北宋到民国，商代晚期早段有铭文的青铜罍得以较多地保存下来，而缺少铭文的商代中期青铜罍被更多地抛弃了；二是商代晚期早段青铜罍比商代中期青铜罍厚重，纹饰也比较华丽，深受公私藏家的喜爱，因此得以更多地保存下来。如今我们看到的商代中期与商代晚期早段的传世青铜罍的数量比率是失衡的，因此我们在评价这两个时期的青铜罍的发展态势时，主要观察出土青铜罍的数量与质量，同时酌情参考传世青铜罍。

第四，商代中期确实是青铜罍大发展的时期，但是能不能称之为高峰期呢？不妨先和商代晚期早段做一比较。

商代晚期早段的青铜罍有几个引人注目的地方。首先是数量多，总数120件，超过商代中期的88件。其次是出土青铜罍高度在50～59厘米的有2件，60～69厘米有10件，70～79厘米有2件，而商代中期的出土青铜罍没有一件达到50厘米。超过50厘米就算大型青铜器，这是一个重要的衡量标准。另外，在这一阶段的墓葬中，开始出现形制、纹饰、铭文相同或基本相同的两件一对的青铜罍。就好比壶以对壶的形式出现墓葬中，标志着壶在酒器组合中的强势地位，同样对罍的出现，有效地排斥其他酒器，尤其那么宏伟的一对青铜罍耸立在那里，无疑加重了青铜罍在墓葬出土酒器组合中的分量。还有一点值得注意，就是在这一阶段方罍的出现。如同方鼎在墓葬中的地位一样，方罍的出现也标志着墓主人级别很高。对罍与方罍的例子有：①其罍（《商周》10893）与亚其罍（《商周》10950），通高分别为61.8、61.2厘米，口径分别为29.2、29.3厘米，重量分别为15.5、14.7千克，除铭文稍异，形制、纹饰一致，应为一对。②妇好方罍一对（《商周》10956-57），通高分别为67与68.8厘米。③后巧母大圆罍一对（《商周》11018-19），通高分别为66.5与65.7厘米。这三对青铜罍，包括其中一对青铜方斝均出土在武丁配偶妇好墓中，充分说明了这一时期青铜斝超越前代的气魄与魅力。

以上分析可见，商代晚期早段的青铜斝，在各个方面超越商代中期。况且商代中期在200年左右，商代晚期早段只有100年左右，所以要论高峰期，非商代晚期早段莫属。关于这一点，最近我与吴伟商量，他也同意我的看法，对书稿作了修改。不过，我还是很感谢他，正是经过一番探讨，才使我认识到，不能笼统地说商代晚期是青铜斝的高峰期，因为从表一中可以清楚地看出，到了商代晚期晚段，青铜斝开始走下坡路，总数只有64件，几乎只有商代晚期早段的一半，而且再没有出现像妇好墓出土青铜斝那样的宏伟器物了。准确地说，商代晚期早段即殷墟一、二期才是青铜斝的高峰期。当然商代中期青铜斝的蓬勃发展是很好的助推力，值得我们关注。

二、青铜壶的发展轨迹

关于青铜壶的发展轨迹，我已经在为裴书研著作《商周青铜壶整理与研究》所写的序言《在酒器中，青铜壶一枝独秀》中作了论证，为了说明问题，现将有关要点转述如下：（这里省略了原文中的表格）

依据青铜壶的发展态势，大致可以划分为四个阶段。第一个阶段从商代早期到西周早期。值得注意的是这一阶段的青铜壶多出在墓室面积在4平方米以上的墓葬中，表明青铜壶在出现伊始，就不是一般的酒器，中级及其以上的贵族才有资格使用，而且级别越高，使用的壶的数量越多。这一点对于我们准确把握青铜壶的特质非常重要。

从商代早期到西周早期，壶的数量在逐渐增加。西周早期出土的青铜壶有42件，比整个商代晚期的出土数量38件还要多。西周早期出土的青铜壶有两件通高超过60厘米，与商代晚期早段的情况相当，比商代晚期晚段要强。虽然西周早期缺乏通高50~59厘米的出土青铜壶，但是通高40~49厘米的有8件，而商代晚期早段没有一件，晚段也只有2件。通高在30~39厘米的出土青铜壶，西周早期也比商代晚期要多。在传世青铜壶中，西周早期虽然没有通高超过50厘米的壶，但是通高40~49厘米的有9件，相当于商代晚期早段与晚段的总和。鉴于西周早期的实际年数不及商代晚期的一半，所以这些数据是令人吃惊的。以往我们常说商代晚期是中国古代青铜器的第一个高峰期，但具体到青铜壶，事情就没有那么简单，商代晚期的青铜壶除了在精致方面或略占优势以外，在数量与体量方面均不会超出西周早期。或许我们可以说西周早期才是青铜壶发展史上的第一个高峰期。

在商代晚期的墓葬中，开始出现形制、纹饰、铭文相同或基本相同的两件一对的青铜壶。譬如：妇好壶2件（《商周》11999-12000），通高50.9厘米。后巧母方壶2件（《商周》12031-32），通高分别为64.4与64厘米。这两对青铜壶都是1976年安阳小屯

M5出土的。西周早期也有对壶，如师卫父壶2件（《商周》12402-03），通高31厘米，2010年见于西安，传山西出土。青铜壶以两件一对的形式出现，无疑加重了青铜壶在墓葬出土酒器组合中的分量，这为青铜壶日后取代其他酒器而一枝独秀积累了资本，奠定了基础。

青铜壶发展的第二阶段是西周中期到春秋早期。进入西周中期以后，情况有了变化。数量突然锐减，分别为95和94，只有早期148件的64%。可见，虽然青铜壶不像其他酒器遭遇灭顶之灾，但是数量的减少，仍然说明在周人禁止酗酒的政策影响下，青铜壶的发展也受到一定的限制，这是我们以前不太了解的情况。不过从出土青铜壶的数量来说，西周中晚期与西周早期分别为：40、47、42，差别不大。西周中晚期青铜壶的数量虽然明显少于西周早期，但是出现多件通高超过50乃至60厘米的大型青铜壶，所以不能简单地说西周中晚期是青铜壶发展的低谷。

通常认为春秋早期是中国古代青铜器的低谷时期，然而看看春秋早期的青铜壶，则完全是另一幅景象。就出土数量而言，春秋早期的青铜壶是115件，比西周中期的40件与西周晚期的47件之和还要多。在我们所划分的11个期别中，无论是出土数量，还是总量，春秋早期都占据第一名的位置。就通高而言，春秋早期在40～49、50～59、60～69厘米的出土物也要比西周中、晚期多。而且在传世器中，首次出现超过70厘米的大型青铜壶。

还有一点值得注意，就是这一阶段的方壶很多，占总量的54.8%。如同方鼎在墓葬中的地位一样，方壶的出现也标志墓主人级别很高。方壶的主人晋侯僰马、晋侯㽙听、晋叔家父、陈侯、鲁侯、秦公、虢季、芮公、曾仲斿父、贾伯是诸侯国的国君，仲姜是国君夫人，周[乔]、射、劦、[宀]车父、矩叔、单五父等人的身份从壶的高度（大致在48～58厘米之间）以及出土单位、铭文内容来分析也是地位很高的贵族。

很多方壶成双成对，也是对壶，对壶或者可以称之为列壶，将它与单壶相比较，意义是不同的。就好比鼎以列鼎的形式出现墓葬中，标志着鼎在饪食器组合中的强势地位，同样对壶的大量出现，有效地排斥其他酒器，尤其那么宏伟的一对酒壶耸立在那里，其地位不言而喻。如果说在第一阶段，青铜壶只是青铜器组合中的一个有分量的参与者的话，那么在第二阶段，青铜壶已经确立了它作为酒器的代言者地位。

青铜壶发展的第三阶段是春秋中期——战国晚期。

对于青铜壶来说，春秋中期是发展的一个低谷期，数量少，出土物只有55件，不到春秋早期的一半。如果从通高来看，春秋中期则是一个令人关注的阶段。首次出现多件通高超过80、90厘米的大型青铜壶，甚至在一个墓葬中出土了7件形制、纹饰、铭文相同的壶（1977年山东沂水县刘家店子村M1出土），这种现象极为罕见，它预示着一个新的发展高潮（在春秋晚期至战国早中期）的到来。

从春秋晚期到战国，壶的数量在节节攀升。尤其是春秋晚期出土了通高超过100厘米的莲鹤方壶，且铸造精良，表明青铜壶的发展到了一个新的高峰时期。

从春秋晚期到战国晚期，形制、纹饰、铭文相同或基本相同的对壶依然很多，有10批，其中方壶有3批。在方壶中，蔡侯申是诸侯国的国君，十四年方壶的主人是中山王国的国君，曾姬无卹是楚国国君夫人，主人身份均显赫。另外圆壶主人的身份也不一般。曾侯乙是诸侯国的国君，洹子孟姜是齐国重臣田桓子的夫人，赵孟庎是晋国正卿，地位很高。左使车壶出在中山王国国君的墓中，也非寻常之物。

总而言之，从西周早期到战国晚期，青铜壶不仅始终是酒器组合中的核心，也一直是各个历史阶段墓葬出土青铜器组合中的核心。青铜壶的发展经历了三个高峰期：西周早期、春秋早期、春秋晚期，但总的来说发展的轨迹起伏不大，相对比较平稳，发展势头十足，显示出青铜壶具有强大的生命力，与其他酒器有很大差别。

三、青铜觥的发展态势

四年前刘莹莹完成了硕士学位论文《商周青铜觥的整理与研究》（以下简称《刘文》）[3]，本节在《刘文》的基础上，对一些青铜觥的年代作了调整，期别也有所变化，补作了一个表三（没有图像的不在计算之内）。

表三　出土与传世青铜觥统计表

朝代	分期	出土数量（件）	传世数量（件）	小计（件）	百分比
商代晚期	第一期	13	7	20	21.74%
商代晚期	第二期	5	5	10	10.87%
商代晚期	第三期	8	22	30	32.61%
西周早期	第四期	17	14	31	33.70%
西周中期	第五期	1		1	1.09%
总计		44	48	92	

与青铜斝、壶不同，青铜觥从殷墟二期才问世，而且流行时间不长，到西周中期以后就消失了。然而青铜觥从一开始出现就因制作精美、纹饰华丽而惊艳天下。本节将青铜觥的发展历程分为五期。

第一期即是殷墟二期。该期有出土器13件，传世器7件，小计20件，占青铜觥总数的五分之一强。数量比后来的殷墟三期还要多，其中商王妃妇好的墓中就出土8件，这是非常特别的情况，很可能在表示青铜觥就是为了高级别的贵族定做的，它出现伊始就受到统治阶级的格外青睐。此时青铜觥形制有三足、四足、圈足，已经具备了日后青铜觥的主要型式。值得注意的是，已出现成双成对的觥，譬如妇好墓出土8件觥，分为四对，司母辛四足觥两件（《商周》13623-24），妇好圈足觥2件（《商周》13608-09），虺纽觥2件，残觥2件，每一对觥的形制、纹饰、尺寸都一样，而它们彼此之间则有区分。可见青铜觥一登场起点就很高，显示出与众不同的发展态势。也正因为如此，我们不能轻易就说殷墟二期是青铜觥发展的高峰期。

第二期即为殷墟三期。这一时期有出土器5件，传世5件，小计10件，明显比殷墟二期数量要少。而且在形制与装饰方面只是承绪殷墟二期的风格，并没有什么创新之处。

第三期相当于殷墟四期。这个时期青铜觥有几大看点。第一，数量多，出土器8件，传世22器件，小计30件，几乎占到青铜觥总数的三分之一，虽然与西周早期相伯仲，但考虑到殷墟四期的实际年数大大少于西周早期，所以殷墟四期无疑是青铜觥数量最多的时期。第二，满花、三层装饰的青铜觥很多，占到这一时期总数的三分之二以上。试看美国弗利尔美术馆与日本藤田美术馆藏的两件殷墟四期的鸟兽觥，通体布满花纹，而且层次十分丰富，装饰之繁缛与华丽已经到了无以复加、登峰造极的地步。第三，扉棱得到广泛使用。装饰扉棱的青铜觥数量超过没有扉棱者，使器物的立体感很强，显得更为宏大、挺拔。第四，方体觥大量涌现，不少于9件，占这一时期总数的30%左右。方觥如同方鼎、方壶一样，只有级别很高的贵族才能拥有它。譬如山东青州苏埠屯就出了多件方体青铜觥，其主人是一方诸侯。总而言之，殷墟四期应为青铜觥发展的一个高峰期。

至于为什么殷墟四期的传世觥数量远远超过出土觥，一是这一时期铭文增加，二是形制特别、纹饰精美，这两点都是公私藏家的钟爱之处。

说殷墟四期是青铜觥发展的一个高峰期，还有一个佐证，就是西周早期的青铜觥数量与殷墟四期差不多。按说随着周初禁止酗酒的政策的推行，很多酒器器类的数量大减甚至消失，而青铜觥却几乎不受影响，一个合理的解释就是青铜觥在殷墟四期发展势头迅猛，到了西周早期依然余威不减。

第四期相当于西周早期。此时青铜觥数量很多，与殷墟四期差不多，型式也多样，有方体觥、圈足觥等，而且方体觥的数量也不少。另外还有新的创造，譬如告田觥，在觥下设置一个方座，这种型式的觥未见于商代晚期。就装饰而言，从繁缛向简约转变，有地纹和满花的青铜觥减少了。但仍然有折觥那样器物厚重、纹饰繁复、华美的器物，以至于现在还有学者认为它们是周初器物（殷商韵味浓郁），不相信会晚到周昭王时期。可能因为青铜觥不是一般贵族所能拥有，而西周早期的禁止酗酒的政策在高级贵族那里收效还是有限，所以这一时期的青铜觥仍然保持着一定的数量。

第五期即西周中期。此时青铜觥突然锐减，只剩下一、二件。这应该与周人长期以来坚持推行禁止酗酒的政策有关。但即便处于衰亡阶段，像日己方觥这样的器物仍然保持着较大的体量和满身的纹饰。

《刘文》已经正确指出殷墟四期是青铜觥的高峰期。这意味着青铜觥的发展态势与前面所说青铜斝、青铜壶是不同的。

四、青铜方彝的发展态势

青铜方彝与青铜觥的发展历程比较接近，也是从殷墟二期才问世，主要流行到西周中期。不同的是青铜方彝持续的时间要长一些，西周晚期到春秋早期还有，但多为明器。本节在李娟利论文《商周方彝的整理与研究》（下简称《李文》）的基础上[4]，对一些青铜方彝的年代作了调整，补作了一个表四（没有图像的不在计算之内）。

表四　出土与传世青铜方彝统计表

朝代	分期	出土数量（件）	传世数量（件）	小计（件）	百分比
商代晚期	第一期	13	19	32	23.70%
商代晚期	第二期	2	13	15	11.11%
商代晚期	第三期	4	22	26	19.26%
西周早期	第四期	4	15	19	14.07%
西周中期	第五期	6	9	15	11.11%
西周晚期至春秋早期	第六期	26	2	28	20.74%
总计		55	80	135	

对于青铜觥来说，器物的高度不是衡量的标准之一，因为绝大部分青铜觥的高度在十几到二十几厘米之间，但是对于青铜方彝来说，器物的高度则是主要的影响因子，所以我们在《李文》的基础上收集了青铜方彝的通高数据（表五、表六）。

表五　出土青铜方彝通高统计表

朝代	分期	10厘米以下	10～19厘米	20～29厘米	30～39厘米	40～49厘米	50～59厘米	60～69厘米	小计
商代晚期	第一期		1	6	2			1	10
商代晚期	第二期			2					2
商代晚期	第三期			1	1				2
西周早期	第四期				1	2			3
西周中期	第五期		2	1	1				4
西周晚期至春秋早期	第六期	2	15	2	1	1			21
总计		2	18	12	6	3		1	42

表六　传世青铜方彝通高统计表

朝代	分期	20厘米以下	20～29厘米	30～39厘米	40～49厘米	小计
商代晚期	第一期	6	10			16
商代晚期	第二期	2	8	1		11
商代晚期	第三期	1	15	1		17
西周早期	第四期	1	5	2	1	9
西周中期	第五期	2	2			4
西周晚期至春秋早期	第六期	1	1			2
总计		13	41	4	1	59

本节将青铜方彝的发展历程分为五期。一期相当于殷墟二期。与前述青铜觥的初始阶段相似，方彝从一开始出现就制作精美、纹饰华丽，发展极为迅猛，有很多后世不能企及的优长之处。首先是数量多，共计32件，超过后来的任何一个发展阶段。其次是在妇好墓中出土似两件方彝连在一起的所谓偶方彝，这是唯一的1件偶方彝，而且通高达60厘米，重71千克，也是商代最大最重的1件方彝，弥足珍贵。偶方彝的出现不是偶然的现象，因为在妇好墓中已经有成双成对的方彝。如妇好方彝2件（《商周》13493-94），形制、纹饰、铭文以及大小都一样。在传世器中也有，如冉方彝2件（《商周》13466-67），形制、纹饰、铭文以及大小都一样。在一类器物的发展的初级阶段就有如此成熟的表现，是很少见的。再次，如《李文》所分析的，殷墟二期时方彝有多种不同的型式，可以说后来的方彝只是作了一些局部改变而已。

第二期相当于殷墟三期。相对于第一期来说，第二期不仅数量少，只有第一期的一半，质量上也没有什么胜出之处。

第三期相当于殷墟四期。这一时期的青铜方彝相比殷墟三期有很多优长之处，可以说直接继承了殷墟二期特点。首先是数量多，有26件青铜方彝，接近殷墟二期的数量。其次，从通高而言，总体上殷墟四期超出殷墟二期。殷墟二期毕竟是方彝的起步阶段，所以还有7件20厘米以下的小型器，而殷墟四期只有一件。20～29厘米的方彝，殷墟二期有16件，殷墟四期也有16件，30～39厘米的方彝，殷墟二期有2件，而殷墟四期也有2件，旗鼓相当。就成对的铭文方彝而言，殷墟二期有2对，而殷墟四期有4对：戈方彝（《商周》13468-69）2件，形制、纹饰、铭文都一样，唯大小差1厘米；亚醜方彝2件（《商周》13485-86）、告永方彝2件（《商周》13523-24）、亚若癸方彝2件（《商周》13531-32），形制、纹饰、铭文以及尺寸都一样。

《李文》说晚商是青铜方彝的发展高峰期，是对的，具体而言，应在殷墟二期与殷墟四期。之所以说殷墟四期也是青铜方彝发展的一个高峰期，还有一个佐证，就是西周早期的青铜方彝的数量与殷墟四期差不多。这种现象也见于青铜觥，如前所言。

在西周早期，很多酒器器类的数量大减甚至消失，而青铜方彝受的影响不太大，一个合理的解释就是青铜方彝在殷墟四期发展良好，到了西周早期依然受到庇荫而发挥着作用。

第四期相当于西周早期，此时方彝数量虽然有时减少，但仍有19件，而且出现3件通高超过40厘米的大方彝，其中一件四出戟方彝通高49.1厘米，接近50厘米，着实让人刮目相看。还有像令方彝、叔牝方彝、荣子方彝、折方彝那样比较华丽的方彝。这几件方彝的年代，学者们多认为属昭王时期，但还有人坚持它们是周初之物，原因就在于太像商代晚期的方彝，不但器物厚重，而且“满花”三层，制作精美。

第五期相当于西周中期。数量也不少，有15件之多，可见方彝虽然从西周早期开始自顶峰滑落，但衰减的步伐较慢，这是很有意思的一点。而且形制上也有新变化，如井叔方彝、盠方彝、师遽方彝，双耳作象鼻形，富有特色。在器体上，也还算较高大，通高多在28厘米以上，装饰以兽面纹为主。此时明器方彝出现，标志方彝开始衰退，这当然与周人禁止酗酒以及“穆王革典”有关。

第六期相当于西周晚期至春秋早期。这一阶段的方彝大多数是明器，器体矮小，制作粗糙，纹饰简单或者素面，有些方彝盖和器体连铸，腹腔内还存有范土。

总而言之，青铜方彝与青铜觥相似，一开始发展就很迅猛，在西周酒器大量减少的情况下，它们依然有一段比较平稳的发展时期，这一点既与青铜壶不同，也和青铜斝相异。

五、青铜觯的发展态势

曹斌的硕士学位论文《商周青铜觯研究》指出他所划分的第二期即殷墟四期是青铜觯的兴盛期[5]，第三期即西周早期是青铜觯的繁荣期，大致不错。原文没有出土青铜觯数量统计表和通高统计表，今根据《曹文》提供的数据增补如表七、表八：

表七　出土青铜觯数量统计表

朝代	分期	出土数量（件）	百分比
商代晚期偏早	第一期（殷墟二、三期）	8	4.85%
商代晚期偏晚	第二期（殷墟四期）	46	27.88%
西周早期	第三期	80	48.48%
西周中期	第四期	19	11.52%
西周晚期	第五期	12	7.27%
总计		165	

表八　出土青铜觶通高统计表

朝代	分期	10厘米以下	10～14厘米	15～20厘米	20～30厘米	小计
商代晚期偏早	一期（殷墟二、三期）		2	5		7
商代晚期偏晚	二期（殷墟四期）	1	30	15		46
西周早期	三期	3	41	26	1	71
西周中期	四期		2	12	3	17
西周晚期	五期	2	8	3		13
总计		6	83	61	4	154

依据《曹文》将青铜觯的演变过程划分为五期。

第一期相当于殷墟二、三期。青铜觶从殷墟二期开始问世，到殷墟三期共出土8件，数量不多，与青铜觥与方彝初始期的表现完全不同。还有一点值得注意，就是形体比较高，没有10厘米以下的器物。高度15～20厘米的青铜觶所占比例较大。

第二期即殷墟四期，对青铜斝与壶来说是低谷期，对青铜觶来说却是重要的发展时期。青铜觶数量从8件一下增加到46件，占青铜觶总数的四分之一强，是殷墟二、三期总和的5倍多，令人瞩目。15厘米到20厘米的青铜觶数量也很多。《曹文》称之为青铜觯的“兴盛期”。

第三期即西周早期。出土青铜觶的数量为80件，几乎占青铜觶总数的一半，同时也比“兴盛期”的第二期要多出42.5%。同时出现20厘米以上的青铜觶。《曹文》称这一时期为“繁荣期”。我们认为相比商代晚期来说，西周早期才是青铜觶的高峰期。高峰期还有一个标志就是对觶的出现。如传世器伯旟觶1对（《商周》10604-05），朕觶1对（《商周》10613-14），1966年洛阳北窑村庞家沟墓地418号墓出土的𢍉𠜷觶1对（《商周》10607-08），据传出土于洛阳的齐史逓觶1对（《商周》10643-44），以上器物形制、纹饰、铭文相同，尺寸也十分接近。大部分对觶出现在西周早期，显示出此时青铜觶在青铜器组合中的强势地位。

第四期即西周中期，数量大减，出土青铜觶只有17件，占总数的10%多一点，显然青铜觶在走向衰落。即便如此，也有一些亮点。譬如20厘米以上的青铜觶有3件，超越其他时期；也有对觶，如员觶1对（《商周》10567-68）；铭文最长的青铜觶也在这一阶段，如趩觶（《商周》10659）铭文69字。

第五期相当于西周晚期至春秋时期，以素面器和明器为多，所以高度也普遍降低。

总而言之，青铜觶出现时间比斝、壶要晚，比觥、方彝稍早，高峰期与青铜壶重叠，在西周早期，衰落时间与觥相近，在西周中晚期。

六、青铜觚的发展态势

王文娟的硕士学位论文《商周青铜觚研究》（下简称《王文》）已经对青铜觚的资料作了很好的整理[6]，并详细分期。我们在《王文》的基础上制作一个各个期别青铜觚数量的统计表（表九）：

表九　出土青铜觚数量统计表

朝代	分期	出土数量（件）	百分比
商代早期	第一期	37	11.11%
商代中期	第二期	47	14.11%
商代晚期	第三期第一阶段	104	31.23%
商代晚期	第三期第二阶段	74	22.22%
商代晚期	第四期第一阶段	56	16.81%
西周早期	第四期第二阶段	15	4.50%
总计		333	

考虑到仅仅从数量还不能比较准确地判断青铜觚的发展轨迹及其特点，尚需要考察各个期别青铜觚的质量，质量主要表现在体量方面，于是我们在《王文》的基础上收集了出土青铜觚的通高数据（表一〇）。

表一〇　出土青铜觚通高统计表

朝代	分期	10～19厘米	20～29厘米	30～39厘米	40厘米以上	小计
商代早期	第一期	22	12			34
商代中期	第二期	14	30			44
商代晚期	第三期第一阶段		51	2		53
商代晚期	第三期第二阶段	1	40	19		60
商代晚期	第四期第一阶段	7	42	1	1	51
西周早期	第四期第二阶段	1	13			14
总计		45	188	22	1	256

青铜觚出现比较早，在商代早期后段，即二里冈上层文化期，即《王文》所分的第一期。这一期的年代不短，但出土的铜觚数量较少，只有37件，而且多半是小型觚，通高在20厘米以下。

《王文》所分第二期指二里冈上层向殷墟过渡期和殷墟一期，最晚至武丁前期，大致相当于商代中期。这是一个过渡时期。不仅青铜觚的数量有了明显的增加，达到47件，而且高度也有了提升，与一期相反，20厘米以上的青铜觚占多数，但其中超过25厘米的还是少量。这一期青铜觚在厚重感与纹饰的装饰方面有了发展，是承上启下的重要阶段。

《王文》所分第三期第一阶段相当殷墟二期，殷墟二期的实际年数远远短于商代中期，但出土青铜觚的数量却有104件，几乎占到出土总数的三分之一，是商代中期的两倍还要多。此期没有20厘米以下的小型觚，20～29厘米的中型觚有51件，数量大大超过商代中期，而且其中大多数觚的高度在25厘米以上，这一点也与商代中期不同。特别是出现了30厘米以上的高体觚，显示这一时期的青铜觚在向高大型发展。这一时期出现成套的青铜觚，如妇好墓出土亚其觚8件一组（《商周》09353-59），通高超过28厘米；出土妇觚3件（《商周》008881-83），通高超过27厘米；出土束泉觚5件（《商周》09268-72），通高超过26厘米，出土妇好镂空觚6件（《商周》09273-78），通高超过25厘米；出土妇好觚11件（《商周》09279-89），通高超过27厘米；出土后巧母觚10件（《商周》09643-52），通高28.3～29厘米（以上一座妇好墓出土的青铜觚的数量，占这一期青铜觚总数的43.3%。令人惊讶）。亚长觚2件（《商周》09389-90），通高为35.5与36.1厘米。在级别比较高的墓葬中还出现了通高超过27厘米的方觚。

《王文》所分第三期第二阶段以殷墟三期为主体。从出土数量来看，74件自然少于殷墟二期的104件，但是从体量来说，则超过殷墟二期。虽然20～29厘米的青铜觚要少于殷墟二期，但是30厘米以上的青铜觚竟有19件，着实让人吃惊。通高超过30厘米的青铜觚总共22件，殷墟三期就拥有19件，占到绝大多数。1952年辉县褚邱村出土的子觚（《商周》08888）通高35厘米。1980年罗山县天湖村出土的息乙觚2件（《商周》09231-32），通高30.7厘米。传世东父壬觚（《商周》09615），通高37厘米。譬如亚址方觚10件（《商周》09343-52），通高29.7～30.4厘米，排列在一起，不仅高大，而且宏伟。虽然郭家庄160号墓的主人的级别比妇好要低，但场面也够气派。

《王文》所分第四期第一阶段相当于商末周初阶段。这一期的青铜觚数量虽然不如前期，但也不少，有56件之多。对觚不少，如1999年殷墟1046号墓出土的亚觚2件（《商周》08851-52）、1994年滕州前掌大11号墓出土的史觚2件（《商周》08855-56）、21号墓出土的史觚2件（《商周》08857-58）、1986年青州苏埠屯8号墓出土的融觚2件（《商周》09038-39）、1985年灵石旌介村2号墓出土的鬲觚2件（《商周》09175-76），说明青铜觚在青铜器组合中仍然起着不小的作用。超过30厘米的青铜觚也有，如亚奚觚（《商周》09383）通高34.1厘米，车徙父乙觚（《商周》09740）通高36.5厘米。本期更有体量最大的觚——山东青州苏埠屯出土的亚醜方觚，高达43.3厘米，重7.54千克，称得上“觚王”。河南鹿邑长子口墓出土的四件方觚也很有代表性。这些说明从商末到周初，虽然青铜觚数量有所减少，但借助殷墟二、三期的发展势头，仍然有不俗的表现。

《王文》所分第四期第二阶段相当于西周早期。此时铜觚的数量剧减，只有15件，且再也没有高度超过30厘米的青铜觚了，青铜觚在迅速衰落。

《王文》指出殷墟二期和三期是青铜觚发展的繁盛期。在通盘考察之后，我们认为这个结论是正确的。

七、结　　语

（1）综上所述，斝、壶、觥、方彝、觶、觚六类青铜酒器，发展的轨迹是不同的。青铜斝从夏代晚期出现，到商代中期发展迅猛，至商代晚期早段即殷墟一、二期进入高峰期，在商代晚期晚段时开始走下坡路，西周早期之后消失。青铜壶从商代早期开始出现，发展阶段很长，经历了三个高峰期：西周早期、春秋早期和春秋晚期，战国晚期开始衰落。与青铜斝、壶不同，青铜觥和方彝都是从商代晚期早段即殷墟二期才问世，而且流行时间不长。两者之间还有差别，青铜觥的流行时间更短一些，到西周中期以后就消失了。青铜觥一出现发展速度就很快，殷墟二期和四期的青铜觥水平之高令人惊讶，特别是殷墟四期应为高峰期。方彝在西周早期还有不俗的表现，到春秋早期才彻底退出历史舞台。不过方彝在西周中期以后主要以明器的形式出现，所以与觥的发展历程还是很接近。青铜方彝的高峰期在殷墟二期与四期。青铜觶也是从殷墟二期出现的，但起初发力不够，进入殷墟四期才大有起色，到西周早期攀上高峰期，西周中期以后以明器为多，在春秋早期以后消亡。青铜觚从商代早期出现，在殷墟二、三期达到高峰期，进入西周就很快衰落，早期以后不见踪影。

（2）商周青铜酒器大致有14类，除去以上六类外，还有爵、角、盉、罍、瓿、尊、卣、銒等八类。其中后六类都已经有硕士学位论文[7]。关于青铜角的高峰期，我已经做过研究，在殷墟三、四期[8]。其他类酒器的高峰期，作者都提出了自己的看法，考虑到各种原因，本文暂不采用，待时机成熟之后，再作进一步的研究，希望读者谅解。

（3）在本文重点讨论的六类酒器中，最早出现的是青铜斝，在夏代晚期和商代早期很活跃，紧接着青铜觚出现，和青铜斝一起，在商代中期有不错的表现。当商代晚期早段（殷墟一、二期）青铜斝、青铜觚进入高峰期时，青铜觥和方彝横空出世，青铜壶与青铜觶也开始有所作为，从而开创了酒器的繁盛局面。在商代晚期晚段（殷墟三、四期）时，虽然青铜斝开始疲软，但由于青铜方彝、觥、觚、觶、壶相继进入或准备进入高峰期，场面依旧很热闹。进入西周早期后，情况开始变化，虽然青铜斝、觚逐渐消亡，但青铜觥、方彝还在勉强支撑局面，尤其是青铜壶与青铜觶在此时进入高峰期，所以场面并不冷落。换言之，就青铜酒器的总体发展而言，高峰期并不仅仅在商代晚期，还要持续到西周早期，至少要到康王前期。不能简单认为酒器已进入西周早期就开始衰落了。西周中期之后，随着斝、觚、方彝、觶、觥等酒器的消失或衰落，青铜壶一器坐大的局面就不可避免地来到了。从中可以看出，一类酒器的衰落，无疑为另一类酒器的兴起提供了契机。

（4）为什么不同类型的酒器，发展的轨迹不同？其中原因很多。譬如方彝与觥的发展轨迹就不同于其他酒器，因为它们有着完全不同的出身。我曾经在《简论仿陶铜器与非仿陶铜器》一文中做过分析[9]。就中国古代青铜酒器的来源而言，可分为两大类。一类仿自陶器，习称之为仿陶铜器，如觚、觯、斝、壶等；另一类并非仿自陶器，可称之为非仿陶铜器，如觥、方彝等。仿陶青铜器因为源自陶器，难免不与陶器有千丝万缕的联系，所以通常在其初现期（夏代或商代早期）形制简陋，铸造技术不高，而后逐步成熟，有一个漫长的成长过程。而非仿陶青铜器则不同，它与陶器没有瓜葛，铸造者可以充分发挥想象力，所以它在初现期的形制就比较成熟。且看方彝、觥的早期形态与后来的形态就差别不大，甚至大小也不像仿陶青铜器那样悬殊，基本定型之后，就一直延续下去。大家公认商代晚期的青铜器达到了很高的艺术境地，但仿陶铜器从夏代到商代晚期花了至少300年的功夫。这个漫长的探索过程难免不留下令人遗憾的作品。非仿陶铜器则不然，方彝、觥等等都是诞生在铸铜技术纯熟的商代晚期及其以后，所以它们不需要很长的时间就可以步入高峰期。

关于中国古代青铜酒器的发展态势，本文只是在作一种粗浅的探索。希望在各类青铜酒器的资料整理工作更趋细致后，再作进一步的研究。

2015年9月28日初稿

11月11日修改

注　释

［1］ 吴伟：《青铜斝整理与研究》，陕西师范大学硕士学位论文，2009年。

［2］ 裴书研：《商周青铜壶研究》，陕西师范大学硕士学位论文，2012年。

［3］ 刘莹莹：《商周青铜觥的整理与研究》，陕西师范大学硕士学位论文，2011年。

［4］ 李娟利：《商周方彝的整理与研究》，陕西师范大学硕士学位论文，2011年。

［5］ 曹斌：《商周青铜觯研究》，陕西师范大学硕士学位论文，2007年。

［6］ 王文娟：《商周青铜觚研究》，西北大学硕士学位论文，2005年。

［7］ 李云朋：《商周青铜盉整理与研究》，陕西师范大学硕士学位论文，2011年。王宏：《商周青铜罍研究》，陕西师范大学硕士学位论文，2010年。孙妙华：《青铜瓿的整理与研究》，陕西师范大学硕士学位论文，2012年。张小丽：《商周青铜尊的考古学研究》，西北大学硕士学位论文，2004年。马军霞：《出土商周青铜卣研究》，西北大学大学硕士学位论文，2006年。齐耐心：《东周青铜卮整理与研究》，陕西师范大学硕士学位论文，2012年。

［8］ 张懋镕：《商周青铜角探研》，《古文字与青铜器论集》（第二辑），科学出版社，2006年，118页。

［9］ 张懋镕：《简论仿陶铜器与非仿陶铜器》，《古文字与青铜器论集》（第四辑），科学出版社，2014年，171～178页。

目　录

第一章　青铜斝的著录与研究*

目前考古和传世发现的青铜斝，最早出现于夏末即二里头文化四期，一直沿用到西周早期，中期之后不见，延续时间较长。出土地点分布于全国11个省、市，范围较广。

对青铜斝的著录与研究可分为三个时期，20世纪40年代之前，对青铜斝的研究局限于器物学范畴，仅是对青铜斝基本情况的记录，且研究对象多为传世青铜斝。20世纪40～80年代，以《商周彝器通考》为标志，青铜斝研究跳出狭隘器物学的范畴，进入全面科学研究阶段。20世纪80年代至今，不再局限于对青铜斝的研究，研究扩展到了陶斝。

第一节　古代青铜斝的著录与研究

殷墟卜辞中有字作[illegible]、（《合集》19791、[illegible]《后》下7.10），从字形看，有双柱、足而无流，与宋代以来通称为斝的形制特征相同，应为斝的象形文字，这可视为斝见诸文献记载之始。西周早期，青铜斝虽仍在使用，但西周甲骨文、金文中均未见有斝的记录。东周时期，礼经中保留了众多祭礼中使用青铜斝的记载，如《周礼·春官·司尊彝》："秋尝，冬烝，祼用斝彝、黄彝。"①《礼记·礼运》："醆斝及尸君，非礼也，是谓僭君。"②《礼记·明堂位》："灌尊，夏后氏以鸡夷，殷以斝，周以黄目。"③秦汉以来，由于青铜斝退出历史舞台多时，时人对东周文献尚有记载的青铜斝的认识日渐模糊，甚至只知其名而不识其形。东汉学者已认为爵、斝同为饮器，许慎《说文》云："斝，玉爵也。夏曰盏，殷曰斝，周曰爵。从吅，从斗，冂象形，与爵同意或说斝受六升。"④

宋代以降，金石学大兴，三代青铜器成为当时学者们关注和研究的对象，出现了一批搜集、整理和著录青铜器的金石学著作，按主要内容大致可分为图录类和款识类，我们兹将与青铜斝有关的著作整理如下。

---

* 本书得到西北民族大学中央高校基本科研业务费专项资金资助（项目编号：zyz2011021）。

① 孙诒让撰，王文锦、陈玉霞点校：《周礼正义》，中华书局，1987年，1514页。

② 王文锦：《礼记译解》，中华书局，2001年，294页。

③ 同上，442页。

④ 许慎：《说文解字》，中华书局，1963年。

一、图　录　类

目前所见最早对青铜斝进行著录的当属北宋时期的《博古图录》，该书共30卷，宋徽宗敕编，王黼等纂。其编修时间起于大观（1107～1110年）初年，至宣和五年（1123年）后始成。所录诸器，皆内府所藏，共28类，839器。其中，第15卷著录青铜斝16件，每器皆有器形图与铭文，兼记大小、容量、重量，并附以考释，体例较为完备。著录器物的同时，对斝的定名、功用、纹饰、断代等问题亦有涉及，将三足、两柱、带鋬的器物命名为斝，后代多沿其说，惜未讲定名的依据。对斝的功用，该书在卷首总说中进行了考证，认为"尝读诗，至宾之初筵"，"然后知酒之败常有如此者，败常若是，安得而不喧哉？先王制斝，所以戒其喧也"[①]。有铭青铜斝3件，皆记族徽文字，考释准确。不足之处在于，将第16器误盉为斝，从器形来看，显为盉而非斝。此书对于时代的判断，失误较多，所录青铜斝多应为商器，最后一器划入汉代更是大谬。

南宋赵九成的《续考古图》卷三著录1件商举，认为形制如鼎鬲，盖为饮器，摹绘有器形，记录尺寸、容积[②]。由器形图观之，所名商举之器实即后世称为青铜斝的器物。卷五著录铜角1件，定名依《广雅》所记按尺寸大小命名酒器的原则，"一升曰爵，二升曰觚，三升曰觯，四升曰角，五升曰散"，此器容量四升，故命名为角。而从器形来看，为斝无疑。不难看出，宋代学者对酒器的定名似不是从形制角度出发，诚如王国维所言："曰爵、曰觚、曰觯、曰角、曰斝，古器铭辞中均无明文，宋人但以大小之差定之。"[③]

明代胡文焕《古器具名》上卷著录周子乙斝1件，有铭文2字"子乙"，释读准确，胡氏依此判断该器为商物，从该器器形和纹饰来看，这是对的，但器名又曰周子乙斝，自相矛盾。该书卷首所附古器总说，乃袭自《博古图录》之文，并无新意，也从侧面反映出明代金石学研究多从旧说，停滞不前[④]。

清乾隆十四年（1749年），梁诗正等仿照《宣和博古图》的体例，将殿廷陈列与内府储藏的青铜器著录成书，这些器物多系元明至清初出土的。乾隆皇帝将其定名为《西清古鉴》，全书共40卷，录1529器[⑤]。第23卷著录青铜斝13件，其中，周丁亥斝当

---

① 王黼：《博古图录》，清乾隆十八年天都黄晟亦政堂修补明万历二十八年吴万化宝古堂刻本。

② 赵九成：《续考古图》，乾隆四十六年四库全书文渊阁书錄钱曾影钞宋刻本；《考古图·续考古图·考古图释文》，中华书局，1987年。

③ 王国维：《观堂集林》，中华书局，1959年，145页。

④ 胡文焕：《古器具名》，齐鲁书社，1997年。

⑤ 梁诗正：《西清古鉴》，乾隆十四年敕编，光绪十四年辽宋书馆铜版影印本。

为伪器，柱与鋬同在一侧，而且铭文内容和器形亦有抵牾之处。每器均摹绘器形，记录尺寸、铭文。有铭者6件，多为族徽文字，考释多有不确之处。所有青铜斝均断为周代之器，有失偏颇，其中不乏商器。

《宁寿鉴古》共16卷，体例同于《西清古鉴》，此书收录青铜器600件，另收铜镜101件，其中第10卷著录青铜斝4件，有铭2件，乃为未收入《西清古鉴》的内府藏器①。器物均摹绘有图形，记录尺寸、重量，对铭文进行了考释，多有附会之处。例如，周立戈斝，所释“立戈”二字实为族徽，而非其所言“爵斝之足如戈形，兹又铭以立戈，则寓戒之意深矣”。该书将4件青铜斝均归为周器，但从青铜斝形制、纹饰来看，除周立戈斝外，均可确定为商器。

《西清续鉴·甲编》20卷，附录1卷，王杰等编纂，始编于乾隆四十六年（1781年），至乾隆五十八年（1793年）成书②。该书著录青铜器844件，第11卷著录青铜斝4件，皆有铭文，均为族徽与先祖名号。将斝与爵觚同列一卷，清人视斝为饮酒之器，昭然若揭。各器均摹绘有图形，记录尺寸、重量等。从图形来看，4器形制接近，都是分裆鬲形斝，纹饰简单，器腹装饰“人”字形弦纹，此种器形流行于商代末期与西周早期。周饕餮斝、周蟠夔斝、周夔纹斝从形制和纹饰来看，应为商器无疑。

《西清续鉴·乙编》20卷，王杰等编纂，编书起讫时间与甲编相同，著录奉天行宫所藏器物，共收青铜器98件、铜镜100件③。第11卷著录青铜斝5件，3器有铭文，对铭文的考释多有附会之嫌，如周父癸斝，有铭文3字，第1字为族徽，该书分析字形与君臣之礼相联系，“鲁字两旁以双手拱之”，“则知尽臣子之礼也”，颇不可取。

《金石索·金索一·钟鼎之属》著录周父舟斝1件，为汉阳叶东卿所藏，绘有器形，记录尺寸。作者将其断为周器，但从纹饰来看，颈部和腹部皆装饰兽面纹，颈部兽面纹上下界以联珠纹，当为商器。有铭文7字，应为“舟作况父丁尊彝”，原释将父丁分开来读，实误④。

《长安获古编》2卷，刘喜海将个人所藏编为是书，所著录之器皆其在陕西任按察使与布政使时所得，共收铜器89件、陶器32件⑤。书前无目录，所编仅绘图形与摹铭，无尺寸资料。今所见书中器名乃刘鹗后加。第1卷著录子斝1件，有铭文1字，口沿下饰蕉叶纹，器身饰兽面纹，应为商器。

《陶斋吉金录》8卷，《续录》2卷，附《补遗》，端方编著，收其所藏器物447件，其中商周青铜器203件⑥。惜该书中伪器较多，罗振玉、容庚先后指出此书所收伪

① 王杰：《宁寿鉴古》，涵芬楼石印宁寿宫写本，1913年。
② 王杰：《西清续鉴·甲编》，乾隆五十八年敕编，涵芬楼石印宁寿宫写本，1911年。
③ 王杰：《西清续鉴·乙编》，乾隆年间敕编，宝蕴楼钞本石印本，1936年。
④ 冯云鹏、冯云鹓：《金石索》，道光七年木刻本。
⑤ 刘喜海：《长安获古编》，光绪三十一刘鹗补刻标题本。
⑥ 端方：《陶斋吉金录》，光绪三十四年石印本。

器约占1/10以上①。第1卷著录扫帚斝1件，铭文2字，为族徽，不能确识。从形制和纹饰来看，应为商末周初器。第3卷著录母癸斝1件，有铭文26字，是目前青铜斝中铭文最长的1件，“癸巳，王易（锡）小臣邑贝十朋，用乍（作）母癸尊彝，隹（唯）王六祀，彤日，才三（在四）月，亚疑”。依据铜器名从主人的定名原则，此器应名小臣邑斝，为商末期器，现藏美国圣路易斯市美术博物馆。

《移林馆吉金图识》1卷，丁麟年编著，所录乃丁氏所藏、所见之器，共收铜器27件②。著录父癸斝1件，器形与铭文均为捶拓缩小墨本，未录具体尺寸，仅言图小于原器3/5。从器形来看，为分裆鬲形斝，纹饰不清，应为商末或西周早期器。

二、款 识 类

《历代钟鼎彝器款识法帖》20卷，薛尚功撰，此书收511器之铭文，宋代时所见彝器款识大多见于此书③。不足之处在于，铭文摹写间有失真处，考释字形字义多有穿凿附会之嫌。第11卷著录青铜斝3件，子乙斝2件、父丁斝1件，正确认识到宁父丁为作器者，但将其与丁公伋简单系连，则有失偏颇。第5卷著录曰举之器铭6件，《续考古图》亦将斝形器称为举，我们认为此书中的举很有可能就是斝。从铭文摹本来看，如父辛举二，作者显然是将族徽文字“举父乙之举”误作为了器名。故该书共著录青铜斝9件。

《啸堂集古录》2卷，王俅著，最早是淳熙三年（1176年）石印本④。全书共收345器，除青铜器外尚有杂器与印章等。只作释文，无考证。上卷著录周子乙斝2件，铭文字形略有差异。周父丁斝1件，有铭文4字，上部为族徽文字，薛尚功将其释为“宁矢”。所录3器，《历代钟鼎彝器款识法帖》都曾著录。

《积古斋钟鼎彝器款识》10卷，阮元编著，欲以此书续薛尚功《历代钟鼎彝器款识法帖》，嘉庆九年（1804年）刻本，光绪年间几经翻印，是清代一部有影响的金石著作。该书收器550件，每器仅摹写铭文，考释较为详细。第5卷著录父癸斝1器、父周斝3器。

《筠清馆金文》5卷，吴荣光编著，收录商周青铜器239器、秦汉25器、唐3器，共计267器，欲以补正《积古斋钟鼎彝器款识》⑤。凡吴氏所藏之器，则详记大小花纹，他人之器则记其藏主，皆附以考释，但错误颇多。第1卷著录商父丁斝1件，另录名举

---

① 罗振玉：《〈陶斋吉金录〉及〈续录〉跋》，收入《云窗漫稿》；又见于容庚：《清代吉金书籍续评（上）》，《学术研究》1962年第2期。

② 丁麟年：《移林馆吉金图识》，宣统二年石印本。

③ 薛尚功：《历代钟鼎彝器款识法帖》，中华书局影印本，1986年。

④ 王俅：《啸堂集古录》，中华书局影印本，1985年。

⑤ 吴荣光：《筠清馆金文》，道光二十二年刻本。

之器5件，疑为斝。所录斝器，摹写铭文，记录器主。

《从古堂款识学》16卷，徐同柏编著①。此书编排以收藏家为次第，共收365器。每器摹写铭文，有考释，间有考证文字。第7卷著录商祖丁斝1件，第14卷著录青铜斝2件，为商父丁斝和周乙斝。

《捃古录金文》3卷9册，吴式芬编撰，光绪二十一年（1895年）刊行②。此书收商周器铭1334器，阮书未收之新出器多收录其中，有释文，间有考证，多采诸家之说。在编排上按器分类，每类中以铭文字数多少为序，开创了新体例，后世著录铭文之书多仿效之。卷1之一收录册乙斝1件，所释不确；卷1之二收录祖丁斝1件；卷2之一著录父丁斝1件，仅有铭文摹本。所收3器，《从古堂款识学》亦曾著录。

《愙斋集古录》26册，吴大澂编著③。该书收其所藏铜器铭文拓本1026器，考释或有或无，印刷质量较高，是金文中的重要著述。第21册著录青铜斝8器，部分器物列出藏主，每器有铭文拓本，并有简单考释，惜不够准确。未对青铜斝进行断代。

《缀遗斋彝器款识考释》30卷，方濬益编著④。卷首有彝器说三篇，上篇考器，中篇考文，下篇考藏，共收铜器1382器，第24卷收录青铜斝14器，每器附有摹本，并说明据何拓本摹入。方氏摹写铭文较准确细致，释文多有精当之处，且颇有发明、创新。惜书中杂糅伪器。所著录青铜斝多见于其他金石学著作。

《敬吾心室彝器款识》，朱善旂著⑤。该书共收364器，其中，青铜斝3器分别为乙斝、宁狈父丁斝和烄祖丁，仅附铭文拓本，无考释，或有简单说明。所录铜器多见于其他著作。

《奇觚室吉金文述》20卷，刘心源编著⑥。收录商周青铜器575件，考释虽多，但多有穿凿附会之处。第7卷著录青铜斝4件，肙癸斝、乙斝和宁狈父丁斝用铭文拓本，父癸斝用摹本，下附考释，器后有说明，介绍拓本来历并有其他学者的考释观点，便于读者参详、对照，如刘心源所释肙癸斝，阮元即称为父舟斝。

宋代以降，金石学兴起。金石学家以极其勤奋的治学态度收集出土青铜斝的资料，并与其他铜器汇集成书，至今对于青铜斝及其铭文的研究仍不失为有用资料，特别是这些青铜斝历经数百年战乱动荡，绝大多数已不复存在，宋人著作珍贵可见一斑。在青铜斝得以著录的同时，亦开始了对青铜斝的研究，涉及青铜斝的定名、断代以及功用研究，最早将两柱、三足、有鋬的器物定名为斝，值得一提的是，对于青铜斝的定名亦为历代学者所沿用。并指出其是商、周、汉器，功用则是为了在饮酒过程

① 徐同柏：《从古堂款识学》，光绪三十二年蒙学报馆影印石校本。

② 吴式芬：《捃古录金文》，光绪二十一年吴氏家刻本，西泠印社翻刻本，1913年。

③ 吴大澂：《愙斋集古录》，上海涵芬楼，1930年。

④ 方濬益：《缀遗斋彝器款识考释》，商务印书馆石印本，1935年。

⑤ 朱善旂：《敬吾心室彝器款识》，光绪三十四年朱之榛石印本。

⑥ 刘心源：《奇觚室吉金文述》，光绪二十八年石印本。

中戒宾喧哗，结论虽多有可商之处，但拓荒之功不容抹杀。因此，宋代是青铜斝著录与研究的奠基时期。

清人对青铜斝所做的工作，主要贡献在于比较详尽地将有清一代所见传世的与新出土的青铜斝加以著录，留下了相当一批著作，且其绘图准确，铭文摹写逼真，甚至已直接采用拓本，水平一般均在前人之上，故为今日青铜斝研究提供了许多珍贵资料，功不可没。虽然如此，清人研究青铜斝所用方法从总体上看，基本上仍是宋以来金石学的旧法，研究者或注意铭文而忽视器形，或注重器形而不顾及铭文，尤其是出土地点、共出器物一般不被重视，在考释铭文时亦多有穿凿附会之处。

第二节　民国时期青铜斝的著录与研究

民国初年，西方近代考古学传入中国，并很快落地生根，以田野发掘为特点的中国考古学兴起。考古学理论尤其是类型学开始影响传统金石学研究，为暮气沉沉的青铜器研究带来新鲜空气。新理论、新方法使青铜器研究不再局限于定名、功用等问题，而是扩展到形制、纹饰、分期断代、组合关系、证经补史等方面的综合研究，出现了《两周金文辞大系》《商周彝器通考》等具有里程碑意义的著作，反映了这一时期青铜器的研究水平。

相较于宋代以来的金石学著作，民国时期除了收录青铜器资料的著录外，以青铜器为研究对象的成果开始出现，跳出了传统金石学研究窠臼。

一、青铜斝的著录

除对传世和新出土青铜斝进行著录外，我国学者四处奔走，致力于搜集国外的青铜器资料，成绩斐然。多数书籍由专家编著，也有古董商人或收藏家自己编著的。这些著录书籍亦可以分为图录与款识两类。

（一）图录类

图录类著作中，按照所著录器物的情况（收藏者或来源）不同，又可分为以下几种。

1. 清宫旧藏

《宝蕴楼彝器图录》2册，容庚编，1929年北平京华印书局影印本[①]。宝蕴楼建

① 容庚：《宝蕴楼彝器图录》，北平内政部古物陈列所，1929年。

于1913年，用作收藏清奉天行宫和热河行宫旧藏的仓库。书中著录青铜斝3件，有铭2件、夔纹斝1件。所用照片较为清晰，记录器物尺寸详备，并对铭文进行了考释，容庚先生将前二器断为商器，是正确的。第3器夔纹斝，从形制和纹饰来看亦为商器无疑。这3件青铜斝同时见于《西清古鉴·乙编》。

2. 私家藏器

《梦坡室获古丛编》8卷，周庆云编著①。器形与铭文皆用拓本，较为精良，每器后皆附考证文字，多有创获。礼器卷著录商祖丁斝1件，器形较为古朴，两斝柱形态原始，尚偏于与鋬相对一侧，器身颈部下侧饰网格纹、腹部饰圆饼纹，该斝形态、装饰与垣曲商城M16所出乳钉纹斝颇似，应属二里冈下层时期的器物。与鋬相对的器身上有铭文3字“祖丁爻”。作者将其断为商器的意见是正确的，反映出民国时期青铜器断代水平较之晚清已有提高。

《澂秋馆吉金图》2册，孙壮编纂，著录陈承裘所藏铜器②。其中商周容器47件、兵器4件，诸器皆以全形拓本缩印，记大小、重量，同收诸家考证，著录青铜斝2件，都有铭文，均为族徽文字。未对器物时代做出判断，从器形及装饰纹饰来看，应为商中期器。

《双剑誃吉金图录》2卷，于省吾编纂③。此书所收乃于氏自藏铜器，共115件，其中商周容器53件、兵器52件，每器皆有器影照片，并附款识与纹饰拓本，鉴别严谨，考释亦精当，1934年影印。上卷著录鬲形青铜斝2件，分别有6字、5字铭文，录器形与铭文拓本，卷末附有尺寸、器物流传及著录情况等，并对铭文进行了考释，甚为精当。从形制和纹饰来看，应为商末周初器。

《善斋吉金录》28册，刘体智编著④。此书将其所藏之器共5728件分为十录，各器皆绘图像，附有铭文拓本，记录器物尺寸大小，而间有铭文考证，体例甚为完备。卷6、7著录青铜斝3件，西单斝和丫且己斝现收藏于中国国家博物馆，妇[illegible]日癸斝现收藏于南京市博物馆，3器均见于其他著录。

《十二家吉金图录》2册，商承祚编撰⑤。此书共收作者及其他11藏家之器共169件，每器有图像，铭文、纹饰用拓本，记录尺寸、容积等，附有考释。1935年金陵大学中国文化研究所影印本。其中，著录青铜斝3件，分别出自北平王臣贮盦、至德周进居贞草堂及商承祚契斋自藏，3斝皆为分裆鬲形斝，都有铭文。

《善斋彝器图录》3册，容庚编纂⑥。此书选取刘体智藏器175件，每器皆有照片，

① 邹寿祺：《梦坡室获古丛编》，民国十六年石印本。
② 孙壮：《澂秋馆吉金图》，台联国风出版社，1976页。
③ 于省吾：《双剑誃古器物图录》，北京琉璃厂函雅堂，1940年。
④ 刘体智：《善斋吉金录》，上海图书馆，1998年。
⑤ 商承祚：《十二家吉金图录》，哈佛燕京学社影印本，1935年。
⑥ 容庚：《善斋彝器图录》，哈佛燕京学社影印本，1936年。

附以铭文与简单考释而成，卷末记有尺寸及著录情况等。1936年影印本。该书著录罐形斝1件，铭文为族徽文字，不能确识。

《海外吉金图录》1册，容庚编著①。作者有感于国外所藏中国商周青铜器数量众多，但关于这些青铜器的著录或价高或不易得，于是有编著此书之念。从《支那古铜器集》《泉屋清赏彝器部》等7部日本铜器著录中选取158器编成此书，多为原本不易见的域外资料，并附有考释，学林称便。该书著录青铜斝3件，1件采自《周汉遗宝》、2件采自《泉屋清赏彝器部》。每器皆有图像及铭文拓本，图像清晰、拓印精良。3件青铜斝纹饰精美，无铭文。卷末考释部分记有每器的尺寸、纹饰等，并对器物年代做出判断。

《尊古斋所见吉金图》4卷，黄濬编，1936年影印本。此书收殷周至清青铜器190件，有图像，不记大小尺寸，无考释，卷3著录方形青铜斝1件，鋬内有铭文“劦[illegible]作父丁彝”六字。

《参加伦敦中国艺术国际展览会出品图说》4册，伦敦中国艺术国际展览会筹备委员会编辑②。1934年10月，国民政府行政院决定选送艺术品赴英国伦敦，供国际展览，首先使西方人士得见中国艺术之伟美，所选器物出自故宫博物院、古物陈列所、中央研究院、北平图书馆等单位。其中，第1册为铜器卷，著录青铜斝2件，1件有铭文，仅有器影，无铭文拓片，记录尺寸、重量等信息，并对器物年代做出判断。

《岩窟吉金图录》2册，梁上椿著③。该书共收录142器，上册收商周青铜器66件，下册收兵器、车马杂器76件。每器有图像、铭文拓本，记有出土地点、尺寸大小、重量，对铭文、花纹、形制、锈蚀情况及颜色都进行了详细说明，上册著录亚貘斝1件，1940年出土于河南安阳，器身装饰兽面纹，鋬内有铭文“亚貘”2字，体量不详。

《邺中片羽》二集二册、三集二册，黄濬编④。黄濬是北京尊古斋古董商人，将其经手的和所见、所藏的青铜器编辑成书，所收绝大部分是殷墟遗物，是研究商代青铜器的重要资料。二集共收290器，著录兽面纹斝1件，现藏于美国华盛顿萨克勒美术馆。三集收录商代青铜器61件，各器有图像，不记大小尺寸、出土地点，亦无考释，书中著录青铜斝4件，均为商代晚期，现分藏于国内外各大博物馆。其中，亚[illegible][illegible]母癸斝藏于上海博物馆，传安阳出土的[illegible]斝现藏于德国科隆东洋博物馆，興斝藏于美国米里阿波里斯美术馆，[illegible]斝藏于美国旧金山亚洲艺术博物馆。

---

① 容庚：《海外吉金图录》，中华书局，2012年。

② 伦敦中国艺术国际展览会筹备委员会：《参加伦敦中国艺术国际展览会出品图说》，商务印书馆铅字本，1936年。

③ 梁上椿：《岩窟吉金图录》，北平彩华印刷局影印，1944年。

④ 黄濬：《邺中片羽》二集、三集，北平琉璃厂通古斋影印本，1937年、1944年。

3. 地区铜器集录

《河南吉金图志賸稿》1册，孙海波编纂[①]。该书系孙氏在1934年利用续修省志之时机编辑而成，所收多数为以往国内著作中不曾著录者，共收50器，每器皆有图像及铭文拓片，甚为清晰，书末附有尺寸记录及考释。著录匕田丫罍1件，安阳薛家庄出土，为分裆鬲形罍，仅饰弦纹，装饰简单，现藏于浙江省博物馆。

（二）款识类

款识类著作沿用以往体例，以保存金文资料为首要，或拓或摹，部分还有器影、考释，推动了古文字研究和金文史料化进程。

《周金文存》6卷附补遗，邹安编著，图像与铭文以拓本影印[②]。所收之器按器类排列，下限至1911年，共1545器。目录下记字数及藏家，每卷后有附说，无考释。第5卷著录有铭青铜罍4件，皆无图像，也无尺寸大小，仅有铭文拓本。在附说中指出，“罍商多而周少”，甚有见地。

《殷文存》3卷，罗振玉编著，1917年石印本。此书共录商代青铜器755件，无考释，下卷收录青铜罍11件，其中一器下31.1系重出，与上卷16.5重复。

《贞松堂集古遗文》16卷、《补遗》3卷、《续编》3卷，罗振玉编纂[③]。正文收器1525件，补遗收器337件，续编收器368件，三书共收2230器。铭文为摹本，略有缩小，后有考释。正文第8卷收录青铜罍16件，每器列铭文摹本，下有考释，考释准确，后附与器物相关的简单说明。补遗卷中收录青铜罍2件，一件为聿父戊罍，《宁寿鉴古》曾加以著录，另一件为□父丁罍。续编卷中收录青铜罍2件，为《攈古录金文》《愙斋集古录》和以前诸书所未见。

《续殷文存》2卷，王辰编著，1935年石印本，收录商代青铜器1587件，惜该书器物断代多有偏颇，杂有许多西周早期器和战国器。下卷著录青铜罍17件。

《小校经阁金文拓本》18卷，刘体智编著，此书以拓本影印，1935年石印本。按器类排列，共收6456器，每器有释文，杂有伪器，印刷也未尽善。该书著录青铜罍铭文拓本15件。

《三代吉金文存》20卷，罗振玉编[④]。罗氏将其40年所搜集的金文拓本，总集起来编成是书。体例编排首分器类，器类下各器再以铭文字数多寡排列，共收4831器，可

---

① 孙海波：《河南吉金图志賸稿》，考古学社专刊第19种影印本，1939年。

② 邹安：《周金文存》，广仓学宭石印本，1916年。

③ 罗振玉：《贞松堂集古遗文》，石印本，1930年；罗振玉：《贞松堂集古遗文补遗》，宝熙书耑石印本，1931年；罗振玉：《贞松堂集古遗文续编》，蟫隐庐石印本，1934年。

④ 罗振玉：《三代吉金文存》，中华书局，1983年。

说是商周青铜器铭文之集大成者，印刷亦精，但均无释文，仅有一目录。第13卷著录青铜斝52器，是历代金石著作中著录青铜斝最多者，传世青铜斝铭文搜罗完备。多数铭文简短，5字及以下有45件，6字及以上的仅7件，最长的为小臣邑斝。每器仅列铭文拓本，无器号、器名，亦无释文，略感不便。

二、青铜斝的研究

进入20世纪以后，传统的金石学研究在汲取考古学的营养后，开始跳出局限于器物和文字研究的窠臼，拓宽了研究范围。这一时期，已不同于两宋至清代时期以著录器影和铭文为主的情形，而是展开了对青铜斝较为全面的研究，涉及青铜斝的定名、功用、器形、纹饰、组合、类型学分析等，研究方法上提倡二重证据法，文献记载与出土实物并重，试图用文献、文物和文字来共同进行研究，并取得了较大成果。

在清以前的金石学著作中，著录之余，偶有涉及青铜斝定名及功用的研究，但多依赖文献记载，穿凿附会之处甚多。殷墟甲骨的发现为中国古史和金石学研究提供了新材料，从而产生了新学问、新观点，尤其是罗振玉、王国维开始利用甲骨文资料对青铜斝的定名及功用进行研究，开创了用古文字研究青铜器的先河，有效弥补了文献记载的阙如，颇值得称道。

《殷墟书契考释》1卷，罗振玉著，1915年出版。《说文》“斝从斗、冂，象形，与爵同意”，罗振玉则认为“斝从吅，不见与爵同意之状，从冂亦不能象斝形。卜辞斝字作‘[illegible]’，上象柱，下象足，形似爵而腹加硕，甚得斝柱。知许书从冃作者，乃由[illegible]而讹，卜辞从[illegible]，象手持之，许书所从之斗，殆又由此转讹者也”，“《韩诗》说诸饮器有散无斝，今传世古酒器有斝无散，大于角者惟斝而已，诸经中‘散’字皆疑‘斝’字之讹”。罗振玉率先提出，早在甲骨文中即已有斝字，由于斝、散古字形相近，在后世礼经中误斝为散。

《观堂集林·说斝》，王国维著，1923年出版。王国维发展了罗振玉“后人误斝为散”的观点，并从出土实物、文献记载及音韵学等角度补充了五条证据：①端方所藏柉禁上有斝无散，而《特牲馈食礼》中有散无斝；②文献记载言散不言斝、言斝不言散，二者不同出；③斝、散功用相同，既为饮器，又是灌尊；④《诗经》“赫如渥赭，公言赐爵”，爵本作斝，转讹为散，后人因散字不得其韵，故改为爵；⑤从文献记载看，散本非器名。

《商周彝器通考》2册，容庚著，1941年哈佛燕京学社铅印本。上编通论十五章，介绍原起、发现、类别、时代、铭文、花纹、铸法、价值、去锈、拓墨、仿造、辨伪、销毁、收藏、著录，下编各论四章，分别介绍食器、酒器、水器及杂器、乐器。该书打破了传统金石学著录惯有的体例，开风气之先，开辟了众多青铜器研究的新领域，不啻是青铜器研究划时代的著作，影响深远。在下编第二章酒器中，从斝之用、作斝之故、斝之形状、斝之名称、形状花纹举例等角度对青铜斝进行研究，颇具启示意义。

《记小屯出土之青铜器》（上篇，容器的形制），李济著，1948年载于《历史语言研究所中国考古学报》第3册[①]。1932～1937年，在殷墟小屯进行的七次发掘，共发现铜器墓10座，出土青铜容器共计76件，其中青铜斝11件。李济最早开始运用现代考古类型学的理论与方法对出土的青铜容器进行研究，以最下部形态（器底与足）为第一分类标准，将青铜容器分为圜底、平底、圈足、三足、四足器等五类，将斝归属于三足器。又依据器底与足是否相通，将青铜斝分为375式和376式，并指出透底空足的必定在不透底足的之前，颇有见地。

综上，可以看出，民国时期是我国青铜器和金文研究蓬勃发展的时期。这一时期，在青铜斝研究上尤为值得称道的主要有两点：首先，以李济为代表，开始利用考古类型学对青铜斝进行研究，通过器物排队，观察青铜斝演变序列，判断其相对年代。其次，以罗振玉、王国维为代表，利用甲骨文字形来考证青铜斝定名及功用，今人称此为古文字考古学。

第三节　1949年以来青铜斝的著录与研究

1949年后，田野发掘工作迅速展开，商周考古重要发现不断，积累了一批青铜器资料，相关著录纷纷出版。这一时期有关斝的青铜器著作，在体例上比较完备，相关信息如器形、体量、铭文等都包含在内。摄影、印刷技术的发展，使得图片清晰、精良，便于研究。

关于青铜斝的著录散见于发掘简报、考古报告、青铜器著录等论著，相关青铜斝铭文亦可在大型金文资料汇编中找到。关于青铜斝的研究，成果日渐丰富。

一、青铜斝的著录

（一）图录类

1. 区域性青铜器图录

相关著录较多，本书仅选取较有代表性且著录有青铜斝的著作列举如下。

《美帝国主义劫掠的我国殷周铜器集录》，中国科学院考古研究所编，实际为陈

---

① 李济：《记小屯出土之青铜器》，《考古学报》1948年第3册，又见于《李济考古学论文选集》，文物出版社，1990年；《李济文集》卷3，上海人民出版社，2006年，467～610页。

梦家编著[①]。新中国成立前数十年间，美国曾劫夺我国大量殷周青铜器，“不但包含了若干有艺术价值的精美之品，也有若干具有历史价值的有重要铭文的彝器”[②]。陈氏考察美国期间，将在各博物馆、大学、古董商肆所能见到的中国青铜器中的礼器或祭器（不包括乐器、兵器、车马器和日用器具等）都拍摄照片，拓了铭文，记了尺寸，并考查了来源，汇集成是书。全书共收录青铜器845件，其中商周青铜斝26件，多数器物极为精美，属青铜斝中的精品之作。该书后由日本学者松丸道雄加以改编，更名《殷周青铜器分类图录》，1977年在东京出版[③]。

《陕西出土商周青铜器》（第一、二册），陕西省考古研究所、陕西省文物管理委员会和陕西省博物馆编[④]。该书主要收录、整理1949年后陕西省境内出土的商周青铜器。图版为器形与铭文拓本，说明记录了器物时代、体量、出土地点及现藏地等信息。第一册著录青铜器207件，其中青铜斝3件，包括商早期兽面纹斝2件，分别出土于岐山京当和户县侯家庙，商代晚期凤柱斝1件，出土于岐山贺家村一号墓。第二册收青铜器169件，著录西周早期折斝，1976年出土于扶风庄白一号窖藏。

《河南出土商周青铜器》（一），《河青》编辑组编[⑤]。该书原计划收录新中国成立以来河南省出土的商周青铜器，按时代、分地区汇编成三册，第一册为商代，第二册为西周、春秋，第三册为战国。《河南出土商周青铜器》（一）共收377器，其中青铜斝32件。

《殷墟青铜器》，中国社会科学院考古研究所编[⑥]。该书收录1958年安阳考古队建立至1982年止所发掘的一部分比较重要的器物，共200余件，以小屯村和殷墟西区墓葬所出青铜器为数最多。该书在体例上以分期为纲，按地点以墓葬或坑为单位编排，大部分比较重要的器物均绘制了墨线图，并制作了纹饰和铭文拓片。该书著录殷墟出土的青铜斝13件，这些青铜斝时代、出土地点明确，是研究商晚期的青铜斝的重要资料。

《欧洲所藏中国青铜器遗珠》1册，李学勤、艾兰编著[⑦]。该书共收录各种青铜器210件，另附录7件，主要是国内难以见到的资料。所收录的青铜器大多数藏于比利

---

① 中国科学院考古研究所：《美帝国主义劫掠的我国殷周铜器集录》，科学出版社，1962年。需注意的是，该书所著录青铜器都是几经转手，有局部加以配造的，有后来添刻铭文的，有不同数器的部分杂拼而成的，有全部是伪造出来的，编者并未完全剔除清楚。

② 中国科学院考古研究所：《美帝国主义劫掠的我国殷周铜器集录》，科学出版社，1962年，3页。

③ 松丸道雄：《殷周青铜器分类图录》（全两册），东京汲古书院，1977年。

④ 陕西省考古研究所、陕西省文物管理委员会、陕西省博物馆：《陕西出土商周青铜器》（一）（二），文物出版社，1979年、1980年。

⑤ 《河青》编辑组：《河南出土商周青铜器》（一），文物出版社，1981年。

⑥ 中国社会科学院考古研究所：《殷墟青铜器》，文物出版社，1985年。

⑦ 李学勤、艾兰：《欧洲所藏中国青铜器遗珠》，文物出版社，1995年。

时、丹麦、法国、德国、英国、意大利、荷兰、瑞典、瑞士等国博物馆或私人藏家，也收录了在伦敦古物行出现的一些器物。器物资料完整，包括器物全形照片，有些增加局部照片、纹饰拓片等，有铭文的有文字照片或拓本，记录尺寸、时代，有出土地点的亦加以记录。著录收藏于法国巴黎雅各布氏的二里头文化青铜斝1件，英国伦敦戴迪野行的商晚期兽面纹斝1件和德国科隆东亚艺术博物馆的兽面纹斝1件，后两件青铜斝体量硕大，纹饰繁缛、精美，实属不可多得的精品。

《周原出土青铜器》10卷，曹玮主编①。该书收录1949～1998年周原遗址范围内出土的青铜器，分窖藏与墓葬两部分，每器有图像、线图、局部图像，有纹饰和铭文拓片，记录有时代、尺寸及形制描述。卷3著录西周早期折斝，卷6著录商晚期凤柱斝，是周原地区发现的为数不多的青铜斝，见于多种著录。

《汉中出土商代青铜器》3卷，曹玮主编②。汉中地区位于秦岭以南、大巴山以北，该书选录该地区出土的，现藏于洋县文物博物馆、城固县文化馆和陕西历史博物馆的商代青铜器443件，其中著录青铜斝2件，均为商晚期器。一件为兽面纹方柱斝，1959年出土于洋县马畅镇，斝柱极为发达，柱帽不存；另一件为斜角云雷纹斝，1964年出土于洋县小江乡张村，为常见的鬲形斝。

《洛阳出土青铜器》，洛阳师范学院、洛阳市文物局编③。收录新中国成立以来洛阳陆续出土的青铜器，共计232件。作者认为斝为饮、盛酒器，小者可以饮酒，大者可以盛酒，夏代出现，盛行于商和西周。著录洛阳地区出土的青铜斝3件，2件为夏代，出土于偃师二里头遗址，1件为西周早期的登作斝，出土于北窑西周墓。

《皖南商周青铜器》，安徽大学、安徽省文物考古研究所编著④。皖南是我国长江流域以南集中出土商周青铜器较多的地区之一，该书共收录皖南出土商周青铜器150件，著录商代兽面纹斝1件，出土于安徽铜陵县西湖镇铜墩村，颈腹皆饰一周兽面纹。

《殷墟新出土青铜器》，岳洪彬主编⑤。该书是中国社会科学院考古研究所计划编著“殷墟系列图录”的第一本，主要收录1982年以后殷墟新出土的青铜礼器和以前没有收录的部分形制特殊的青铜器，共200余件，时代包括殷墟一至四期，在图版编排方面，着重器物局部特征的表现，同时也重视同一墓葬出土青铜器群的组合关系。该书整理了1982～2006年出土于殷墟的青铜器资料，青铜斝共出土32件。该书著录青铜斝11件，均为已发表过的资料。

《陕北出土青铜器》5卷，曹玮主编⑥。该书收录延安市与榆林市所辖各区县博物

① 曹玮：《周原出土青铜器》，巴蜀书社，2005年。
② 曹玮：《汉中出土商代青铜器》，巴蜀书社，2006年。
③ 洛阳师范学院、洛阳市文物局：《洛阳出土青铜器》，紫禁城出版社，2006年。
④ 安徽大学、安徽省文物考古研究所：《皖南商周青铜器》，文物出版社，2006年。
⑤ 岳洪彬：《殷墟新出土青铜器》，云南人民出版社，2008年。
⑥ 曹玮：《陕北出土青铜器》，巴蜀书社，2009年。

馆、文管会办公室和文物保护研究所收藏的青铜器，以及陕西历史博物馆和陕西省考古研究院收藏的、陕北出土的青铜器，其中著录青铜斝3件，2件出土于延川县、1件出土于延长县，与中原地区所出同时期青铜斝形制、纹饰基本一致。

2. 馆藏铜器图录

《安徽青铜器——安徽省博物馆藏》，安徽省博物馆编①。该书著录安徽省博物馆馆藏青铜器12件，其中，商代饕餮纹斝1件。

《安徽省博物馆藏青铜器》，安徽省博物馆编②。该书所收均是安徽省博物馆馆藏精品青铜器，著录安徽省阜南县出土商代兽面纹斝1件。

《保利艺术博物馆藏青铜器》，1999年出版③。馆藏的青铜器，绝大多数是从海外征集而来，该书选录了保利艺术博物馆收藏的50余件青铜器，有一些是海内外的孤品、绝品。其中，著录兽面纹平底斝1件，颈部下端饰分尾兽面纹，从形制和纹饰判断属商代早期无疑。

《安阳殷墟青铜器》，安阳市文物工作队、安阳市博物馆编④。该书主要收录殷墟南区500座商墓中出土的青铜礼器以及安阳市博物馆旧藏中的珍品，共计146件，其中青铜斝4件。每器附简要说明，记述该器的尺寸、重量、出土时间、地点、纹饰、铭文及造型特点，已发表的资料注明参考期刊。体例甚为详备，查用方便。

《故宫商代青铜礼器图录》，台北故宫博物院编⑤。该书著录收藏于台北故宫博物院的青铜斝3件，每器附不同角度器形图及细部图，纹饰及铭文拓片，X光照片是其他青铜器著录中所少见的，文字记录尺寸等资料，并有简单考释研究文字。

《北京大学赛克勒考古与艺术博物馆藏品选（1998）》，北京大学考古系编⑥。书中著录兽面纹斝1件，1982年河南省郑州市北二七路东侧M2出土，记录有尺寸及出土情况，资料信息甚为完备。

《故宫青铜器》，故宫博物院编，将故宫所藏青铜器选辑成书。该书收录故宫藏商代至战国的青铜器共348件，公布器物照片和铭文拓本照片，印制精良，并刊布体量、来源、形制和纹饰等文物信息。其中，著录1957年收购的商代网纹斝1件⑦。

---

① 安徽省博物馆：《安徽青铜器——安徽省博物馆藏》，上海人民美术出版社，1981年。

② 安徽省博物馆：《安徽省博物馆藏青铜器》，上海人民美术出版社，1987年。

③ 保利艺术博物馆：《保利艺术博物馆藏青铜器》，1999年。

④ 安阳市文物工作队、安阳市博物馆：《安阳殷墟青铜器》，中州古籍出版社，1993年。

⑤ 陈芳妹、台北故宫博物院编辑委员会：《故宫商代青铜礼器图录》，台北故宫博物院，1998年。

⑥ 北京大学考古系：《北京大学赛克勒考古与艺术博物馆藏品选（1998）》，科学出版社，1998年。

⑦ 故宫博物院：《故宫青铜器》，紫禁城出版社，1999年。

《夏商周青铜器研究》（六册），陈佩芬著[①]。该书著录上海博物馆所藏青铜斝21件，其中，夏代晚期3件、商代早期3件、商代中期8件、商代晚期6件、西周早期1件。每器均著录时代、尺寸、重量，并对器物的形制、纹饰和铭文内容进行研究，且有完整的器形照片及铭文、纹饰拓片，基本上每件器物的图片色彩都参照原器校正，图片质量超越了先前所有同类印刷物，书末附青铜器研究名词解释。马承源先生在前言中指出“此书的权威性可管今后五十年”。

随着网络信息技术的发展，各博物馆基本建立起了门户网站，如故宫博物院、中国国家博物馆、辽宁省博物馆等，在主页上往往设立有名曰“馆藏精品”的栏目，可以搜罗到不少青铜斝资料，部分还是未著录过的，极大地丰富了资料来源，是馆藏图录著作的有益补充。

3. 其他类图录著作

这一类著作广泛搜集、著录全国范围内的青铜器精品，涉及地域广、收藏单位多。

《中国文物精华大辞典·青铜卷》，由国家文物局组织相关专家编撰[②]。该书主要收录20世纪90年代以前公布的自新石器时代至明代博物馆馆藏的一级青铜器文物，总数共计1342件，其中，著录青铜斝18件，多是各馆收藏的青铜斝精品。条目释文包括年代、尺寸、重量、制作特点、历史价值、艺术价值、出土地点、传世经过和收藏单位等内容。

《中国美术分类全集·中国青铜器全集》16卷，马承源等主编[③]。记录有器物图像、时代、尺寸、出土地点、现藏地及形制描述，著录夏晚期青铜斝6件，商早期青铜斝10件，商中期青铜斝7件，商晚期青铜斝22件，西周早期青铜斝1件，共计46件，勾勒出青铜斝发展演变的脉络。

（二）款识类

《商周金文録遗》，于省吾编撰[④]。所收系于省吾先生搜集的20世纪50年代前半叶新出土铭文资料与未收入《三代吉金文存》的器铭，其中一部分拓本是海内青铜器与古文字专家的个人藏品，共计616种。所言“夫斝之形制，两柱三足，有鋬似爵而口圆，平底无流与尾，或有四足有盖者”，准确概括了青铜斝的形制。著录青铜斝10件，每器有铭文拓本，并有隶定。

---

① 陈佩芬：《夏商周青铜器研究》，上海古籍出版社，2004年。

② 国家文物局：《中国文物精华大辞典青铜卷》，上海辞书出版社、商务印书馆（香港），1995年。

③ 《中国青铜器全集》编辑委员会：《中国青铜器全集》，文物出版社，1995年。

④ 于省吾：《商周金文録遗》，中华书局，2009年。

《殷周金文集录》，徐仲舒编著[①]。该书收集了1949～1980年年底国内出版的书刊中已经著录的商周有铭青铜器及部分未著录的有铭青铜器共973件，以青铜器出土或收藏的地方分列，列有出土情况的简单介绍及相关发掘简报。著录青铜罍5件，皆为1949年以后出土。其中，商晚期3件，司巧母罍和父己罍出土于殷墟，徙罍出土于温县，西周早期2件，折罍出土于扶风，夆父辛罍出土于灵台。每器摹绘铭文，均附有考释文字。

《金文总集》，严一萍编[②]。该书主要收录三代铭拓，有摹绘之器形及前人题跋，亦一并收入，时间下限为1983年6月。共著录青铜罍102器，按字数多少排序，绝大多数为族徽文字。每器列铭文拓本、著录情况，部分有器形摹本。所录35字铭文的嘉仲父罍（4344）应误他器为罍。

《北京图书馆藏青铜器铭文拓本选编》1册，北京图书馆金石组编[③]。该书共收铭文拓本270件，先分22种器类，每类器下次按字数加以编排，书前有目录，查用方便，第12类为罍。著录青铜罍铭文拓本2器，分别为1字的戊罍和4字的辛亚鸟[illegible]罍。图像为全形拓本缩印，铭文亦墨拓影印，器下记录尺寸及铭文尺寸，有简单考释。

《商周青铜器铭文选》4册，马承源主编[④]。该书收录商周青铜器铭文925种，按时代和王世排列，1979年以前流传有序及新发现的有铭文商周青铜器，大都收录于此。由于青铜罍铭文字数较少，一般为族徽文字，而该书多选取长铭和记事铭文青铜器，故仅著录青铜罍中铭文字数最多的小臣邑罍，附有该罍著录情况、体量、现收藏地、铭文拓片、释文、注释、参考书目等资料，甚为详备。

《殷周金文集成》18册，中国社会科学院考古研究所编辑，1984～1994年陆续出版，这是集目前所见青铜器铭文之大成的最重要的资料汇编，共收金文拓片11 983件[⑤]。第15册中9106～9249著录青铜罍144件，是收录青铜罍铭文较多的一部著作。铭文字数1～26字不等，其中，铭文字数5字（含5字）以下的有134器，6字及以上的仅10器，铭文字数最多的小臣邑罍也不过26字。正文列青铜罍器名、编号及铭文拓片，卷末附对应青铜罍说明，包括著录、流传、收藏地等。为使用方便，张亚初先生编著了《殷周金文集成引得》，可快速查找到相关器物[⑥]。2001年，中国社会科学院考古研究

① 徐仲舒：《殷周金文集录》，四川人民出版社，1984年。

② 严一萍：《金文总集》，台湾艺文印书馆，1983年。

③ 北京图书馆金石组：《北京图书馆藏青铜器铭文拓本选编》，文物出版社，1985年。

④ 马承源：《商周青铜器铭文选》（一、二、三、四），文物出版社，1986年、1987年、1988年、1990年。

⑤ 中国社会科学院考古研究所：《殷周金文集成》，中华书局影印，1984～1994年。

⑥ 张亚初：《殷周金文集成引得》，中华书局，2001年。

所编辑出版了《殷周金文集成释文》，刊载了全部铭文的释文①。2006年，又出版了新版《殷周金文集成》，修订了前版中的错误②。

《近出殷周金文集录》4册，刘雨、卢岩编著。该书是继《殷周金文集成》之后的又一部集成性的著作，收录《殷周全文集成》出版之后至1999年5月底发现的有铭青铜器1258件，附录96件，收器合计1354件③。其中，第三册第十类收录青铜斝13器，9器为20世纪80～90年代新出土、新发表的青铜斝，4器为20世纪80年代英国伦敦富士比拍卖行的拍品，不易见到。每器列出编号、器名、器形照片、线图、铭文拓本、释文、体量、时代、著录、出土、现藏等信息。各器多有1～3字铭文，基本为族徽文字。

《新收殷周青铜器铭文暨器影汇编》，钟柏生、陈昭容、黄铭崇、袁国华编，主要收录《殷周金文集成》出版后新出土的有铭青铜器，间收《殷周金文集成》漏收部分，从近百种期刊、专书、拍卖行图录中拣选有铭青铜器，收录铭文拓片、青铜器器影、器形线图、纹饰拓片，收录年份下限至2005年，共2005件有铭青铜器④。该书共收青铜斝16件，铭文字数1～4字不等，说明部分有详细的青铜斝基本资料，包括器名、字数、年代、国属、发表刊物及页码、篇名、作者、器物尺寸、出土时间、出土地、现藏地、流传等。绝大多数青铜斝资料都见于其他著录，唯藏于台北历史博物馆的尊彝斝（器号1685）不易见到。因为搜集资料全面、体例完备、翻检方便，张懋镕先生曾誉该书是“一部令人惊异的好书”，实乃中肯之评价⑤。

《流散欧美殷周有铭青铜器集录》，刘雨、汪涛撰⑥。富士比、佳士得两拍卖行曾经手大量中国古代青铜器，并做了较完整的记录，两拍卖行的这部分档案，无疑是了解流散欧美艺术品市场的我国青铜器的重要窗口。该书作者查阅了两拍卖行自创建以来到20世纪末的全部档案资料，辨伪存真，考证年代，从大量资料中，选取了350件有铭文的先秦青铜器，编成是书。其中，《殷周金文集成》未收的就有232件之多，铭文及图像均未见于著录的有209件，是《殷周金文集成》成书后所获得的最大的一批新资料。该书著录有铭青铜斝8件，其中有5件铭文及图像均未见著录，资料为首次刊布。

《近出殷周金文集录》（二编）4册，刘雨、严志斌编，2010年出版。该书是《近出殷周金文集录》的续编，收录了1999年5月以来10年间各地出土及发现的殷周有铭青

① 中国社会科学院考古研究所：《殷周金文集成释文》，香港中文大学中国文化研究所，2001年。

② 中国社会科学院考古研究所：《殷周金文集成》，中华书局，2007年。

③ 刘雨、卢岩：《近出殷周金文集録》，中华书局，2002年。

④ 钟柏生、陈昭容、黄铭崇、袁国华：《新收殷周青铜器铭文暨器影汇编》，台湾艺文印书馆股份有限公司，2006年。

⑤ 张懋镕：《一部令人惊异的好书——读〈新收殷周青铜器铭文暨器影汇编〉》，《文博》2006年第6期。

⑥ 刘雨、汪涛：《流散欧美殷周有铭青铜器集録》，上海辞书出版社，2007年。

铜器共1300余件，有图像、拓片、释文、字数、度量、时代、著录、出土、收藏等说明[①]。著录有铭文青铜斝9件。

《商周青铜器铭文暨图像集成》，吴镇烽编著，共分35大册。拓本采用原大付印，又在相同的铭文拓本中选取精拓和字迹清晰者，有的还附录摹本；除此之外，又收录青铜器图像，这是此书之最大特色。全书著录的时间下限到2012年2月，共收录传世和新出土的商周有铭青铜器16 704件，其中有700余件系首次著录，共收录铭文20 449幅。著录有铭文青铜斝185件，其中先斝（10912）、㸚斝（10913）、鼎斝（10914）、斝（10944）、斝（11036）、亚好虎斝（11035）、亚次斝（11052）等6器为首次刊布，为金文研究提供了新资料[②]。该书是目前所见收录青铜斝资料最多的一部著作。

（三）发掘报告

1949年以来，出土青铜器的墓葬和窖藏不断被发现，其中也包含了为数不少的青铜斝，相关考古发掘报告和简报也陆续发表。

《辉县发掘报告》，中国科学院考古研究所编[③]。该书为1950～1952年辉县境内考古发掘成果报告，在琉璃阁区殷代墓葬M110中出土青铜斝1件。

《藁城台西商代遗址》，河北省文物研究所编。该书系统介绍了藁城台西商代遗址的考古资料[④]，著录青铜斝8件，6件分出于3座小型墓和3座中型墓，另2件为采集品。青铜斝形制基本一致，装饰以兽面纹为主，均无铭文。

《殷墟妇好墓》，中国社会科学院考古研究所编[⑤]。殷墟妇好墓是安阳工作队在1976年发掘的，该书即是妇好墓的一部全面综合性报告。该墓随葬青铜器468件，礼器共210件，其中，青铜斝12件，圆斝8件，方斝4件，是随葬青铜斝最多的一座墓葬。青铜斝体量大，通高多有超过60厘米者，纹饰美，多三层满花器，铸造精，实属精品。

《殷墟发掘报告（1958～1961）》，中国社会科学院考古研究所编著[⑥]。主要包括小屯西地、苗圃北地、张家坟、梅园庄、水渠工地、白家坟西、孝民屯、北辛庄、大司空村以及武官北地等11个地点所发掘的殷代遗址、文化遗物和殷代墓葬的资料。青铜斝资料较少，武官M1出土青铜斝1件，该墓属殷墟早期。

① 刘雨、严志斌：《近出殷周金文集录》（二编），中华书局，2010年。
② 吴镇烽：《商周青铜器铭文暨图像集成》，上海古籍出版社，2012年。
③ 中国科学院考古研究所：《辉县发掘报告》，科学出版社，1956年。
④ 河北省文物研究所：《藁城台西商代遗址》，文物出版社，1985年。
⑤ 中国社会科学院考古研究所：《殷墟妇好墓》，文物出版社，1980年。
⑥ 中国社会科学院考古研究所：《殷墟发掘报告（1958～1961）》，文物出版社，1987年。

《登封王城岗与阳城》，河南省文物研究所、中国历史博物馆考古部编[①]。该书发表了1975～1981年对王城岗遗址和东周阳城遗址的全部考古发掘资料，在王城岗遗址M49出土素面青铜罍1件，时代属二里冈文化下层。

《垣曲商城》，中国历史博物馆考古部等编著[②]。书中发表了垣曲商城1985～1986年勘察及试掘的资料，该书著录垣曲商城M1出土的素面罍1件，垣曲商城共出土青铜罍2件，是郑洛地区之外较早发现青铜罍的地区之一。

《安阳殷墟郭家庄商代墓葬——1982年～1992年考古发掘报告》，中国社会科学院考古研究所编[③]。1982～1992年，中国社会科学院考古研究所安阳工作队在河南安阳市郭家庄西南发掘了一批商代墓葬，在郭家庄M160中出土青铜方罍2件，通高超过40厘米，体量硕大，纹饰精美，有铭文“亚址”2字，圆罍1件，通高不足30厘米，有铭文“亚[illegible]址”3字。

《偃师二里头》，中国社会科学院考古研究所编[④]。该书是1959～1978年河南偃师二里头遗址的考古发掘报告，内容丰富，材料完整而系统。该书著录二里头遗址采集青铜罍1件，目前，二里头遗址共发现3件青铜罍，其余2件出土于墓葬。该罍时代较早，体量较小，无铭文，纹饰简单，制作较为原始。

《郑州商代铜器窖藏》，河南省文物考古研究所、郑州市文物考古研究所编著[⑤]。1974～1996年，河南省文物考古工作者先后在郑州商城的外侧清理发掘了三个青铜器窖藏坑，出土了大批精美的商王室青铜重器，该书是这批发掘资料的成果报告。其中，南顺城街窖藏坑H1上层出土青铜罍2件，形制、纹饰基本一致，体量一大一小，均无铭文。

《鹿邑太清宫长子口墓》，河南省文物考古研究所、周口市文化局编[⑥]。长子口墓于1997～1998年1月进行发掘，为“中”字形大墓，时代乃西周早期早段。墓中随葬青铜罍3件，其中，方罍2件，有铭“长子口”，通高近40厘米，体量硕大，纹饰繁缛，是青铜罍中的精品。圆罍1件，有铭戈丁，通高不足30厘米。

《盘龙城：1963年～1994年考古发掘报告》，湖北省文物考古研究所编，是湖北

---

① 河南省文物研究所、中国历史博物馆考古部：《登封王城岗与阳城》，文物出版社，1992年。

② 中国历史博物馆考古部、山西省考古研究所、垣曲县博物馆：《垣曲商城》，科学出版社，1996年。

③ 中国社会科学院考古研究所：《安阳殷墟郭家庄商代墓葬——1982～1992年考古发掘报告》，中国大百科全书出版社，1998年。

④ 中国社会科学院考古研究所：《偃师二里头》，中国大百科全书出版社，1999年。

⑤ 河南省文物考古研究所、郑州市文物考古研究所：《郑州商代青铜器窖藏》，科学出版社，1999年。

⑥ 河南省文物考古研究所、周口市文化局：《鹿邑太清宫长子口墓》，中州古籍出版社，2000年。

省黄陂区盘龙城遗址1963～1994年考古发掘报告[①]。盘龙城遗址商代文化遗存极为丰富，该书收录商早期至中期青铜斝38件。

《滕州前掌大墓地》，中国社会科学院考古研究所编[②]。该书介绍了1998年以前在前掌大清理的各类遗存的资料，其中，4座墓葬出土青铜斝4件，除1座为商代晚期外，其余为西周早期早段。4件青铜斝均为鬲形斝，通高皆超过30厘米，有铭文的2件，均为1字族徽文字。西周早期，青铜斝数量大为减少，前掌大墓地是少有的集中出土多件青铜斝的地点。

《安阳殷墟徐家桥郭家庄商代墓葬——2004～2008年殷墟考古报告》，安阳市文物考古研究所编[③]。2004年12月至2008年3月，安阳市文物考古研究所在殷墟保护区的徐家桥、郭家庄等地进行发掘，清理商代墓葬200余座，出土了一批重要遗物，其中，青铜斝有2件，出土于殷墟晚段墓葬中，两墓均为中型墓葬。两件青铜斝为鬲形斝，1件通高超过30厘米，无铭文，另一件通高仅15.3厘米，有“保父癸”3字铭文，应为明器。

除上述较为系统、集中的田野考古发掘报告资料外，出土青铜斝资料还散见于发掘简报，这类资料较多且零散，恕不一一列举于此，具体可参见书末附表一“出土青铜斝统计表”及参考文献之发掘简报部分。

二、金文及青铜器资料库系统

20世纪50年代以来，计算机技术迅速发展，相关学者敏锐地意识到信息技术和数字化给青铜器研究发展带来的契机，开始着手建设金文及青铜器资料库系统，现在已有数个系统投入使用，极大地方便了学术研究。我们以“殷周金文暨青铜器资料库”为例进行介绍。

1998年，台湾“中央”研究院历史语言研究所陈昭容、黄铭崇、袁国华等先生主持建设的“殷周金文暨青铜器资料库”启动建设，目前已臻于完善，除可提供查询学者利用最多的铭文拓本、时代、器影、著录、现藏等诸多资料外，还提供了查询青铜器出土地点的历史地理资讯系统。资料库提供了器号、器名、时代、字数、出土地点、出土年代、现藏、释文、著录等多种检索方式，十分方便。

---

① 湖北省文物考古研究所：《盘龙城：1963年～1994年考古发掘报告》，文物出版社，2001年。

② 中国社会科学院考古研究所：《滕州前掌大墓地》，文物出版社，2005年。

③ 安阳市文物考古研究所：《安阳殷墟徐家桥郭家庄商代墓葬：2004～2008年殷墟考古报告》，科学出版社，2011年。

三、青铜斝的研究

新中国成立以后，考古成果日新月异，在广大地区新出土了数量众多的青铜器。这一时期的研究，学者们致力于建立商周青铜器发展序列及金文资料史料化的研究，在青铜器断代及金文重建古史研究方面成就斐然。遗憾的是，在这其中，甚少有专文讨论青铜斝的问题，多是在通论性著作中偶有涉及。值得注意的一点是，学者们不再仅仅关注青铜斝，也开始了对陶斝的研究，但多是利用类型学进行器物排队、分期断代，在陶斝和青铜斝之间是否存在渊源关系及器形上如何借鉴演变等诸如此类的问题上还缺乏考证和梳理。

《殷周青铜器通论》1册，容庚、张维持著，1958年科学出版社出版，该书是在1941年《商周彝器通考》基础上添加新出土材料而成。相较于前书，此书体例更加精炼、系统。在第五章青铜器类别说明中，作者对斝类器进行了介绍，涉及斝的定名、功用、时代、形制和花纹问题，尤其是指出青铜斝下限在西周初期，可谓是慧眼如炬。将斝分为三足斝和四足斝两类，值得借鉴①。

《斝的形制及其原始》，李济1967年撰②。在该文中，李济将斝分为三足斝和四足斝两类，又依据足部和器腹的形制差异，将三足斝分为五式，将四足斝分为二式。在青铜斝的起源上，指出青铜斝是糅合了鬶形器、透底空足折壁的三足陶以及带立柱的木器，甚有见地。并依据足的演变，划定青铜斝形态演变的序列。

《古器物研究专刊》一至五本，李济与万家保合作撰写。研究对象主要是殷墟发掘所得的170件青铜容器，包括爵、觚、斝、鼎和其他器类。第三本《殷墟出土青铜斝形器之研究：青铜斝形器的形制与花纹》，1968年出版③。该书第一部分基本袭自《斝的形制及其原始》，第二部分列出青铜斝上所装饰的纹样，第三部分探讨了形制与花纹的关系。

《爵和斝的口沿为什么要设一对柱》，马承源1995年撰文。马氏在文中探讨了柱的三种发展型式，指出第一种、第二种型式的斝应具有实用性，结合文献中关于酒的记载，指出斝柱的功能是悬挂或固定过滤酒渣滓的囊袋，西周中期后，周人改用包茅

---

① 容庚：《殷周青铜器通论》，中华书局，2012年。

② 李济：《斝的形制及其原始》，《“中央”研究院历史语言研究所集刊》第三十九本上册，1969年；又见于《李济文集》卷3，上海人民出版社，2006年，651～670页。

③ 李济：《殷墟出土青铜斝形器之研究：青铜斝形器的形制与花纹》，《李济文集》卷4，上海人民出版社，2006年，176～235页。

来缩酒即过滤酒渣，青铜斝失去了用武之地，便逐渐退出历史舞台[①]。

《古代中国青铜器》，朱凤瀚著，该书对铜斝的定名、功用、分型定式、时代演变进行了细致梳理。后补充、增订为《中国青铜器综论》三册出版，对青铜斝的定名利用甲骨文字材料进行研究，认为青铜斝是受热温酒的酒器，并对青铜斝进行了类型学分析[②]。

《中国青铜器》（修订本），马承源主编[③]。作者在书中探讨了斝的功用，认为是“盛酒行祼礼之器，或云兼可温酒”，证之以东周礼经文献记载，并列罗王之说，梳理了青铜斝形制演变，将其分为十七式，基本勾勒出了青铜斝演变脉络。

《青铜爵、斝的秘密》，吕琪昌著。对青铜斝的定名、功用和兴衰演变进行了研究，多同于前人观点。在青铜斝的起源上提出了自己独到的见解，他认为“形制、大小、陶质、双柱及纹饰，肯定了河南地区早期‘青铜斝’及‘有柱陶斝’与海岱岳石文化‘陶斝’的密切关系。郑州‘南关外期’陶器在当地传统中的特异现象说明了它的外来性质；而其与岳石文化陶器形制及陶质的一致性可以确认它正是来自于岳石文化地区”。又根据泗水尹家城遗址中发现的一件带流斝将陶斝和陶鬶联系起来，认为陶斝是陶鬶演变的结果。还提出“斝柱实际为祖形特征泥饼饰的遗留”，“象征了鸟的双目”，斝是“金鸟负日的象征物”。以斝的来源为线索探寻先商文化的来源，认为其来自岳石文化。吕琪昌先生所创甚多，视野开阔，给我们许多有益启示[④]。

20世纪80年代以来，学术界除了研究青铜斝外，在史前考古研究中，学者们已开始关注陶斝，并探讨其起源及发展演变脉络，充分认识到了其在文明起源中的作用。遗憾的是，还绝少有文章探讨青铜斝、陶斝之间的渊源和演变关系。

苏秉琦先生《谈晋文化考古》中谈到了原始陶斝的起源问题，“主要以河套东北一角为出发点，包括三北地带，约当距今五千年前后，由蛋形瓮这一当地主要文化特征因素与小口尖底瓶末期交错共存期间，结合形成三袋足瓮和斝”[⑤]。

张忠培先生在《黄河流域空三足器的兴起》中谈到了釜形斝，“迄今考古工作证明，形态各异的斝，是黄河流域中游最早兴起的空三足器，兴起的年代则是在庙底沟二期文化时期”[⑥]。

蒋志龙先生《釜形斝研究》从分析釜形斝的形制入手，结合层位学和其共存物，对陶斝进行类型学分析，将陶斝分为圜底类和平底类，每类又分喇叭口和斜直口二

① 马承源：《爵和斝的口沿为什么要设一对柱》，《鉴赏家》第1辑，上海世界图书出版公司；又见于《中国青铜器研究》，上海古籍出版社，2002年，495～500页。

② 朱凤瀚：《中国青铜器综论》，上海古籍出版社，2009年，168～174页。

③ 马承源：《中国青铜器》，上海古籍出版社，2003年，183页。

④ 吕琪昌：《青铜爵、斝的秘密》，浙江大学出版社，2007年。

⑤ 苏秉琦：《谈“晋文化”考古》，《文物与考古论集》，文物出版社，1987年，50页。

⑥ 张忠培：《黄河流域空三足器的兴起》，《华夏考古》1997年第1期，37页。

型。将陶斝的发展演变分为两大期，分别相当于庙底沟二期文化和龙山文化时期。“釜形斝极有可能是禹县谷水河三期的高领折腹鼎和鬶长期共存、交流、融合而形成的。”关于最早出现地域，作者“倾向于在伊洛地区或晋西南的黄河南岸，伊洛地区的可能性最大，理由有三：①优越的地理位置；②成熟的物质条件；③外部因素”[①]。

综上，新中国成立后，青铜斝研究取得的成果主要有以下几点：首先，通过对出土和传世青铜斝的类型学研究，确立了青铜斝发展演变序列，明确了时代特征。其次，开始了对陶斝的研究，对其起源的时间和地点、演变发展序列进行了梳理，但还未建立青铜斝和陶斝之间的联系。再次，通过青铜斝对相关历史问题进行探讨，如夏商文化分际、商族起源等，台湾学者吕琪昌先生在这一方面所做的工作尤多。最后，金文检索系统的出现，极大地方便了资料检索和使用。

第四节　日本与欧美国家青铜斝的著录与研究

一、日　　本

18世纪中叶至江户时代后半期，日本一些汉学家受中国金石学家之影响，开始收集中国青铜器，但当时数量和品类均非常有限。19世纪中叶后的明治、大正年间，随着日本资本主义发展以及东亚考古学的兴起，日本的官僚和财团开始大批搜集中国青铜器。自19世纪中叶以后，中国社会动荡不安，文物散佚，殷周青铜器更是大量流入日本。由于日本搜集了众多的中国青铜器，为日本学者研究中国青铜器提供了条件，特别是大正末期，罗振玉、王国维东渡日本，与日本汉学家交往，对青铜器和金文研究在日本的兴起起了推动作用[②]。日本学者对青铜器的研究并不局限于日本所藏，亦重视中国及欧美所藏青铜器，在这些成果中，几乎没有专文讨论青铜斝的，多是在对青铜器相关问题的研究中偶有涉及。下文择要列出我国学者对藏于日本的青铜斝的著录情况，以及日本汉学家对于青铜斝的著录和研究。

《古铜器形态的考古学研究》，梅原末治著，1940年出版[③]。该书在中国青铜器形态研究方面有别于传统分类法，主要依据形制，把中国古代青铜器分为十三类，将斝划为有脚器类，同为一类的还有角、爵和盉。但是，这种划分方法被认为“忽以全器为准，忽以器口为准，忽以器名为准，非常混乱，很不合理”。但不可否认，该书确实是当时最好的青铜器论著之一，与荣庚先生《商周彝器通考》齐名，被誉为姐

① 蒋志龙：《釜形斝研究》，《考古与文物》1995年第4期，50～63页。

② 朱凤瀚：《中国青铜器综论》，上海古籍出版社，2009年，58页。

③ 梅原末治：《古铜器形态的考古学研究》，《东告》（八）第15册，1940年。

妹篇[①]。

《青山庄清赏》6卷，根津嘉一郎著，1942～1943年出版[②]。书中著录青铜斝1件，《殷周金文集成》9157亦著录。日本的根津美术馆于1940年由根津嘉一郎创办，1941年对外开放，主要藏品包括绘画、书法、雕刻、陶瓷、漆器、金器、武器以及一些考古物，其中最为人称道的是中国商周时期的青铜器。

《冠斝楼吉金图》三册附补遗一册，梅原末治著，1947年出版。该书收录青铜器、铜镜等共计169件，其中商周青铜器113件，所集青铜器乃曾任民国东北财政厅长及伪满洲国中央银行首任总裁荣厚旧藏。日本珂罗版精印，书前页印刷器物全图，后页附印铭文拓片，但没有说明。上册著录青铜斝2件[③]。

《日本蒐储支那古铜精华》6册，梅原末治著，1959～1962年陆续出版，收录早年流散在日本的中国青铜器，共录526件，商周器438件，每器有图像、线图、铭文、花纹拓本、尺寸和器物的藏处，器物信息完整，体例完备。第三册中著录青铜斝多件[④]。

《殷周时代青铜器之研究》（《殷周青铜器综览一》，1984年），林巳奈夫著，该书系作者在京都大学人文科学研究所的研究报告，分上下两册，下册为图版，包括从鼎至钲22类容器与乐器的图像，共4600余件，将典型青铜器图像依器类编排，并附以时代、型式、尺寸和出土地等简要说明，铭文附于器形图像右方，便于对照。著录青铜斝114件[⑤]。

二、欧美国家

欧洲人收集中国青铜器要早于美国，大约始于法国经济学家赛尔努什（Musee. Cernuchi），1871年，他在环球旅行中到达亚洲，始与东方接触，被中国古代艺术品所吸引。1871～1873年，他在北京与东京购买了一批中国古代文物，其中中国古代的青铜器有20余件。第一次世界大战前，在欧洲公私收藏中，陶瓷被视为珍品，青铜器并不占重要位置。中国青铜器较多地流入欧洲，是在第一次世界大战后、第二次世界大战前的20～30年代，在欧洲收藏家与学者中鉴赏并研究中国青铜器的人渐多，同时，美国一些博物馆与私人收藏家也开始收藏中国青铜器。西方学者对青铜器的研究，多

① 曾宪通：《20世纪青铜器学的奠基之作》，《商周彝器通考·前言》，上海人民出版社，2008年。

② 根津嘉一郎：《青山庄清赏》，日本便利堂初版，1942年。

③ 梅原末治：《冠斝楼吉金图》，日本京都小林写真珂罗版，1947年。

④ 梅原末治：《日本蒐储支那古铜精华》，大阪山中商会出版，昭和三十四年至三十九年。

⑤ 林巳奈夫：《殷周时代青铜器之研究》，东京吉川弘文馆，1984年。

是从纹饰角度进行的艺术研究[①]。

《柏景寒所藏中国青铜器图录》，基利（C.F.Kelley）与陈梦家合撰，1946年于芝加哥出版，收录了柏景寒收藏的中国青铜器，其中148页著录青铜斝1件[②]。

《弗利尔美术馆藏中国青铜器》，约翰·A. 波普著，是一部了解弗利尔馆藏青铜器及其价值的重要书籍[③]。弗利尔美术馆是美国国立史密桑宁博物学术院下属最早的美术馆。馆藏中国青铜器颇为丰富。书中收录弗利尔先生一生所藏的58件青铜器，以及Lodge先生后来收藏的31件青铜器。该书124、137页著录青铜斝2件[④]。

《布伦戴齐藏中国古代青铜器》，1977年出版，布伦戴齐所藏比较重要的商周铜器均收入此书[⑤]。布伦戴齐从20世纪30年代中叶开始大量收集东方艺术品，尤其是中国艺术品，仅中国青铜器即有约600多件，商周礼器达250多件，有一些是第二次世界大战后从日本获得的，晚年他将藏品捐赠给旧金山市亚洲美术馆。该书著录青铜斝4件，1件属商代中期，另3件为商晚期器。

《中日欧美澳纽所见所拓所摹金文汇编》二函十册，澳大利亚堪培拉大学巴纳、张光裕合著[⑥]。第一册，是中英文序、收藏地点总目及引用书目等，第二至九册是本书的主体，汇编了商周金文拓本和摹本1813件，第十册是器名索引、收藏地点索引和《汇编》与《美集录》的对照表等。所收拓本，一律按字数排列，不分器类。卷四著录小臣邑斝，卷五著录青铜斝3件，卷六著录青铜斝2件，卷七著录青铜斝15件，卷八著录青铜斝18件，共39件。

《赛克勒博物馆藏中国青铜器》卷Ⅰ《赛克勒博物馆藏商代铜礼器》1册，哈佛大学出版社1987年出版，该书不纯粹是图像，实际上代表了西方研究中国青铜器的专家对青铜器形态、年代、工艺、艺术研究的最新成果。书中著录商代有铭青铜斝5件[⑦]。

《玫茵堂藏中国铜器》，收录瑞士玫茵堂（意为玫瑰花丛中的殿堂）藏中国青铜器157件（组），其中有铭文的34件（组），这批有铭青铜器大多是首次著录，部分已著录的铭文也是初次以照片的形式呈现，殊为难得。内中包括有铭商代兽面

---

① 朱凤瀚：《中国青铜器综论》，上海古籍出版社，2009年。

② Kelley C F，Chen M C. Chinese Bronzes from the Buckingham Collection.The Art Institute of Chicago，1946.

③ John Alexander Pope etc.The Freer CHINESE Bronzes（2 Volumes），Washington Smithsonian Institution，1967.

④ 约翰·亚历山大·波普：《弗利尔美术馆藏中国青铜器》，美国华盛顿，1967年。

⑤ 布伦戴齐：《布伦戴齐藏中国古代青铜器》，旧金山亚洲艺术博物馆，1977年。

⑥ 巴纳、张光裕：《中日欧美澳纽所见所拓所摹金文汇编》，艺文印书馆，1978年；何杰：《介绍〈中日欧美澳纽所见所拓所摹金文汇编〉》，《考古》1980年第5期，480页。

⑦ 赛克勒博物馆：《赛克勒博物馆藏商代铜礼器》，哈佛大学出版社，1987年。

纹斝1件[①]。

19世纪中期以后，我国殷周青铜器大量流出国门，散见于欧、美、澳、日等国家和地区，带动了当地汉学包括青铜器的研究。西方学者着重关注纹饰、青铜器铸造技术及青铜工艺起源的研究，关于青铜斝的研究几乎未涉及。

① Chinese Bronzes from the Meiyintang Collection，Regina Krahl，London: Paradou Writing，2009； 葛亮：《〈玫茵堂藏中国铜器〉有铭部分校读》，http://www.gwz.fudan.edu.cn/srcshow.asp?src_id=1012。

第二章　青铜斝的定名与功用研究

第一节　定　　名

关于青铜器的定名，“名从主人”是首要原则，即依据青铜器自名，次之则征诸文献记载，惜此两途于青铜斝定名皆无裨益。青铜斝有铭文者不在少数，但只言共名“彝”“尊彝”，而无专名，如折斝“折作父乙宝尊彝。木羊册册”，光作从彝斝“光作从彝”。文献中虽多有关于斝的记载，但是并没有对其形制的描述，对于斝的形制，我们自然无从知晓。

现在，我们一般将口沿立两柱、长颈、鼓腹、三足、体侧有鋬的器物命名为斝，乃从宋人之说，最早见于宋代金石学著作。北宋时期，王黼在《宣和博古图》一书中著录了16件名斝的青铜器，形制基本都是口沿立两柱、长颈、鼓腹、三足、体侧有鋬，但未言及定名的依据。王国维认为“曰爵、曰觚、曰觯、曰角、曰斝，古器铭辞中均无铭文，宋人但以大小之差定之”①。宋人以大小之差定之或据《周礼》，《考工记·梓人》引《韩诗》云：“一升曰爵，二升曰觚，三升曰觯，四升曰角，五升曰散（斝）。”以后各代均沿袭宋人之说，东周《礼经》中的斝得以名实相对。

1899年，甲骨文面世后，罗振玉、王国维等学者开始利用甲骨文字的象形特征，将青铜器定名证之以甲骨文字，并指出即为斝之古文字形，由于卜骨破碎较甚，包含斝的卜辞均是只字片语，无联句成篇者，故无法晓其含义。

《说文》曰：“斝从吅，从斗，冂象形，与爵同意。”罗振玉指出：“案斝从吅，不见与爵同意之状，从冂亦不能象斝形。卜辞斝字作，上象柱，下象足，形似爵而腹加硕，甚得斝状。知许书从吅作者，乃由而讹。”②王国维赞同此说，并进一步指出：“礼经中有散无斝，传世酒器中有斝无散，故散皆为斝之误。”③李孝定先生也同意罗振玉之说法，但认为所释“斗”乃之讹则颇有所商，他指出：“从斗盖累增之偏旁，斝为酒器，斗为量器，物类相近，故又增斗以为偏旁；此亦文字孳乳衍变之通例也。”④朱凤瀚先生指出，殷墟卜辞中有字作（《后》下7.10）形，从字形

---

① 王国维：《观堂集林·说觥》，河北教育出版社，2003年，70页。

② 罗振玉：《殷墟书契考释三种》，中华书局，2006年。

③ 王国维：《观堂集林·说斝》，河北教育出版社，2003年，69页。

④ 李孝定：《甲骨文字集释》，《“中央”研究院历史语言研究所专刊》之五十，1965年，4108页。

看，有双柱，有足（卜辞三足器形多省作两足，如鼎或作 ），而无流，与上述所谓斝形制特征相同。但斝字是否即罗氏所言由[illegible]讹变而来，其演变过程缺环较多，难以肯定①。

《礼记 · 明堂位》："爵，夏后氏以琖，殷以斝，周以爵。灌尊，夏后氏以鸡夷，殷以斝，周以黄目。"可见，商代时，斝乃器物总称，并不是特指一种器类，应是目前我们称之为爵、斝的合称。斝与散是否为一物？文献中，斝、散不同出，可见其当为一物。《礼记 · 礼器》："有以小为贵者，宗庙之祭，贵者献以爵，贱者献以散；尊者举觯，卑者举角。"《礼记 · 郊特牲》："举斝角，诏妥尸。"《礼记 · 明堂位》："加以璧散、璧角。"斝、散字形本身相近，我们认为商称斝而周称散，实则为一物。

综上所述，北宋以来即通称为斝的青铜器，其本名不清，在没有发现新资料足以说明其本名以前，仍不妨沿用斝为其名。

20世纪初，考古学引入中国，田野发掘兴起，与青铜斝形制相同或相近的陶器大量出土，考古学家称之为陶斝，但对其定名并无文献依据。审视诸多田野发掘报告中称之为陶斝的器物，形制与青铜斝很难说相近，甚至判若两种器类，但不能否认的是这些与陶斝形制差异较大的器物正是陶斝的祖型。因此，我们主张，将二里头文化时期与青铜斝形制基本一致的称为陶斝，而将史前与青铜斝形制差别较大的称为原始陶斝，陶斝乃是原始陶斝吸收了陶鬶等其他一些器类的文化因素后产生的②。

第二节　功用研究

关于青铜斝的功用，从东周礼经记载来看，主要用作灌尊和饮器。

（1）行祼礼时用作灌尊。

《周礼 · 春官 · 司尊彝》："秋尝，冬烝，祼用斝彝黄彝。"《礼记 · 明堂位》："灌尊，夏后氏以鸡夷，殷以斝，周以黄目。"王文锦先生认为灌尊即"盛鬱鬯香酒用于祭祀中灌地献神的酒器"③，《左传 · 昭公十七年》："若我用瓘斝玉瓒，郑必不火。"用瓘斝玉瓒祭神，禳除火灾。按灌、瓘皆与祼为同音假借字，斝用于行"祼礼"，当无疑义。祼的意义，学者说法不一，一般认为是指祭祀完毕以酒洒地，如郭宝钧先生在结合商周实物考察后认为"鸟兽尊，皆用于祼，祼是灌祭，酌郁鬯酒献尸，不饮而灌于地的一种祭名"，但王国维先生不同意这种意见，他说："祼之意，自当取祼尸之说，而不当取祼地之说。"《礼记 · 曾子问》："孔子曰：'祭成丧者必有尸，尸

① 朱凤瀚：《中国青铜器综论》，上海古籍出版社，2009年，168页。

② 李济：《斝的形制及其原始》，《李济文集》卷3，上海人民出版社，2006年，657页。

③ 王文锦：《礼记译解》，中华书局，2001年。

必有孙。孙幼，则使人抱之。’”尸的年龄可能很小，如果取祼尸之说，似不当。

（2）用作饮酒器。

《礼记·郊特牲》亦曰：“举斝角，诏妥尸”，是斝用作饮酒器的明证。

汉代以降，学者都从上述两说，或加以发挥。东汉时，许慎认为爵、斝同为饮酒器，《说文》曰：“斝从吅，从斗，象形，与爵同意。”宋人王黼提出斝用于防止宾客喧哗。《博古图·卷十五》总说：“故创一器，必有名。指一名，则必有戒。异代因袭，不一而足。自三王以来，各名其一代之器，至周又复推广然，皆所以示丁宁告戒之意。”“尝读诗，至宾之初筵”，“然后知酒之败常有如此者，败常若是，安得而不喧哉？先王制斝，所以戒其喧也”。明胡文焕《古器总说》引用王黼之说，此说实有臆测之嫌。

近世学者也多有研究，如容庚先生认为“其用则以温酒”①，马承源先生认为其为“盛酒行祼礼之器，或云兼可温酒”②，吕琪昌先生主张青铜斝的用途有二：行祼礼的酒器和温酒器③，朱凤瀚先生依据出土的实物资料指出“斝确是用以受热温酒的酒器”。总体上看，各家观点基本一致，都认为青铜斝用于行祼礼和温酒，未言其有饮酒之功用，这点从其形制一望便知。

关于斝功用的研究，我们认为应注意以下三点：①应将文献记载和考古实物结合起来考察；②不应将斝的功能局限于一种而排斥其他；③应用历史发展的眼光来考察，斝自二里头文化四期出现，一直沿用到西周早期，流行时间较长，其功能不可能一成不变，在不同历史时期，或许有不同的功能。

梳理文献记载，结合考古发现实物，我们认为青铜斝主要有以下几个方面的功用。

（1）滤酒。《礼记·明堂位》载：“夏后氏尚明水，殷尚醴，周尚酒。”《说文解字·酉部》云：“醴，酒一宿孰也。”《释名·释饮食》云：“醴，體也，釀之一宿而成，體有酒味而已也。”郑玄言：“醴犹體也，成而汁滓相将。”《汉书·楚元王传》颜注曰：“醴，甘酒也，少麴多米，一宿而孰，不齐之。”《吕氏春秋》高注亦云：“醴浊而甜。”表明醴酒两个特点：一是酿酒时间短，酒精含量低，甜味；二是酒液与酿酒谷物残渣混合在一起。因此，在饮酒时，需先将酒液中的谷物残渣过滤掉。陈佩芬先生认为青铜斝的“两柱就起到挂过滤囊口的作用，另一面囊口以手挑开，把和有郁金草汁的酒注入囊中，过滤出来的酒液就是去净渣滓的香酒，这是基于双柱是实用装饰物的一种合理推断”④，在湖北黄州下窑嘴出土的青铜斝腹内曾发现丝

---

① 容希白：《商周彝器通考》，台湾大通书局，1941年，381页。

② 马承源：《中国青铜器》，上海古籍出版社，2003年，180页。

③ 吕琪昌：《青铜爵、斝的秘密》，浙江大学出版社，2007年，116页。

④ 陈佩芬：《夏商周青铜器研究》，上海古籍出版社，2002年，12页。

织品痕迹，或许就是滤囊的残迹[①]。我们认为或许还有另外一种可能，根据《礼记 · 郊特牲》："缩酌用茅，明酌也。"[②]郑玄注："缩，去滓也。"过滤酒糟应用茅。缩，本作"莤"，《说文》解释为："礼祭束茅加于裸圭，而灌鬯酒，是为莤，象神歆之也。"从"莤"字字形来看，实为在酒具上置茅，正是束茅缩酒的设置形态。青铜斝口沿上的两柱，正是用来放置包茅的，最初青铜斝的两柱为横置的三棱锥形，如偃师二里头素面斝（M9：1），当时，束茅应插在三棱锥柱上，然后用手执鋬倾倒，渣滓则被滤出。后来斝柱形制虽有变化，出现了柱帽，但仍偏在与鋬相对的一侧，仍可看做是和包茅配合使用来滤酒的，至于包茅是捆扎在柱上还是直接套在柱上，则不可考。可见，当时过滤渣滓用的是包茅，甜而浊的醴酒用清茅束过滤出渣滓，就成了酒色清明且能直接饮用的清醴。

不论是用过滤囊口还是捆缚包茅，都不是便捷的操作方式。商代中期，陶制澄滤器在遗址中被广泛发现，该器可直接置于盛酒器的口部，如陶大口尊等，可以很方便地将酒液和谷物残渣分离，青铜斝的滤酒功能逐渐丧失。

（2）温酒。从青铜斝的形制来分析，多为三足器，且三足往往中空，方便用来温酒。或许古人在冬日行礼时，考虑到酒温过低，而用青铜斝温之，使其宜饮。我们在出土青铜斝中亦发现外底有烟炱痕迹，内里有白色水锈，正是青铜斝用来加热酒液而留下的痕迹，如郑州东里路C8M32：2号斝、郑州白家庄M3：4号斝、郑州市铭功路西侧弦纹斝（M2：7）、山东滕州前掌大墓地素面斝（M213：69）等。自商代早期至西周早期，有烟炱痕迹的青铜斝一直都有发现，说明青铜斝温酒功能一直得以保留。商代早期，发现有烟炱和水垢痕迹的主要是釜形青铜斝，商代晚期和西周早期，则主要是鬲形青铜斝。

（3）和酒。《周礼 · 春官 · 郁人》："凡祭祀、宾客之裸事，和郁鬯以实彝而陈之。"郑《注》曰："筑（捣）郁金，煮之以和鬯酒。"《周礼 · 春官 · 肆师》："大祭祀，展牺牲，系于牢，颁于职人。……及国，筑煮。"古人用于裸礼的酒并不是普通的酒，而是用鬯酒混合郁金香草汁，为使两者更好地混合，用斝煮之。

（4）盛酒。从青铜斝的体量来看，商代中期以前，鲜有器超过30厘米，但从商代晚期开始，体量增大，多在30厘米以上，甚至有超过60厘米者，这正是青铜斝功能发生变化的表现。商代中期以前，青铜斝主要用于祭礼过程中的和酒、滤酒，体量不宜过大，否则持用极为不便；但商代中期以后随着陶制澄滤器的使用，青铜斝滤酒功用逐渐丧失，转而成为盛酒器，体量自然随之变大。从其在墓葬中的位置来看，与铜尊、卣等盛酒器位置较近、关系较密切，与铜爵、觚的位置较远、关系疏远。西周早

① 黄冈地区博物馆、黄州市博物馆：《湖北省黄州市下窑嘴商墓发掘简报》，《文物》1993年第6期，56页。

② 王文锦：《礼记译解》，中华书局，2001年。

期，在鹿邑太清宫长子口墓中出土的长子口方斝（M1：222）腹内发现了挹酒器斗[①]。众所周知，斗是用来从盛酒器中舀酒的，通常和盛酒器搭配使用，如卣和斗，而青铜斝和斗同出，确证商代晚期以后，青铜斝已经演变为盛酒器。

综上不难发现，青铜斝的功用并非始终为一，而是随着时代的前进而变化。商代早期和中期，青铜斝体量较小，主要在宗庙祭祀中被用来和酒与滤酒。商代晚期，青铜斝形制发生较大变化，体量较大，斝柱对称立于口沿最大径，和酒与滤酒的功用已丧失，主要被用来盛酒。青铜斝的温酒功能则是一直存在的。

第三节　斝柱的形态及功能演变

青铜斝出现之初，口沿上即有两柱，应照搬自陶斝，因为二里头文化三期陶斝口沿既已立有两乳头状小柱。

二里头文化四期，青铜斝斝柱出现之始，偏于与口沿相对的一侧，位置较近，两柱脚连线短，形制极为原始，似三棱锥形横置于口沿之上，锥尖伸向腹内，平顶柱帽略呈三角形。

早商一期，斝柱仍偏于与口沿相对的一侧，两柱脚连线较短，开始立于口沿之上，柱帽为平顶三角形，柱茎断面为三角形。早商二期，位置与以前基本一致，菌状柱形制基本成熟，柱帽为菌形，柱茎断面为长方形。菌状柱在整个二里冈时期大为流行。早商三期，斝柱的位置发生了变化，两柱大致与两足相对，两柱脚连线变长，帽顶开始有乳状凸起，出现涡纹装饰。这一时期，斝柱是具备实用功能还是装饰附件，抑或仅仅是陶斝形态的残留？斝柱早期形态原始，不甚美观，似可以排除装饰作用一说，仅是陶斝形态的残留也较牵强，故我们认为，斝柱的存在或许与青铜斝的功能有关，应是具有实用功能的附件。商代早期，所酿造的酒醴中还有渣滓，饮酒时须先将此滤去，青铜斝正是扮演了滤酒器的角色，斝柱则是发挥滤酒功用的部件。具体的使用方法，陈佩芬先生曾加以考证，“这两柱就起到挂过滤囊口的作用，另一面囊口以手挑开，把和有郁金草汁的酒注入囊中，过滤出来的酒液就是去净渣滓的香酒，这是基于双柱是实用装饰物的一种合理推断”[②]，斝柱或往腹内倾斜或柱帽腹内部分面积略大于腹外，当是为了便于悬挂囊口。

商代中期，菌状柱继续流行，伞状柱开始出现。斝柱升高，立于口沿中部，两柱脚连线最长。柱帽中心除乳状凸起外，出现圆饼状凸起，柱帽上多饰涡纹。柱茎断面多为长方形，开始见到方形，柱体显得较为厚重。这一时期，陶制澄滤器的大量使

---

① 河南省文物考古研究所、周口市文化局：《鹿邑太清宫长子口墓》，中州古籍出版社，2000年，93页。

② 陈佩芬：《夏商周青铜器研究》，上海古籍出版社，2004年，第12页。

用，相较于青铜斝滤酒更为方便，斝柱的实用功能开始丧失，装饰意味更浓。而且，斝柱距离相隔较远，也不便于悬挂过滤囊口。

商代晚期，菌状柱、伞状柱并存，出现了精美的鸟形柱。柱体高大，立于口沿中部，两柱脚连线长。柱帽饰涡纹，蕉叶纹也较为流行，伞状柱帽顶有菌帽状凸起，显示了两种斝柱的融合。柱茎断面方形较多，常见蕉叶纹或连山纹装饰。这一时期，斝柱大方美观，装饰意味十足，实用功能已经彻底丧失，斝柱的存在仅仅是形制传统的保留。有些青铜斝上干脆不再保留斝柱，产生了无柱斝。

西周早期，斝柱与商代晚期较为相似，流行菌状柱和伞状柱，柱体相对变矮。

通过对斝柱位置、形态演变过程的梳理，我们不难发现，斝柱在商早期以前是具有实用功能的附件，主要发挥滤酒的功能。商中期后，斝柱主要作为装饰附件存在。商代晚期，斝柱的装饰意味更浓，实用功能彻底丧失，出现了无柱斝。

第三章　青铜斝的类型学研究

第一节　型 式 分 析

青铜斝是商周时期常见的青铜酒礼器之一，截止到2013年年底，我们共搜集到出土和传世青铜斝479件。其中，考古发掘和出土地点明确的征集、采集青铜斝261件，历代金石学著作中的传世品及出土地点不明确的采集、馆藏、拣选青铜斝218件。上述青铜斝多数资料已经公布，如图像、体量、形制、纹饰等，本书类型学分析正是建立在此基础上。

我们以241件形制特征明确的出土青铜斝为观察对象，依据整体形制差异和器身横断面的区别，我们可将青铜斝划分为四个不同的型别，即釜形斝、鬲形斝、罐形斝和方斝，并分别用A型、B型、C型和D型来指代（表3-1）。在每型青铜斝演化序列即式别的划分上，形制和纹饰同为重要的观察对象。以往学者多依据形制变化确定演化序列，纹饰在判别时期上的作用没有得到重视，实则纹饰"有'时尚性'，非常敏感地随时变化"，"纹饰是青铜器的语言"[①]，所以，在式别的划分上，本书充分重视了纹饰的作用。

A型　共160件，占全部青铜斝的66.4%[②]。与本书所划分的A型陶斝形制相似，差异细微，依据其形制，我们将此型青铜斝称为釜形斝。

整器分为颈、腹、足三部分，颈、腹分界明显，有肩，交界处有折棱。器身横断面呈圆形或椭圆形。根据整体风格和器腹形制差异，又可以分为三个亚型。

Aa型　共15件，占A型青铜斝的9.4%，体量多在20～30厘米，未见超过30厘米者。器身横断面呈圆形或椭圆形，器壁较薄。侈口，口沿内侧多有加厚唇边。口沿上立有两柱，偏于与鋬相对的口沿一侧，多不甚发达，长颈，扁圆鼓腹，器腹下接三透底椭圆空锥足，腹侧有素鋬。该型青铜斝形制较为原始，与同时期陶斝形制接近，反映出青铜斝形制仿自陶斝的事实。

Ⅰ式：共3件，占Aa型青铜斝的20%。形制与陶斝接近，器身轻薄，口沿内侧有加厚唇边，多光素无装饰。侈口，长颈内收，扁圆鼓腹，下接三椭圆形透底空锥足，腹

---

① 李学勤：《青铜器入门》，商务印书馆，2013年。

② 由于传世青铜斝较多无图像，无法划分型式，故本处各型青铜斝数量主要是依据出土青铜斝而来。所占比例是指该型青铜斝占241件有图像、型式明确的出土青铜斝的比例，下同。

表3-1　出土青铜罍各型式流行期段表（共241件）

		A型160件														B型 54件				C型 14件				D型13件			
		Aa型 15件				Ab型 84件						Ac型 61件												Da型 8件		Db型 5件	
		Ⅰ	Ⅱ	Ⅲ	Ⅳ	Ⅰ	Ⅱ	Ⅲ	Ⅳ	Ⅴ	Ⅵ	Ⅰ	Ⅱ	Ⅲ	Ⅳ	Ⅰ	Ⅱ	Ⅲ	Ⅳ	Ⅰ	Ⅱ	Ⅲ	Ⅳ	Ⅰ	Ⅱ	Ⅰ	Ⅱ
		3	7	3	2	1	4	62	4	8	5	1	11	29	20	5	24	11	14	1	8	3	2	6	2	2	3
一期	早段																										
	晚段																										
二期																											
三期	早段																										
	晚段																										
四期	早段																										
	晚段																										

侧有素鋬。口沿上横置两三棱锥形柱，偏于口沿一侧，无柱帽，锥尖伸向器腹内，应有实用功能。斝柱形态较原始，极不发达。

标本一，素面斝（87YLVM1：2）（图3-1，1），1987年偃师二里头遗址V区M1出土[①]。侈口，口沿内附一加厚唇边，长颈内收，腹部圆鼓并收成圜底，下接三扁圆状空锥足，与器腹相通。侧附一素鋬，其上部较平而宽，下与一足相对应，与鋬相对一侧的口沿立二柱，下部为锥状附于口沿内壁上部，起一脊，往上延伸为三棱形状突出于口上，柱顶扩大加宽，俯视呈三角形平顶，二柱微内倾。通体素面。器壁较薄。通高26.8、口径14.5～14.8、腹径8.9、柱高1.5厘米，壁厚0.15厘米左右。标本二，素面斝（WT245M49：1），登封王城岗WT245M49 出土[②]。侈口，口沿内侧有加厚唇边，上有两个对称的鼓面三角形柱，斝柱较为原始。长颈内收，腹圆鼓，圜底，三透底空锥足。颈腹间有一弧形鋬，与一足相对。通体素面。通高23.2、口径15.6厘米。

Ⅱ式：共7件，占Aa型青铜斝的46.7%。与Ⅰ式青铜斝相比，主要区别在于Ⅱ式青铜斝器身上开始出现简单装饰，在颈部下端多饰有弦纹和联珠纹（或云乳钉纹），少量器物上有网格纹。形制变化不大，斝柱与Ⅰ式横置于口沿不同，立于口沿一侧，相隔较近，柱帽多为鼓面三角形。

标本一，乳钉纹斝（垣曲商城M16：8）（图3-1，2），垣曲古城南关M16出土[③]。侈口，口沿内侧有加厚唇边，口沿上立有两个三棱形柱，柱帽不发达。腹部圆凸，圜底，下接三透底锥状空足，颈腹间有一半圆形素鋬，鋬中部留有铸造时的脊棱。双柱对应的颈下饰有弦纹两周，弦纹间夹饰乳钉纹。通高28.4、腹径12、口径15.8厘米。标本二，乳钉纹斝（上博005一），收藏于上海博物馆，20世纪50年代自上海冶炼厂废铜中拣选而得[④]。该青铜斝器壁较薄，侈口，口沿内有一周加厚唇边，长颈，鼓腹，下接三透底空锥足，体侧有一鋬，与一足相对，与鋬相对的口沿一侧立两柱，附着于内侧壁上，向内呈三角形短钉状。通高23.5、口径15.5厘米，重1.14千克。

---

① 中国社会科学院考古研究所二里头工作队：《河南偃师二里头遗址发现新的铜器》，《考古》1991年第12期，1138页。

② 河南省文物研究所、中国历史博物馆考古部：《登封王城岗与阳城》，文物出版社，1992年，155页。

③ 中国历史博物馆考古部、山西省考古研究所：《1988～1989年山西垣曲古城南关商代遗址发掘简报》，《文物》1997年第10期，12～29页。

④ 陈佩芬：《夏商周青铜器研究》，上海古籍出版社，2004年，10页。

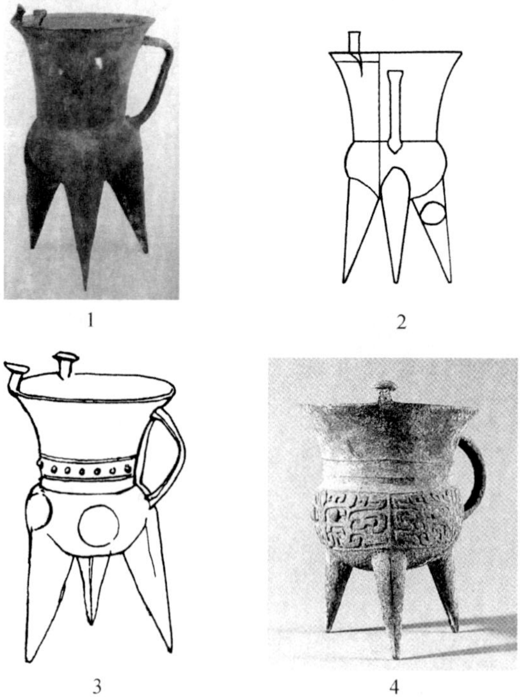

图 3-1　Aa型青铜斝

1. 素面斝（87YLVM1：2）① 2. 乳钉纹斝（垣曲商城M16：8）② 3. 乳钉纹斝（白家庄M3：4）③ 4. 兽面纹斝（武陟县大驾村商墓）④

Ⅲ式：共3件，占Aa型青铜斝的20%。同前两式青铜斝整体形制差异不大，斝柱已较为成熟，装饰面积进一步扩大，颈部和腹部都可见纹饰，流行在颈部装饰乳钉纹，腹部装饰圆形鼓面纹。

标本一，乳钉纹斝（M3：4）（图3-1，3），郑州市白家庄M3出土⑤。侈口，口沿内侧有加厚唇边，长颈内收，鼓腹，圜底，下接三透底空锥足。体侧有一鋬，断面为三棱形。与鋬相对的口沿一侧立有两柱，柱身断面为长方形，柱帽为圆形。颈部饰

① 中国社会科学院考古研究所二里头工作队：《河南偃师二里头遗址发现新的铜器》，《考古》1991年第12期，1138页，图版捌：1。

② 中国历史博物馆考古部、山西省考古研究所：《1988～1989年山西垣曲古城南关商代遗址发掘简报》，《文物》1997年第10期，21页，图15：3。

③ 河南文物工作队一队：《郑州市白家庄商代墓葬发掘简报》，《文物参考资料》1955年第10期，33页，图版六。

④ 武陟县文化馆：《武陟县早商墓葬清理简报》，《中原文物》1980年第3期，38页，图二。

⑤ 河南省文物工作队第二队：《郑州市白家庄商代墓葬发掘简报》，《文物参考资料》1955年第10期，24页。

乳钉纹一周，腹部饰一周四个圆形鼓面纹。器表满附烟炱痕，内有白色水锈。通高25、腹径12、足高10厘米。标本二，乳钉纹斝（全集1.15），1955年郑州市白家庄出土[①]。侈口，平顶圆帽状矮柱，长颈内收，鼓腹圜底，三透底锥状空足。颈部饰乳钉纹和弦纹，腹部饰五个圆形鼓面纹。通高24.5、口径15.5厘米，现藏中国国家博物馆。

Ⅳ式：共2件，占Aa型铜斝的13.3%。体量在20～23厘米。器壁较薄，口沿内侧有加厚唇边。侈口，口沿立两菌帽状柱，一柱与足相对，两柱相隔较远。长颈，鼓腹，器腹较深，圜底，下接三圆锥或三棱锥形空足，体侧有一扁条形鋬。流行在颈部和腹部装饰，以弦纹和兽面纹为常见。

标本一，兽面纹斝（图3-1，4），河南武陟县大驾村商墓出土[②]。侈口，口沿内有加厚唇边，口沿上立两菌状柱，束颈，鼓腹，器腹较深，圜底，下附三个圆锥形空足。颈部饰两道凸弦纹，腹部饰兽面纹一周三组，各组之间有界格，线条疏朗，形象古朴生动。通高20、口径14.5厘米。

演变规律：①形制。釜形青铜斝系仿陶斝形制而来，制作较为粗率、原始。器身轻薄，器壁逐渐增厚，口沿内侧往往有加厚唇边。器身一侧有素鋬，侧视由“7”字形到半圆形。斝柱由不发达逐渐发展为菌状柱，始横置于口沿上，后立于口沿上，柱身由三棱形到长方形，柱帽由三角形鼓面到菌帽状。器底部由圜底向近平发展。②纹饰。纹饰内容相对简单，起初为素面，后流行乳钉纹+弦纹的组合，少量可见网格纹。装饰面积不断扩大，从通体素面到颈部装饰花纹，再到颈部、腹部都有装饰，体现了人们审美意识的变化和青铜铸造技术的发展。③铭文：此型青铜斝皆无铭文。

Ab型　共84件，占A型青铜斝的52.5%，体量在18～50厘米。侈口，口沿上立两柱，长颈斜内收，器腹外鼓呈覆盆形，最大腹径居于腹底，腹下接三棱锥形透底空足，足上端略呈四棱锥形。开始仅在颈部装饰，后发展到柱帽、颈部、腹部皆有装饰，纹饰内容以兽面纹最为常见，另有涡纹、弦纹、联珠纹、网格纹等。此型青铜斝数量多于Aa型、Ac型青铜斝，是A型青铜斝中数量最多的亚型，流行时间亦较长。

Ⅰ式：目前仅发现1件，占Ab型青铜斝的1.2%。体量较大，形制较原始，颈部细长，器腹较浅，平底，素面。

标本一，素面斝（M9：1）（图3-2，1），二里头遗址M9出土[③]。器身轻薄，铸造粗率。侈口，口沿内侧有加厚唇边，长颈鼓腹，颈腹间有明显折棱，器腹呈覆盆形，腹壁斜直，平底，下接三透底空足，足上端微呈四棱形，下为三棱锥状。体侧有一弧形素鋬，与一足相对，与鋬相对的一侧口沿上立两个三棱锥柱矮柱，锥尖朝向腹内。通高30.5、口径17～18厘米。

---

① 中国青铜器全集编辑委员会：《中国青铜器全集》，文物出版社，1998年，15页。

② 武陟县文化馆：《武陟县早商墓葬清理简报》，《中原文物》1980年第3期，38、39页。

③ 中国社会科学院考古研究所二里头工作队：《1984年秋河南偃师二里头遗址发现的几座墓葬》，《考古》1986年第4期，318～323页。

Ⅱ式：共4件，占Ab型青铜斝的4.8%，体量在19～29厘米。侈口，口沿内侧有加厚唇边，斝柱不再横置而是立于口沿上，较为原始。颈部变短，器腹加深，颈、腹深较为接近，束腰明显，腹壁较斜直、微弧，平底微凸，下接三棱锥形空足。颈部下端开始出现纹饰，以弦纹和联珠纹为常见。

标本一，弦纹斝（V采M：66）（图3-2，2），偃师二里头遗址采集①。侈口，束腰较粗，腹下部外鼓，底部外凸。鋬较细，内侧留有范块。三棱锥形空足外撇，一足在鋬下方，颈部下端饰凸弦纹四周，相间有三周联珠纹，鋬内侧腹壁上有明显的范痕，三足表面各有一条范痕，与带状花纹的范线相应。器表光平，修治较好。高22.5、口径15.6、底径11.7、壁厚0.1～0.2厘米。

Ⅲ式：共62件，占Ab型青铜斝的73.8%，是Ab型青铜斝中数量最多的一式，体量在18～39厘米，以20～30厘米最为常见，未见超过40厘米者。器壁较薄，口沿内侧多有加厚唇边，菌状柱形制成熟，从早商三期始，柱顶中心有半球状凸起，加涡纹装饰。长颈斜内收，束腰，腰腹间形成明显折棱，腹壁弧鼓，上腹径明显小于下腹径，平底略凸，三棱锥形空足外撇。整器装饰部位不再局限于颈部下端，腹部开始出现装饰，纹样内容大为丰富，除弦纹和联珠纹外，歧尾兽面纹成为最流行的纹饰。

标本一，兽面纹斝（T61M1：1）（图3-2，3），2001年郑州商城西南部M1出土②。侈口圆唇，沿内折成厚棱，口沿上有两个对称的菌状柱，腹壁斜直，束腰，下腹微外张，腰腹间形成较明显的折棱，底部微外圜，三棱形锥状空足，足尖外撇。腹部有一半圆形带状桥形鋬，腹上部近腰处饰歧尾兽面纹一周。通高22、口径15、柱高2.6、足高9.5厘米。标本二，兽面纹斝（T17M2：1），1999年郑州人民路西侧商墓M2出土③。侈口，圆唇，沿内折成厚棱，口沿上立二菌状柱，长颈，束腰，鼓腹，腰腹间有较明显折棱，平底，三锥状空足。颈下部有一半圆形鋬。颈部下端饰弦纹三周。通高20.6、口径15.3厘米。

Ⅳ式：共4件，占Ab型青铜斝的4.8%，体量在24～33厘米。整器显得修长挺拔，侈口，口沿内有加厚唇边，与鋬相对一侧的口沿上立有两柱，与两足相对，斝柱较前式升高，多为菌状柱，伞状柱开始出现。长颈，鼓腹，颈、腹长比明显超过Ⅲ式青铜斝，平底微凸，下接三棱锥形透底空足，足尖略外撇。体侧有半圆形素鋬。装饰面积进一步扩大，柱帽上饰有涡纹，流行在颈部下端和腹部装饰，流行以云雷纹组成的兽面纹，用一周圆圈纹为主纹界栏的装饰亦颇有特色。

标本一，兽面纹斝（图3-2，4），1983年12月安徽省铜陵县童墩村出土④。整器修

---

① 中国社会科学院考古研究所：《偃师二里头》，中国大百科全书出版社，1999年，342页。

② 河南省文物考古研究所：《郑州商城新发现的几座商墓》，《文物》2003年第4期，9页。

③ 河南省文物考古研究所：《郑州商城新发现的几座商墓》，《文物》2003年第4期，11页。

④ 安徽大学、安徽省文物考古研究所：《皖南商周青铜器》，文物出版社，2006年，10页。

长，侈口方唇，口沿立两菌状柱，分别有两足相对，柱帽上饰有涡纹，中心有半球状凸起。长颈斜内收，束腰明显，弧鼓腹，平底微凸，下接三棱锥形透底空足，由于足外侧中间范线明显，略呈四棱锥形，足尖外撇。体侧有半圆形素鋬。颈部下端和腹部

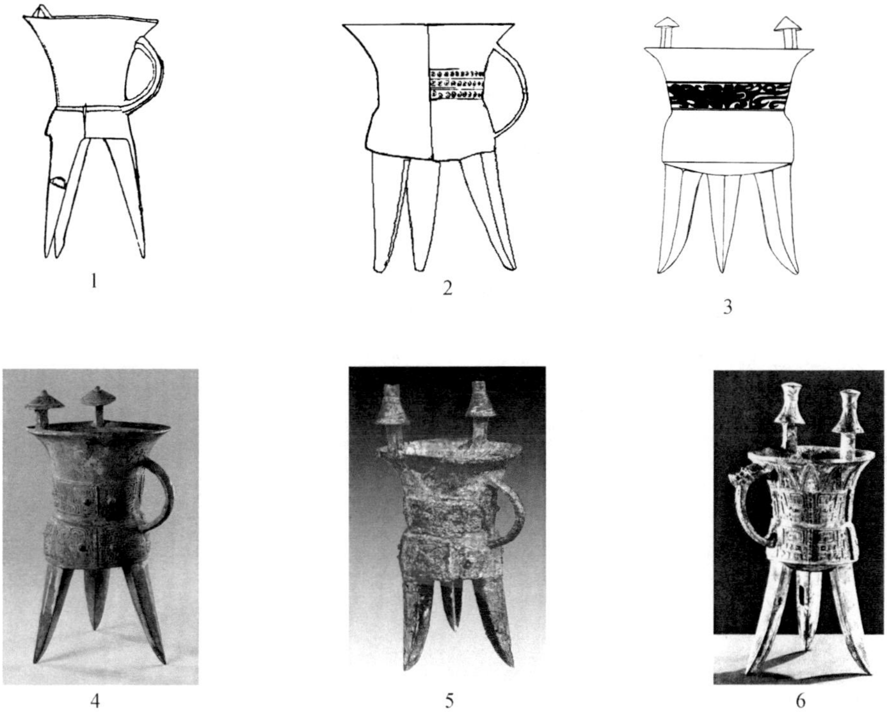

图 3-2 Ab型青铜斝

1. 素面斝（偃师二里头M9：1）① 2. 弦纹斝（偃师V采M：66）② 3. 兽面纹斝（郑州T61M1：1）③ 4. 兽面纹斝（铜陵县童墩村）④ 5. 兽面纹斝（殷墟YM333：R2045）⑤ 6. 饕餮纹斝（小屯M5：781）⑥

① 中国社会科学院考古研究所二里头工作队：《1984年秋河南偃师二里头遗址发现的几座墓葬》，《考古》1986年第4期，320页，图四下。

② 中国社会科学院考古研究所：《偃师二里头》，中国大百科全书，1999年，343页，图240。

③ 河南省文物考古研究所：《郑州商城新发现的几座商墓》，《文物》2003年第4期，11页，图一七：2。

④ 安徽大学、安徽省文物考古研究所：《皖南商周青铜器》，文物出版社，2006年，10页。

⑤ 李济：《殷墟出土青铜斝形器之研究：青铜斝形器的形制与花纹》，《李济文集》卷4，上海人民出版社，2006年，221页，图15。

⑥ 中国社会科学院考古研究所：《殷墟妇好墓》，文物出版社，1980年，图版三八：1。

各饰一周三组云雷纹组成的兽面纹。

Ⅴ式：共8件，占Ab型青铜斝的9.5%，体量在19～34厘米。器身不再有轻薄感，器壁明显增厚，口沿内加厚唇边少见，口沿上立有两柱，基本不再偏于与鋬相对一侧，而是位于口沿最大径处，菌状柱和伞状柱并存，柱顶饰涡纹，中心有半球状突出，柱茎断面为长方形。长颈鼓腹，平底微凸，下接三T形足，足尖外撇较甚。多在颈部和腹部各装饰一周细线云纹组成的兽面纹，双眼与扉棱形成的鼻梁尤为醒目。鋬内侧器壁上开始出现族徽文字，如亚貘斝（图3-3，1），但较少见。

标本一，兽面纹斝（殷墟YM333：R2045）（图3-2，5），安阳殷墟出土①。器壁较厚。侈口，方唇，口沿上立两伞状柱，柱帽上饰涡纹，柱茎断面为长方形。长颈鼓腹，平底，下接三T形足，足尖外撇，体侧有一鋬。颈部和腹部各饰一周三足细线云纹组成的兽面纹，兽面纹上下以一周圆圈纹为界栏。通高34、口径16.3厘米，重2.2千克。标本二，兽面纹斝，北京平谷刘家河商墓出土②。侈口，方唇，口沿中部立两菌状柱，长颈鼓腹，平底微凹，下接三T形足，足尖外撇。颈、腹各饰一周三组细线云纹组成的兽面纹。器体外有烟炱痕迹。残高18、底径13厘米。

Ⅵ式：共5件，占Ab型青铜斝的6%，体量明显增大，基本在40厘米以上。整器厚重感强，器壁显著增厚，器形流畅，纹饰精美，体现出铸造技艺的高超。侈口，方唇，口沿中部立两对称高体伞状柱，柱帽发达，上饰有涡纹或蕉叶纹，长颈鼓腹，腹壁斜直，平底微凸，下接三棱锥形足，足内两侧有凹槽，与Ⅴ式T形足有区别。体侧有半圆形鋬，鋬上有兽首装饰。出现满花装饰，口沿下饰蕉叶纹，颈部和腹部装饰一周兽面纹，并以云雷纹衬底。族徽文字开始增多，多位于鋬内侧器壁上。

标本一，饕餮纹斝（M5：781）（图3-2，6），安阳殷墟小屯M5出土③。侈口，方唇，口沿上立两对称的伞状柱，长颈内收，鼓腹，器壁较直，底部微凸，下接三棱形锥尖足，足两内侧有浅锥形凹槽。口下饰三角形纹，腹上下段各饰饕餮纹三组、饕餮的眼两侧有上竖的身尾；在饕餮的两侧各有一条倒夔。柱顶饰涡纹，柱表有三角形纹六个和云纹一周，足饰饕餮蕉叶纹。通高48.4、口径22.3、足高18.5厘米，重6.8千克。标本二，[illegible]斝（新博0183），1952年安阳出土④。侈口，方唇，口沿中部立两高体伞状柱，长颈鼓腹，腹壁较斜直，底微鼓，下接三棱锥足，足内两侧有凹槽，足尖外撇。柱顶饰云雷纹和涡纹，颈部饰蕉叶纹，颈部下端和腹部均饰一周兽面纹，扉棱突出。器底内壁有铭文（图3-3，2），有学者释为止，当为族徽文字。

---

① 李济：《殷墟出土青铜斝形器之研究：青铜斝形器的形制与花纹》，《李济文集》卷4，上海人民出版社，2006年，221页。

② 北京市文物管理处：《北京市平谷县发现商代墓葬》，《文物》1977年第11期，2页。

③ 中国社会科学院考古研究所：《殷墟妇好墓》，文物出版社，1980年，70页。

④ 唐爱华：《新乡馆藏殷周铜器铭文选》，《中原文物》1985年第1期，30页；《河南出土商周青铜器》编辑组：《河南出土商周青铜器》（一），文物出版社，1981年，259、351页。

1　2

图 3-3　Ab型青铜斝铭文

1. 亚貘斝铭文[①]　2. [illegible]斝铭文[②]

演变规律：

形制。早期铸造较为粗率，晚期较为精美。器形由矮胖向瘦高发展，器壁由薄变厚，早期多在口沿内侧有加厚唇边，商中期以后逐渐消失，口沿开始变为方唇，商代晚期器壁较厚，器型厚重。斝柱起初形制较为原始，多为三棱锥形，横置于口沿上，偏在与鋬相对一侧，自早商开始立于口沿上，两柱间距离也逐渐变大，并最终位于口沿中部相对而立，逐渐发展为菌状柱和伞状柱两种形制，斝柱由矮变高，柱茎断面由三角形到长方形再到方形。器腹自早期的平底发展为晚期的平底微凸。器底多接三棱锥形透底空足，三足尖不外撇。二期出现T形足，但并未完全取代三棱锥形足，两种形式的足并存发展。三期早段足内两侧多有凹槽，三足尖外撇。Ⅴ式以前都为素鋬，Ⅵ式开始出现兽首鋬。在早期时，鋬的断面为三角形，晚期变为扁条形鋬，断面长方形。

纹饰。Ⅰ式青铜斝在出现时为素面。自Ⅱ式青铜斝开始，在颈部下端开始出现装饰，常见纹饰内容主要有弦纹、联珠纹和网格纹。部分Ⅲ式青铜斝装饰部位虽仍局限于颈部下端，但纹饰内容丰富起来，三道弦纹和一周三组歧尾兽面纹的装饰大行其道。自Ⅲ式青铜斝开始，在腹部亦出现纹饰，起初多为涡纹，后也流行兽面纹，且在主纹上下界以一周联珠纹的装饰手法普及开来。这一时期，柱帽上也开始出现涡纹。Ⅳ式、Ⅴ式青铜斝多在颈部下端和腹部各装饰一周细线云纹组成的兽面纹，与以前的粗线条歧尾兽面纹迥然有别，体现出时人审美旨趣的变化。Ⅵ式青铜斝装饰面积进一步扩大，在口沿下饰有蕉叶纹，颈部下端和腹部则饰以兽面纹，并以云雷纹衬底。柱

① 中国社会科学院考古研究所：《殷周金文集成》，中华书局，2007年，9164。

② 《河南出土商周青铜器》编辑组：《河南出土商周青铜器》（一），文物出版社，1981年，259页。

帽上除了涡纹外，还见三角雷纹或蕉叶纹。

铭文。Ⅴ式青铜斝开始出现族徽文字，Ⅵ式青铜斝中有铭文器数量增多，铭文多铸造于鋬内器壁上。

Ac型　共61件，占A型青铜斝的38.1%。Ac型青铜斝由Ab型青铜斝演化而来，最大差异在于器腹呈圆筒形，上径与下径相等，断面为圆形。在A型青铜斝中数量仅次于Ab型。侈口，长颈，圆鼓腹，下接三足，口沿立两柱，体侧有一鋬。

Ⅰ式：1件，占Ac型青铜斝的1.6%。器壁较薄。侈口，口沿内有加厚唇边，上立两菌状柱，柱茎断面为三角形，长颈鼓腹，束腰，腰腹间有折棱，形成一浅台，交角近直角，平底微鼓，下接三棱锥形透底空足。在颈部下端装饰两道弦纹。

标本一，弦纹斝（C8M32：2）（图3-4，1），郑州市东里路黄河医院M32出土[①]。侈口，口沿立两矮柱，柱顶光素无纹，腰部内收，腹稍鼓，底近平，下附三个三棱锥状空足。腰部饰两道弦纹。器底内壁有白色水锈，器底外部有烟熏痕。通高24.5、口径17.2厘米。

Ⅱ式：共11件，占Ac型青铜斝的18%，通高在20～41厘米。器壁增厚，口沿内部的加厚唇边较为少见。除菌状柱外，开始出现伞状柱，立于口沿与两足相对，斝柱开始升高，柱帽出现涡纹装饰，部分柱帽顶端有圆饼状或半球状凸起。侈口方唇，长颈圆鼓腹，平底微凸，下接三棱锥状透底空足，三足尖微外撇。装饰面积扩大，颈部、腹部都有纹饰，流行兽面纹，另见联珠纹、弦纹。

标本一，夔纹斝（图3-4，2），1979年河南省郾城县孟庙乡拦河潘村出土[②]。侈口，束腰，平底，体侧有鋬，下接透底空三棱尖锥足，口沿立两对称的菌状柱，柱顶饰涡纹。腰、腹均饰变形夔纹。通高23、口径14.8厘米，重1千克。标本二，兽面纹斝（96ZSNH1上：5），郑州市南顺城街窖藏出土[③]。侈口，方唇，口沿内壁自口向腹腔1.8厘米处，器壁由厚变薄，在该处形成一圈不太明显的凸棱，口部立两柱，柱茎断面近长方形，较高，外侧与口沿外边对应，内侧向下延长至上腹内壁，柱顶部为涡纹伞状帽，中空，从柱体向上直接铸出一圈柱状体从柱帽中间穿过，腹近杯形，束腰比较明显，下腹微外张，下腹与上腹间在腰际形成比较明显的折棱，底部微圜。腹中部以上至近口沿处有一带状鋬，中间起脊，双柱偏在口沿与鋬对应的一侧，腹底装三空足，足尖外撇，截面呈三角形，胎质较厚重。颈部和腹部各饰一周兽面纹。内壁有多层水垢。通高40.4、口径19.6厘米。

---

① 杨育彬、赵灵芝、孙建国、郭培育：《近几年来在郑州新发现的商代青铜器》，《中原文物》1981年第2期，2页，图一。

② 孟新安：《郾城县出土一批商代青铜器》，《考古》1987年第8期。

③ 河南省文物考古研究所、郑州市文物考古研究所：《郑州商代铜器窖藏》，科学出版社，1999年，17页。

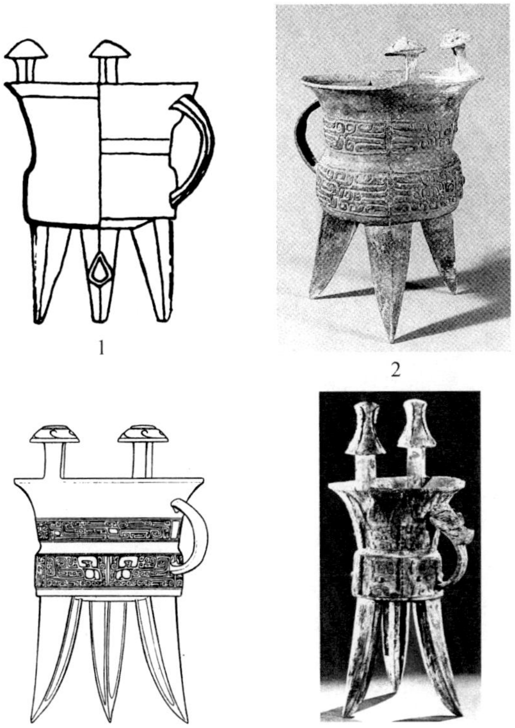

图3-4　Ac型青铜斝

1. 弦纹斝（C8M32：2）[①]　2. 夔纹斝（孟庙乡拦河潘村出土）[②]　3. 兽面纹斝（藁城台西M14：1）[③]　4. 妇好大圆斝（安阳小屯M5：751）[④]

Ⅲ式：共29件，占Ac型青铜斝的47.6%，通高在20～66厘米。器壁较厚，侈口，方唇，口沿上立两菌状柱，伞状柱少见，位于口沿中部，柱帽上饰涡纹，帽顶多有圆饼状凸起，颈部较Ⅱ式青铜斝短，颈腹间折棱不甚明显，腹底微凸，下接三足，断面多为“T”字形。颈部和腹部饰一周细线云纹组成的兽面纹，上下往往界以一周圆圈纹。

标本一，兽面纹斝（M14：1）（图3-4，3），河北藁城台西M14出土[⑤]。侈口方唇，口上有对称的扁方形菌状柱，柱顶有圆饼状凸起，上刻涡纹。长颈内弧，颈、腹间有折棱，鼓腹平底，下接三足，断面呈“T”形。颈、腹一侧有半圆形扁錾。颈部饰带纹一周，分三段：正面为饕餮纹，其余两段为目雷纹。腹部与颈部纹饰相同。标本

① 杨育彬、赵灵芝、孙建国、郭培育：《近几年来在郑州新发现的商代青铜器》，《中原文物》1981年第2期，2页图一。

② 孟新安：《郾城县出土一批商代青铜器》，《考古》1987年第8期，图版捌：3。

③ 河北省文物研究所：《藁城台西商代遗址》，文物出版社，1985年，125页图1。

④ 中国社会科学院考古研究所：《殷墟妇好墓》，文物出版社，1980年，图版35：2。

⑤ 河北省文物研究所：《藁城台西商代遗址》，文物出版社，1985年，119页。

二，兽面纹斝（G1：6），安阳三家庄窖藏出土。侈口，束腰，底稍凸，口沿立一菌状柱，另一柱残缺，上有阴线涡纹，底接三足，断面呈“T”形，腹侧一鋬与一足上下对应。腹上部有“人”字形凸线铸痕。颈、腹部饰饕餮纹带一周，其上、下界以联珠纹。通高20.4、口径14.2厘米。

Ⅳ式：共20件，占Ac型青铜斝的32.8%，通高在23～76厘米，体量明显增大。整器厚重感强，装饰繁缛。器壁厚，侈口方唇，口沿中部立对称两柱，有菌状柱、伞状柱和鸟形柱，形式多样，柱茎断面为方形。长颈鼓腹，颈腹间有折棱，腹底微凸，下接三棱锥形足，足内两侧有凹槽，体侧有一鋬，断面为长方形，上见兽首装饰。流行在口沿下部、颈部和腹部装饰，纹饰内容有蕉叶纹，云雷纹衬底的连体兽面纹等。有铭文器显著增多。

标本一，妇好大圆斝（M5：751）（图3-4，4），安阳小屯M5出土①。侈口，口沿立两个伞状柱，其上有细棱四条，长颈，颈腹间有折棱，底近平，兽首鋬，兽头双角后伏，三棱锥形尖足，足两内侧各有一条较深的槽，槽内有泥芯，腹有扉棱五条，分两段成一直线。口下饰三角形纹十二个，颈腹各饰饕餮纹三组，形象相似，足饰蕉叶纹，但细部不清。柱顶饰涡纹，柱身饰小三角形纹四个和雷纹一周。内底中部有铭“妇好”二字（图3-5，1），腹一侧和一足内侧有丝织品残迹，鋬下有粗纺织品残迹。通高64、口径28.2、足高24.5厘米，重约16千克。标本二，爰斝（戚家庄M269：49），安阳殷墟戚家庄M269出土②。口沿立两个伞状柱，侈口方唇，长颈，腹近直，颈腹间有折棱，底近平。兽首鋬，兽嘴唇上翘，头上双角竖起。锥状足，足内有泥芯。柱顶饰涡纹，柱身上端有凸弦纹两周，下端有凹弦纹两周及涡纹。颈部饰对首夔纹三组，腹部饰饕餮纹两组。口沿内侧铸一铭“爰”字（图3-5，2），阴文。颈、腹部有竹席痕，腹、足部另一侧有丝织品痕迹。通高34.7、口径19.9厘米，重2.85千克。

演变规律：

形制。器身由轻薄向厚重发展。Ⅰ式器壁较薄，为防器物破损，口沿内侧有加厚唇边，后器壁逐渐增厚，至Ⅳ式时，整器较为厚重。Ⅰ、Ⅱ式时，斝柱偏于与鋬相对的一侧，多为菌状柱；Ⅱ式开始，柱顶加饰涡纹；Ⅲ式时，斝柱基本位于口沿中部相对而立；Ⅳ式流行伞状柱，柱体高大，柱茎断面逐渐由三角形发展为长方形，再到方形。Ⅰ、Ⅱ式为三棱锥形透底空足，足上端略呈四棱锥形；Ⅲ式流行“T”形足；Ⅳ式再次流行三棱锥形足，足两内侧有锥形浅槽。器腹底部形制变化不大，由平底发展到微凸。Ⅳ式青铜斝鋬上出现兽首装饰，这是以前所没有的。

① 中国社会科学院考古研究所：《殷墟妇好墓》，文物出版社，1980年，69页。

② 安阳市文物工作队：《殷墟戚家庄东269号墓》，《考古学报》1991年第3期，334页。

1

2

图3-5　Ac型青铜斝铭文

1. 妇好大圆斝①　2. 爰斝②

纹饰。装饰部位由少及多，纹饰内容逐渐丰富。Ⅰ式青铜斝装饰较为简单，仅在颈部下端装饰两周弦纹，其他部位为素面。Ⅱ、Ⅲ式多在颈部下端和腹部装饰一周歧尾兽面纹或细线云纹组成的兽面纹，柱帽上饰涡纹。Ⅳ式装饰面积进一步扩大，柱帽上饰涡纹或三角雷纹，在口沿下多饰蕉叶纹，使器物显得修长美观，颈部和腹部饰云雷纹衬底的兽面纹。足部基本不见装饰。

铭文。Ⅳ式青铜斝常见1～3字不等的族徽文字，多位于器底中部和口沿内侧。

B型　鬲形斝，此型青铜斝也是仿制陶斝而来。共54件，占全部铜斝的22.4%。侈口，口沿上立两柱，高领，圆肩，鼓腹分裆，袋足下接三锥形空足或实足跟，体侧有一鋬。B型青铜斝皆为分裆，暂未见联裆鬲形斝。依据领部、足部形制和装饰变化可分为四式。

Ⅰ式：共5件，占B型青铜斝的9.3%，通高基本在21厘米左右。器壁较薄，体量较小，敞口，器口为全器最宽处。口沿内侧有加厚唇边，上立两菌状柱，分布与两足相对，柱帽上饰涡纹，帽顶有半球状凸起。高领，领壁斜内收，鼓腹分裆，形成三袋足，较为瘦削，裆部较高，下接三棱锥形或圆锥形透底空足，三足尖外撇。体侧有一条形素鋬，与颈部连接位置较靠口沿。装饰部位多局限在颈部下端，袋足腹少见有装饰，纹饰内容以歧尾兽面纹、联珠纹为常见。

---

① 中国社会科学院考古研究所：《殷墟妇好墓》，文物出版社，1980年，72页，图四七：8。

② 安阳市文物工作队：《殷墟戚家庄东269号墓》，《考古学报》1991年第3期，336页，图八：15。

标本一，弦纹斝（大辛庄M106：9）（图3-6，1），2003年济南市大辛庄商代墓葬M106出土[①]。侈口，鼓腹，条形鋬，分裆，空尖锥足，足呈三棱形，棱线分明，足外撇。口沿立两柱，分别对应一足，柱茎呈四棱形，柱上有菌形纽，纽上有乳头状凸起。颈部饰凸弦纹三周，柱面饰涡纹，鋬内侧留有清晰的范线。口径13.6、通高21.2厘米。标本二，兽面纹斝，1979年9月郑州二里冈遗址墓葬出土[②]。侈口，束颈，口沿立两个菌状柱，柱身为四棱形，柱帽饰涡纹。颈部饰歧尾兽面纹带一周，腹部与分裆间的外壁饰双线“人”字纹。鋬残。下附三袋状空足，实足跟较高。通高21.4、口径13.5厘米。青铜斝的合范线明显且锋利，铸成后未经修整，从足尖看无使用痕迹。袋足内有残存的红色内范，可见未经使用即已作为随葬品，当为明器。

Ⅱ式：共24件，占B型青铜斝的44.4%，是B型青铜斝中数量最多的一式，体量较Ⅰ式明显增大，通高在24～40厘米，其中，7件通高在25厘米以上、13件通高超过30厘米。器身较为厚重，器壁明显增厚，口沿内不见加厚唇边。装饰简单朴素。侈口方唇，口沿中部立两对称形方体菌状或伞状柱，斝柱升高，柱帽饰涡纹，菌状柱帽顶往往有半球状凸起。值得注意的是，无柱青铜斝出现，且并非孤例[③]。直领，较Ⅰ式变短，鼓腹分裆，裆部较高，袋足圆硕，下接三柱状实足，足跟较高。体侧有扁圆体鋬，上多有兽首装饰，与颈部相接位置较为靠下。多在腹上端靠颈部处装饰一周兽面纹，袋足腹上饰“人”字形弦纹。

标本一，弦纹斝（M12：2）（图3-6，2），河南罗山县天湖墓地M12出土[④]。侈口，尖唇，束颈，折肩，鼓腹分裆，下接三柱状袋足，柱足较细。口沿立两对称菌状柱，柱顶饰涡纹。颈腹一侧有兽首鋬。颈部有一周凸弦纹，肩部有明显的折沿，分裆线直通肩部。器壁砂眼较多。通高28、口径20.9厘米。标本二，亚[illegible]址斝（郭家庄M160：174）（图3-6，3），安阳殷墟郭家庄M160出土[⑤]。侈口，长颈，鼓腹，分裆，柱足。颈腹一侧有鋬，鋬上端饰牛头，目字形大眼，圆睛外鼓，头上有一对大角，似水牛。颈饰二周凸弦纹，袋足上饰两个由凸弦纹围成的三角纹。上腹与分裆对应处，有短脊梁，其两侧各有一目雷纹，近似一首二身的夔纹，以短脊为中心，两相对称。无地纹。器表从上腹至足有三条铸缝，足内侧亦有三条铸缝。口沿内与鋬相对的位置

① 山东大学东方考古研究中心、山东省文物考古研究所、济南市考古研究所：《济南市大辛庄商代居址与墓葬》，《考古》2004年第7期，28、29页。

② 王彦民、赵清：《郑州二里岗发掘一座商代墓》，《中原文物》1982年第4期，29页。

③ 山西灵石旌介商墓出土的斝（M1：27）、河南殷墟郭家庄M160出土的亚[illegible]址斝（M160：174）、山东费县出土的[illegible]斝都无柱，或许暗示我们此时的斝柱已丧失实用功能，所以可有可无。

④ 河南省信阳地区文管会、河南省罗山县文化馆：《罗山天湖商周墓地》，《考古学报》1986年第2期，166页。

⑤ 中国社会科学院考古研究所：《安阳殷墟郭家庄商代墓葬——1982～1992年考古发掘报告》，中国大百科全书出版社，1998年，94页。

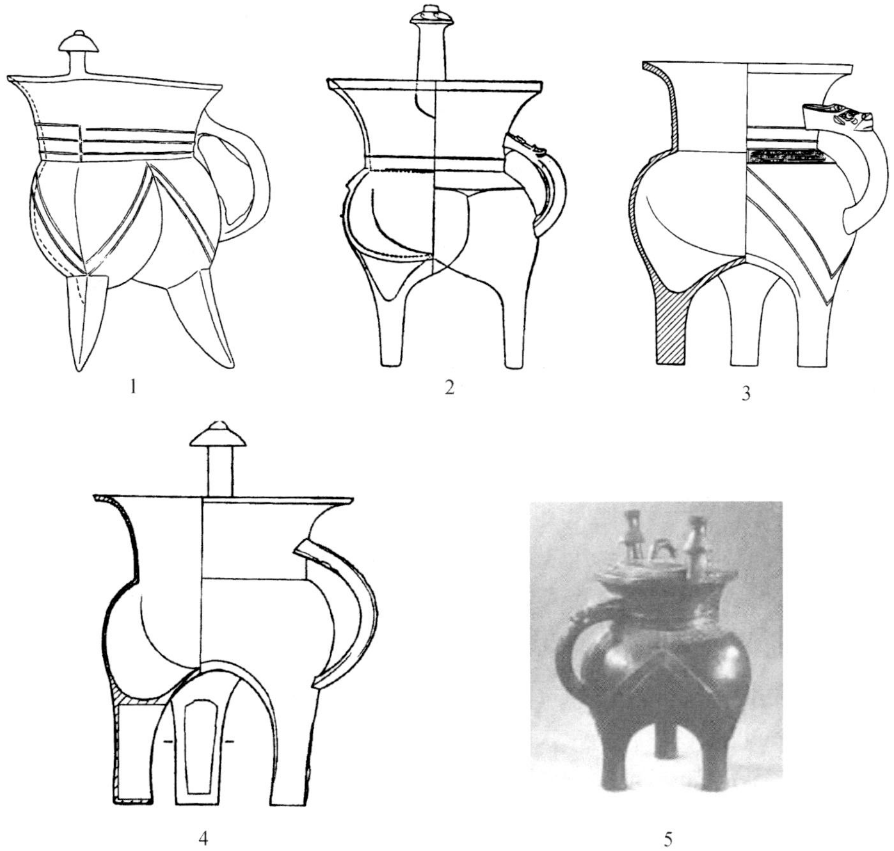

图3-6　B型青铜斝

1. 弦纹斝（大辛庄M106：9）[①]　2. 弦纹斝（天湖M12：2）[②]　3. 亚寠址斝（郭家庄M160：174）[③]　4. 素面斝（M53：54）[④]　5. 折斝（76FZH1：23）[⑤]

① 山东大学东方考古研究中心、山东省文物考古研究所、济南市考古研究所：《济南市大辛庄商代居址与墓葬》，《考古》2004年第7期，29页，图二：3。

② 河南省信阳地区文管会、河南省罗山县文化馆：《罗山天湖商周墓地》，《考古学报》1986年第2期，166页，图一七：2。

③ 中国社会科学院考古研究所：《安阳殷墟郭家庄商代墓葬——1982～1992年考古发掘报告》，中国大百科全书出版社，1998年，98页，图74：1。

④ 中国社会科学院考古研究所：《安阳殷墟郭家庄商代墓葬——1982～1992年考古发掘报告》，中国大百科全书出版社，1998年，36页，图25：6。

⑤ 陕西周原考古队：《陕西扶风庄白一号西周青铜器窖藏发掘简报》，《文物》1978年第3期，图版叁：3。

有铭文“亚㠱址”。口径20.1、通高27.5、壁厚0.5厘米，重5.35千克。

Ⅲ式：共11件，占B型青铜斝的20.4%。铸造粗率，器壁较薄，易碎，形体矮小，通高多在20厘米以下。装饰简单，素面器较多，或简单饰弦纹，明器化趋势明显。侈口方唇，口沿立两菌状柱，束颈，短直领，鼓腹分裆，形成三袋足，袋足瘦瘪，下接三柱状实足跟，柱足半空，中间还能看到范土。

标本一，素面斝（M53∶54）（图3-6，4），安阳殷墟郭家庄M53出土[①]。质薄，已碎。敞口，束颈，鼓腹，分裆，柱足半空。口上有两菌状柱，腹侧有一鋬。足内侧露出范土。器高17.7、口径14.9厘米。标本二，素面斝（GM2579∶9），殷墟西区GM2579出土[②]。铸造极为粗糙，侈口方唇，口沿立两菌状柱。束颈，鼓腹分裆，柱足，颈腹一侧有鋬。素面，为明器。通高18.5、口径11.5厘米，重0.6千克。

Ⅳ式：共14件，占B型青铜斝的25.9%。铸造较精良，形体高大，通高基本都在30厘米以上。侈口方唇，口沿中部立两菌状柱或伞状柱，柱帽上有涡纹。直颈，鼓腹，袋足圆硕，下接三柱足，实足根较矮，往蹄足演变。体侧有一鋬，上有兽首装饰，与颈部相接位置较为靠下。流行在颈部、腹部装饰凸弦纹。多有铭文，族徽文字居多，也有记事铭辞。

标本一，折斝（76FZH1∶23）（图3-6，5），1976年扶风庄白一号青铜器窖藏出土[③]。侈口方唇，口沿立两伞状柱。长颈，鼓腹分裆，形成三袋足，袋足肥硕，下接三柱状实足跟，体侧有一兽首鋬。有盖，盖上有双首蛇形半环纽，盖两侧有半圆形缺口，扣合时以便纳柱。颈部下端饰两道凸弦纹，腹饰双道“人”字形弦纹，盖饰斜角雷纹，间以目纹。

演变规律：

形制。从整体来看，器身由低向高、由轻薄向厚重发展。Ⅰ式器体较矮，器壁较薄，口沿内有加厚唇边，斝柱与两足相对应，袋足较瘦削，三棱锥或圆锥形空足，素鋬常见，与颈部相接位置较为靠近口沿。Ⅱ式器体往高大发展，器壁增厚，斝柱升高，位于口沿中部相对而立，领部变短，袋足肥硕，裆部较高，袋足下接三柱状实足跟，足跟较高。Ⅲ式为专用于墓葬随葬的明器，铸造粗糙，器体矮小，器壁薄，多素面，柱足断面呈C形。Ⅳ式领部更短，裆部较矮，实足跟较低，柱状足朝蹄足演变，兽首鋬与颈部相接位置较靠下。

纹饰：B型青铜斝整体装饰较为朴素，未见三层满花器。Ⅰ式在柱帽饰涡纹，颈部装饰一周兽面纹，上下或有一周联珠纹为界，腹部亦有装饰兽面纹或“人”字弦纹，

① 中国社会科学院考古研究所：《安阳殷墟郭家庄商代墓葬——1982～1992年考古发掘报告》，中国大百科全书出版社，1998年，44页。

② 中国社会科学院考古研究所：《殷墟青铜器》，文物出版社，1985年，479页。

③ 陕西周原考古队：《陕西扶风庄白一号西周青铜器窖藏发掘简报》，《文物》1978年第3期，3页。

但少见。Ⅱ式在柱帽饰涡纹，袋腹上端靠颈部处饰一周兽面纹，这一时期最常见的是在腹部饰“人”字形凸弦纹。Ⅲ式青铜斝为明器，素面器较多，有装饰的则是柱帽上饰涡纹，腹部饰“人”字形弦纹。Ⅳ式青铜斝装饰与Ⅱ式相比变化不大，在柱帽饰涡纹，袋腹上端靠颈部处饰一周兽面纹，袋腹上“人”字形弦纹装饰最为常见。

铭文。Ⅱ式青铜斝开始出现铭文，Ⅱ、Ⅲ式多为3字以内的族徽或人名，Ⅳ式铭文字数增多，仍以族徽文字为主，开始出现记事铭辞，如小臣邑斝，字数达26字。

C型　罐形斝，器腹似罐形。共14件，占全部青铜斝的5.8%，C型青铜斝数量较少，体量中等，通高在18～40厘米，少见低于20厘米和超过30厘米者。整器略显矮胖，侈口，方唇，口沿立两菌状或伞状柱，束颈，鼓腹，圜底，下接三足。体侧有一扁条形鋬。多在颈、腹装饰，纹饰以兽面纹和弦纹为多见。C型青铜斝与Aa型Ⅳ式青铜斝形制较为接近，唯颈部变短、腹部加深，故我们认为，C型青铜斝是在Aa型Ⅳ式基础上衍生出的新器形。

Ⅰ式：1件，占C型青铜斝的7.1%。侈口方唇，口沿上立两菌状矮柱，高领束颈，圆鼓腹，颈、腹分界较明显，最大腹颈居中，圜底，下接三“T”形足，腹足不通。装饰部位局限于颈部，腹部为素面。无族徽铭文。

标本一，目雷纹斝（图3-7，1），河南灵宝东桥出土[①]。侈口，扁圆鼓腹，圜底，下附三足，断面为“T”字形。口沿立两菌状柱，柱帽顶有圆饼状凸起，柱帽上饰涡纹。颈部饰一周目雷纹。体侧有一索绹鋬，此例为仅见。通高17.9、口径12.1厘米。

Ⅱ式：8件，占C型青铜斝的57.2%，是C型青铜斝中数量最多的一式，体量变大，通高在22～38厘米，超过30厘米的有3件。器壁较厚，侈口方唇，口沿中部立两菌状柱或伞状柱。束颈，领部变短，颈、腹分界不明显，垂鼓腹，最大腹径靠下，圜底，下接三棱锥形实足，足两内侧有凹槽。颈、腹部加装饰，纹饰内容有弦纹、云雷纹衬底的兽面纹等。出现铭文，多为族徽文字或人名。

标本一，兽面纹斝（59武官M1：2）（图3-7，2），1959年殷墟武官村M1出土[②]。侈口方唇，口沿中部相对而立两伞形柱，束颈鼓腹，底近平，半圆形带状鋬。三棱形锥尖足，足的两内侧各有锥形浅槽一条。斝柱柱顶饰涡纹，柱身饰三角纹、雷纹。口下饰小三角纹，颈饰狭长的饕餮纹三组，腹饰饕餮纹三组。通高26.3、口径15.3、壁厚0.3、足高9.8厘米，重2.1千克。标本二，子渔斝（M18：17），1977年安

① 河南省博物馆、灵宝县文化馆：《河南灵宝出土一批商代青铜器》，《考古》1979年第1期，20～22页。

② 中国社会科学院考古研究所：《安阳武官村北的一座殷墓》，《考古》1979年第3期，223～226页。

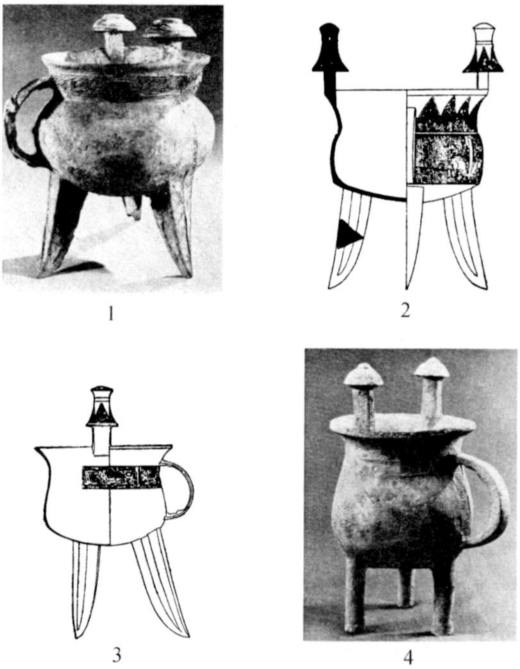

图3-7　C型青铜斝

1. 目雷纹斝（灵宝县东桥）① 2. 兽面纹斝（59武官M1：2）② 3. 兽面纹斝（罗山天湖M1：13）③ 4. 登作尊彝斝（洛阳旧城东北）④

阳小屯M18出土⑤。侈口方唇，口沿中部立对称的两菌状柱，柱帽上饰涡纹。鼓腹，圜底，腹部有半圆形鋬。三足呈三棱锥尖形，外撇，两足与柱相对，一足与鋬相对。腹上下段各饰饕餮纹三组，细窄鼻梁，眼珠凸起，大嘴、长身，尾上卷，线条很细。通高28.2、口径17、足高10.5、壁厚0.3厘米，重2.5千克。

Ⅲ式：3件，占C型青铜斝的21.4%，通高在20～30厘米。形制与Ⅱ式较为相近。侈口方唇，口沿中部立两菌状柱或伞状柱，束颈，垂鼓腹，颈腹分界不明显，圜底，下接三“T”形足，与Ⅱ式三棱锥形足相区别，体侧有一扁条形鋬。装饰趋简，在口沿

---

① 河南省博物馆、灵宝县文化馆：《河南灵宝出土一批商代青铜器》，《考古》1979年第1期，21页，图二：3。

② 中国社会科学院考古研究所：《安阳武官村北的一座殷墓》，《考古》1979年第3期，224页，图一：7。

③ 河南省信阳地区文管会、河南省罗山县文化馆：《罗山天湖商周墓地》，《考古学报》1986年第2期，166页，图一七：1。

④ 洛阳博物馆：《洛阳北窑西周墓清理记》，《考古》1972年第2期，图版肆：3。

⑤ 中国社会科学院考古研究所安阳工作队：《安阳小屯村北的两座殷代墓》，《考古学报》1981年第4期，491～518页。

下有纹饰，纹饰主要有兽面纹和弦纹。

标本一，兽面纹斝（罗山天湖M1∶13）（图3-7，3），河南罗山县蟒张天湖M1出土①。侈口尖唇，束颈，鼓腹，圜底，下接三“T”字形足，口沿立两对称伞帽状柱。柱帽饰蝉纹和云雷纹，腹部上端饰一周饕餮纹，间以云雷纹。通高26.5、口径15.5厘米。标本二，弦纹斝（GM198∶6），安阳殷墟西区GM198出土②。侈口，方唇，束颈，鼓腹，圜底，三足外撇，断面为“T”形，一鋬与一足相对应，鋬上有兽头装饰。口沿上立两对称菌状柱，帽饰涡纹，颈有凸弦纹三周。鋬后器内壁有铭文。口径13.4、通高20.6厘米。

Ⅳ式：2件，占C型青铜斝的14.3%，体量较小，通高在18～24厘米。侈口方唇，口沿中部立两菌状柱，斝柱较高，柱帽饰涡纹，束颈，深腹，略垂鼓，圜底，下接三柱足。颈部装饰弦纹。有铭文。

标本一，登作尊彝斝（图3-7，4），洛阳旧城东北北窑西周墓出土③。侈口方唇，敛颈，深腹，下腹垂鼓，圜底，三足为圆柱形，口沿立两菌状柱，体侧有一素鋬。柱顶饰涡纹，颈部有两道弦纹。鋬内有“登乍尊彝”，表明器主人叫登。通高19.5、口径13.6厘米。

演变规律：

形制：整器显得矮胖，铸造由粗率到精美再到简单。Ⅰ式铸造较为朴素，器体较小。领部较高，颈腹分界明显，腹部最大径位于器腹中部，圜底下接三“T”形足。Ⅱ式束颈，领部明显变短，颈腹界线不明显，弧鼓腹，腹部最大径位于器腹下部，圜底下接三棱锥形实足，斝柱除菌状柱外，还有伞状柱和无柱斝。Ⅲ式圜底近平，下接三“T”形足。Ⅳ式体量小，铸造简单。器腹较深，垂鼓腹，圜底下接三柱足。

纹饰：装饰由简单到复杂，再回归简单。Ⅰ式装饰简朴，仅在颈部有装饰，纹饰为目雷纹。Ⅱ式纹饰较繁缛，在颈部、腹部都有纹饰，以云雷纹衬底的兽面纹最为常见。Ⅲ式装饰趋向简单，多在颈部装饰，流行弦纹和兽面纹。Ⅳ式装饰更加简朴，仅在颈部装饰简单弦纹。

铭文：Ⅱ式开始出现铭文，多是族徽或人名，也有一些是表明为宗庙所做祭器，如登作尊彝斝。

D型　器身横断面呈长方形或圆角长方形，我们将D型斝命名为方斝，共13件，占全部青铜斝的5.4%，是青铜斝中数量最少的一型，但铸造极为精美，装饰繁缛，体量

① 信阳地区文管会、罗山县文化馆：《罗山县蟒张后李商周墓地第二次发掘简报》，《中原文物》1981年第4期，4～14页；信阳地区文管会、罗山县文化馆：《河南罗山县蟒张商代墓地第一次发掘简报》，《考古》1981年第2期，111～118页。

② 中国社会科学院考古研究所：《殷墟青铜器》，文物出版社，1985年，186页。

③ 洛阳博物馆：《洛阳北窑西周墓清理记》，《考古》1972年第2期，35、36页。

亦较大，通高在19～68厘米，仅在高等级大型墓葬中出土。根据器身横断面及器物风格瘦高或矮胖可以分为二亚型。

Da型　共8件，占D型青铜斝的61.5%。器身断面呈长方形，器体高大，通高都在38厘米以上，纹饰繁缛，铸造精美。侈口，宽平折沿，方唇，口沿中部立两伞状柱，长颈，深腹，器腹斜直，上窄下宽，剖面呈梯形，平底，下接四锥形尖足，足尖外撇。通体满花装饰，兽面纹以云雷纹衬底。

Ⅰ式：共6件，占Da型青铜斝的75%。器体高大，通高都在40厘米以上，铸造精美。口部略呈长方形，外侈，口上短边中部有对称的方塔形立柱，顶面及四角有细棱，深腹平底，四棱锥形尖足，两内侧有锥形浅槽，兽首鋬。四角及三面中部均有扉棱，足外侧也有一条扉棱。颈、腹深比例约1.6：1。

标本一，妇好大方斝（M5：854）（图3-8，1），1976年殷墟妇好墓出土①。口下饰蕉叶纹，稍下饰对夔纹，腹四面均饰饕餮纹，足饰对夔蕉叶纹，柱顶下部饰云雷纹一周。内底中部有铭“妇好”二字。通高68.8、口长25.1、宽24、足高25厘米，重18.3千克。

Ⅱ式：共2件，占Da型青铜斝的25%。器体较Ⅰ式矮，但通高仍在30厘米以上。侈口，宽平折沿，口沿立两塔形柱，长颈，直腹，颈、腹深比例约为1.2：1，腹部纵剖面呈方形。通体满花纹饰，兽面纹以云雷纹衬底。

标本一，长子口方斝（M1：222）（图3-8，2），河南鹿邑太清宫长子口墓出土②。侈口，方唇，口沿上立一对方塔形柱，柱为长方体，顶为四阿屋顶式。弧颈内收，短窄肩，直腹，腹一侧有兽首形鋬，平底微内凹。四足呈四棱锥尖状，足尖外撇，断面呈菱形。口沿下饰蕉叶纹，蕉叶纹下饰对首夔龙纹，腹四壁各饰一简体兽面纹。四棱足外侧饰蕉叶纹，内填以动物躯干。均以云雷纹作地纹。鋬之兽首为圆雕牛首状。器内底中部有铭文“长子口”。通高39、口边19.1×19.2、底边10×9.5厘米，重4.21千克。

演变规律：

形制：器体高大，Ⅰ式通高都在40厘米以上，Ⅱ式稍微变矮，通高在30～40厘米。Ⅰ式长颈，腹壁斜直，器腹纵剖面为梯形。Ⅱ式颈部变短，颈腹比较Ⅰ式小，直腹，器腹纵剖面为方形。

纹饰：装饰面积大，纹饰精美。口沿下饰蕉叶纹，内填倒立回首的夔龙纹，腹部饰兽面纹，以中间扉棱为鼻梁，曲折角，方圆目，眼球暴凸，长条形瞳孔，两侧置桃形耳，大张口，嘴角内卷。四棱足外侧饰蕉叶纹，内填以动物躯干。均以云雷纹衬底。

---

① 中国社会科学院考古研究所：《殷墟妇好墓》，文物出版社，1980年，67页。

② 河南省文物考古研究所、周口市文化局：《鹿邑太清宫长子口墓》，中州古籍出版社，2000年，93页。

1

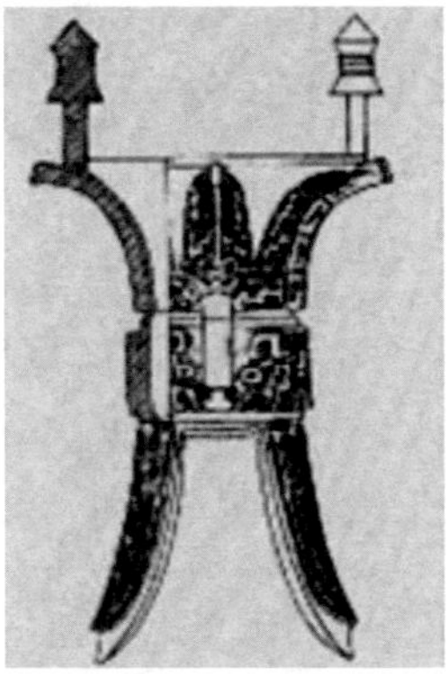
2

图3-8　Da型青铜斝

1. 妇好大方斝（M5：854）[①]　2. 长子口方斝（M1：222）[②]

铭文：各式青铜斝都有铭文，均为族徽或器主人名，如亚址、长子口、妇好等，字数都在3字以内，铭文位置多在器内底中部。

Db型　共5件，占D型青铜斝38.5%。器体肥矮，体量较小，通高在19～40厘米。侈口，束颈，鼓腹，圜底。断面呈圆角长方形，短边立双柱，一长边腹置半环形带状鋬。四足略外撇。

Ⅰ式：共2件，占Db型青铜斝的40%。器体矮小，通高多在20厘米左右。圆角长方形口外侈，方唇，口沿短边中部立两菌状柱，束颈，鼓腹，颈腹分界明显，圜底，下接四足。口径与最大腹径相若。通体满花装饰，以云雷纹衬底。

标本一，带盖小方斝（M5：845）（图3-9，1），安阳小屯M5出土[③]。长方形口，四角呈弧形，两短边中部有对称的四阿式纽短柱，束颈鼓腹，腹三面中部均有细棱，底略外鼓，四足较短，略呈四棱锥尖形，足的两内侧均有锥形浅槽。鋬在长边一面的中部，上端做兽头形。口下饰三角形纹，腹饰对称的倒夔纹，在两夔之间有兽面二，口均向下。盖平而薄，大小与口一致，短边中部各开一个弧形缺口，恰可与器的双柱相合。中部有一由两鸟构成的拱形纽，鸟头向外，冠相连。盖面饰对称的阴线饕餮纹，口均向内，纽面纹饰不甚清。通高21、口长14.4、宽12.3、足高8.2厘米，重3.2千克。标本二，兽面纹斝（YM238：R2040），安阳小屯YM238出土[④]。侈口，束颈，鼓腹，下接四足，断面为“丁”字形。口沿立两菌状柱，一柱在短边中央，一柱位

① 中国社会科学院考古研究所：《殷墟妇好墓》，文物出版社，1980年，图版三三：1。

② 河南省文物考古研究所、周口市文化局：《鹿邑太清宫长子口墓》，中州古籍出版社，2000年，96页，图七七：2。

③ 中国社会科学院考古研究所：《殷墟妇好墓》，文物出版社，1980年，68页。

④ 李济：《殷墟出土青铜斝形器之研究》，《李济文集》卷四，上海人民出版社，2006年，230页。

1

2

图3-9　Db型青铜斝

1. 带盖小方斝（小屯M5：845）[①]　2. 兽面纹斝（《美集录》A316）[②]

于另一侧转角处。口沿下饰连山纹，往下饰夔纹，下腹部饰兽面纹。通高19.1、口径13.1～15厘米，重14.1千克。

Ⅱ式：共3件，占Db型青铜斝的60%。器体变高，通高超过30厘米。圆角长方形口外侈，口沿短边立两伞状柱，束颈，深鼓腹，鼓腹略下垂，颈腹分界不明显，圜底，下接四足。器口径明显小于器腹径。通体满花装饰，并以云雷纹衬底。

标本一，兽面纹斝（M1022：R1113），河南安阳小屯M1022出土[③]。侈口，方唇，有盖，盖上饰立虎形饰。腹部较深，鼓腹略下垂，下接四足，口沿短边中央立两对称伞帽状柱。帽身上饰两周弦纹，下饰连山纹。口沿下部饰连山纹，再往下饰夔纹，下腹部饰兽面纹。通高31.4、口径14.2～17.4厘米，重4.43千克。标本二，兽面纹小方斝（《美集录》A316）（图3-9，2），美国皮斯柏博物馆收藏[④]。侈口，鼓腹下垂，腹较深，下接四足略外撇，口沿短边立两伞帽状方柱，柱顶隆起。长边一侧中央有兽首鋬。柱帽顶饰涡纹，帽身上饰两周弦纹，下饰连山纹，填以云雷纹。口沿下饰连山纹，再往下饰卷尾夔纹，腹下部饰兽面纹。

演变规律：

形制：Ⅰ式折沿方唇，口沿短边立两菌状柱，颈部稍长，颈腹分界明显，弧鼓腹，最大腹径位于器腹中部，与口径相若。腹下接四短足。Ⅱ式侈口无折沿，口沿短边立两伞状柱，颈部短，颈腹分界不明显，鼓腹，最大腹径靠下，大于口径。

---

① 中国社会科学院考古研究所：《殷墟妇好墓》，文物出版社，1980年，图版三四：1。

② 中国科学院考古研究所：《美帝国主义劫掠的我国殷周铜器集录》，科学出版社，1962年，612页。

③ 李济：《殷墟出土青铜斝形器之研究》，《李济文集》卷四，上海人民出版社，2006年，232页。

④ 中国科学院考古研究所：《美帝国主义劫掠的我国殷周铜器集录》，科学出版社，1962年。

纹饰：Ⅰ式装饰区域多在颈部，腹部多为素面。Ⅱ式纹饰繁缛，多为满花器。

铭文：与Da型青铜斝有别，Db型青铜斝有铭文者较少，如册方斝。

第二节　分期与年代推断

第一期，主要流行Aa型Ⅰ、Ⅱ、Ⅲ式，Ab型Ⅰ、Ⅱ、Ⅲ式，Ac型Ⅰ式，时代相当于二里头文化四期和早商一、二、三期，绝对年代即夏代末期和商代早期。

早段：主要流行Aa型Ⅰ、Ⅱ式，Ab型Ⅰ、Ⅱ式。Aa型Ⅰ式如1987年春偃师二里头遗址Ⅴ区M1出土的素面斝（87YLVM1：2）[①]，总体上看，与二里头青铜器风格一致，故年代应在二里头文化四期。Aa型Ⅱ式是该亚型中数量最多的一式，如垣曲商城M16出土的乳钉纹斝（M16：8），M16位于垣曲商城南关遗址，层位关系较为明确，发掘报告言明其属二里冈下层文化层[②]。Ab型Ⅰ式如1984年秋偃师二里头遗址Ⅵ区M9出土的素面斝（M9：1），在该遗址中，M9属第3层，打破的房基和地层属二里头文化三期，墓中同出陶器的形制是二里头文化四期，故素面斝的年代也在二里头文化四期[③]。Ab型Ⅱ式数量较Ab型Ⅰ式增多，开始在颈部下端出现纹饰，如1972年安徽肥西馆驿遗址出土纽柱形斝，但从其形制、纹饰来判断，估计应晚至早商一期。综上分析，早段的年代应在二里头文化四期时期和早商一期，绝对年代当为夏代末期和商代早期早段[④]。

晚段：主要流行Aa型Ⅲ式，Ab型Ⅱ、Ⅲ式，Ac型Ⅰ式青铜斝。Aa型Ⅲ式数量较Aa型Ⅱ式大为减少，如乳钉纹斝（《全集》1：十五），《全集》认为其为商代早期，应是对的。形制与Aa型Ⅰ、Ⅱ式斝相同，只是菌状柱形制成熟，腹部有圆形鼓面装饰，时代比上两式略晚。又如1955年郑州白家庄出土的乳钉纹斝，现藏中国历史博物馆，《全集》认为其在商代早期，与Aa型Ⅰ、Ⅱ式青铜斝相比，Aa型Ⅲ式斝的形制

---

① 该墓位于Ⅴ区东缘，是第二橡胶厂工人修水泥池时发现，当事人将墓内出土的器物私藏，后中国社会科学院二里头工作队追回鼎、斝各一件。素面斝形制较原始，与二里头文化三、四期陶斝形制相似。这件鼎是我们有明确出土地点的时代最早的铜鼎。

② 中国历史博物馆考古部、山西省考古研究所：《1988～1989年山西垣曲古城南关商代遗址发掘简报》，《文物》1997年第10期，20页。

③ 中国社会科学院考古研究所二里头工作队：《1984年秋河南偃师二里头遗址发现的几座墓葬》，《考古》1986年第4期，318～323页。

④ 目前，学术界关于夏文化的看法，主要分为两家。一种学说是：二里头文化一至四期就是彻头彻尾的夏文化，包括新砦期文化在内的早于二里头文化的文化遗存和晚于二里头文化的文化遗存，都不是夏文化。一种学说是：二里头文化的主体是夏文化，但夏文化的上限应前推至二里头文化一期之前，早期夏文化应包括新砦期文化，甚至包括王湾三期文化晚期的遗存。二里头文化第四期（或至少是其偏晚阶段）属于商代早期的“后夏文化”。我们认同后一说。

更加成熟，装饰区域增大，在腹部新出现了圆形鼓面纹，菌状柱成形，所以，这类斝的年代当在商代早期晚段。Ab型Ⅱ式青铜斝在一些边远地区仍可见到，如山西垣曲商城出土的素面斝（M1：11），发掘报告依据地层判定M1属二里冈上层时期①，结合形制来看，应在早商三期。Ab型Ⅲ式青铜斝是数量最多的一式，较Ab型Ⅱ式形制更为成熟、装饰面积进一步扩大，如2001年郑州商城T61M1出土的兽面纹斝，简报作者认为，“从随葬铜器的特征看，斝和爵仍保留有二里冈上层时期的部分风格”，故该斝属二里冈上层时期②。Ac型Ⅰ式，如郑州东里路黄河医院出土的弦纹斝，简报认为C8M32墓内的陶器属于较早的二里冈期下层③，我们进而认定应在早商二期。

综上所述，本段的年代在早商二期和早商三期，绝对年代在商代早期晚段。

第二期，主要流行Aa型Ⅳ式，Ab型Ⅲ、Ⅳ、Ⅴ式，Ac型Ⅱ、Ⅲ式，B型Ⅰ式，C型Ⅰ式青铜斝，时代相当于商代中期。本期共有A、B、C三型青铜斝，式样较为丰富。

Aa型Ⅳ式青铜斝数量极少，Aa型青铜斝行将退出历史舞台，如湖北随州淅河出土的兽面纹斝，简报作者认为时代应当在二里冈期和殷墟时期之间④。随着Aa型Ⅳ式青铜斝的消亡，由其演变而来的C型青铜斝开始出现。Ab型Ⅲ式青铜斝在二期仍在流行，如湖北黄州下窑嘴商墓出土的夔纹斝，与之同出的青铜容器还有鬲、爵、觚和瓿⑤。鬲与郑州白家庄M3出土的青铜鬲形制、纹饰相同，青铜瓿则与河北藁城台西M112出土青铜瓿相近，郑州白家庄M3在二里冈上层偏晚，已进入中商范畴，河北藁城台西M112则属商代中期，故湖北黄州下窑嘴商墓的年代也应在商代中期。又如郑州市北二七路M1出土的饕餮纹斝（M1：4），该处地层关系明确，M1开口在第4层下，此层出有长颈大口尊、深腹盆、浅腹盆、折沿鬲、折沿罐、小口尊、小口瓮、小器盖等残片，根据出土遗物分析，该层属二里冈上层文化，故M1也应在二里冈上层时期。Ab型Ⅳ式青铜斝，如山东滕州轩辕庄出土的青铜斝，轩辕庄出土青铜器中的鬲与河南郑州白家庄商墓出土的青铜鬲基本相同，爵与河南郑州铭功路西侧商墓出土青铜爵完全一致，因此，其年代应属商代中期⑥。Ab型Ⅴ式，如安阳殷墟YM333出土的兽面纹斝（YM333：R2044），1949年以前小屯宫殿区发掘的几座墓葬YM232、YM333

① 中国历史博物馆考古部、山西省考古研究所、垣曲县博物馆：《垣曲商城》，科学出版社，1996年，244页。

② 河南省文物考古研究所：《郑州商城新发现的几座商墓》，《文物》2003年第4期，11页。

③ 杨育彬、赵灵芝、孙建国、郭培育：《近几年来在郑州新发现的商代青铜器》，《中原文物》1981年第2期，2页。

④ 随州市博物馆：《湖北随县发现商代青铜器》，《文物》1981年第8期，46页。

⑤ 黄冈地区博物馆、黄州市博物馆：《湖北省黄州市下窑嘴商墓发掘简报》，《文物》1993年第6期，56页。

⑥ 滕州市博物馆：《山东滕州市发现商代青铜器》，《文物》1993年第6期，95页。

和YM388年代基本一致，YM388中与青铜器伴出的有一对白陶豆，相同形制的陶豆也见于洹北花园庄期遗址，且两处青铜器的形制、风格特点和组合形式等均一致。由此可知，小屯1949年以前出土的青铜器与洹北花园庄出土的青铜器为同一时期，年代早于大司空一期，应属商代中期。Ac型Ⅱ式，如郑州市铭功路M2出土的弦纹斝（M2：20），M2填土中包含有相当于二里冈上层的带有同心圆的鬲片，因而墓的年代上限不会早于二里冈期上层。随葬的陶盆和郑州二里冈商代Ⅰ式陶盆基本相同[①]，釉陶尊和郑州人民公园商代二里冈期墓葬出土的釉陶尊基本相同[②]，因而M2的年代相当于二里冈上层晚段。Ac型Ⅲ式，如河北藁城台西M14出土的兽面纹斝（M14：1），报告认为M14是早期墓葬的代表，从地层上看，年代介于二里冈期和殷墟时期之间，因此当在中商时期[③]。Ba型Ⅰ式，如盘龙城遗址南垣外M1，《盘龙城》报告认为该墓属盘龙城文化第七期，年代在二里冈上层二期偏晚。C型Ⅰ式，如河南灵宝文底公社东桥出土的目雷纹斝，同出的还有鬲、尊、爵和罍。其中的弦纹青铜鬲、兽首饕餮纹青铜尊和郑州商代二里冈期的相似，但是尊器壁较郑州出土的为厚，纹饰也显得繁缛细致。饕餮纹青铜罍肩部所饰的饕餮纹和联珠纹以及圈足上所饰的夔纹和郑州出土青铜器的纹饰相似，但腹部的饕餮纹变得较为复杂，而器形也由瘦高演变得更矮一些。从器形和纹饰看，这批青铜器比郑州商代二里冈期的晚，但又不同于安阳殷墟出土的同类青铜器，故年代当在商代中期[④]。

Ba型Ⅱ式，如上海博物馆藏兽面纹斝（039），陈佩芬先生认为其属于商代中期，是正确的。因为，这式斝与Ba型Ⅰ式形制较为接近，只是纹饰比较繁缛。

综上所述，二期的年代相当于商代中期。

第三期，主要流行Ab型Ⅵ式，Ac型Ⅲ、Ⅳ式，B型Ⅱ、Ⅲ式，C型Ⅱ、Ⅲ式，Da型Ⅰ式，Db型Ⅰ、Ⅱ式青铜斝，年代相当于商代晚期。

早段：主要流行Ab型Ⅵ式，Ac型Ⅲ、Ⅳ式，B型Ⅱ式，C型Ⅱ式，Da型Ⅰ式，Db型Ⅰ式青铜斝。

Ab型Ⅳ式，如安阳小屯M5出土的兽面纹斝（M5：781），小屯M5出土青铜器铭文中有“妇好”。妇好是商王武丁的妻子，该墓年代在商代晚期早段[⑤]。Ac型Ⅲ式青铜斝在本段仍有发现，如罗山县蟒张乡后李天湖墓地（M8：7），发掘报告认为M8青铜器厚重坚实，纹饰繁缛，线条秀丽细密，普遍采用地纹、主纹和扉棱三层花的图案结

① 河南省文物局文物工作队：《郑州二里冈》，科学出版社，1959年。

② 郑州市文物工作组：《郑州市人民公园第二十五号商代墓葬清理简报》，《文物参考资料》1954年12期，84页。

③ 河北省文物研究所：《藁城台西商代遗址》，文物出版社，1985年，158页。

④ 河南省博物馆、灵宝县文化馆：《河南灵宝出土一批商代青铜器》，《考古》1979年第1期，22页。

⑤ 中国社会科学院考古研究所：《殷墟妇好墓》，文物出版社，1980年，70页。

构，还盛行三角蕉叶纹和蝉纹、蚕纹等。这些风格属于商代晚期早段[①]。Ac型Ⅳ式，如小屯M5出土的司巧母大圆斝，与Ⅲ式相比，形制最大不同在于腹底接三棱锥形足，装饰更加繁缛，鋬上出现兽头装饰，扉棱有透空。B型Ⅱ式，如罗山县蟒张乡后李天湖墓地出土的弦纹斝（M12∶2），年代与M8相同。C型Ⅱ式，如1959年武官M1出土的饕餮纹斝，从墓中伴出陶器来看，陶鬲、陶簋都是殷墟第一期文化中的典型器物，分别见于小屯南地早期（H13）[②]和大司空村一期（H117）[③]中，故该墓的年代在商代晚期偏早。Da型Ⅰ式，如安阳小屯M5出土妇好大方斝（M5∶855）。Db型Ⅰ式青铜斝，如小屯M5出土的带盖小方斝。

综上所述，该段的年代在商代晚期早段。

晚段：主要流行B型Ⅱ、Ⅲ式，C型Ⅱ、Ⅲ式，Da型Ⅰ式，Db型Ⅱ式青铜斝。B型Ⅱ式青铜斝在本段仍较为流行，如郭家庄M160出土的亚□址斝（M160∶174），M160出土了16件陶器，其形制相当于郭家庄墓地的Ⅵ式觚、Ⅴ式爵、Ⅴ式豆、D型Ⅱ式簋、A型Ⅰ式小罐、B型Ⅰ式小罐、A型Ⅱ式小罍，前四种器物是殷墟文化三期常见的器形，后两种器物出现于第三期晚段，流行于第四期。故该墓的年代当在殷墟三期晚段[④]。B型Ⅲ式，如殷墟西区GM1713所出素面斝，该墓出土的陶器有觚、爵、盘、罐等，从殷墟墓葬随葬陶器的组合演变规律看，爵、觚、盘、罐组合属殷墟晚期。从形制特征看，该墓出土的陶觚、爵与殷墟西区墓葬中的Ⅸ式陶觚、爵相似，陶盘与西区墓葬的Ⅵ式陶盘相同，这些陶器器形皆属殷墟四期晚期之遗物。故该墓的年代也应在殷墟四期[⑤]。C型Ⅱ式在本期仍有发现，如1957年安阳高楼庄西M8发现的青铜斝，该墓时代为殷墟三期晚段[⑥]。Ca型Ⅲ式，如殷墟西区GM198出土的弦纹斝（GM198∶6），发掘报告认为该墓在殷墟三期[⑦]。Da型Ⅱ式，如郭家庄M160出土的亚□址方斝（M160∶173），属殷墟三期晚段。Db型Ⅱ式，如故宫收藏的册方斝，纹饰繁缛，年代应在殷墟三期。

---

① 信阳地区文管会、罗山县文化馆：《罗山县莽张后李商周墓地第二次发掘简报》，《中原文物》1981年第4期，14页。

② 中国科学院考古研究所安阳工作队：《1973年安阳小屯南地发据简报》，《考古》1975年第1期，32页。

③ 中国科学院考古研究所安阳发掘队：《1958～1959年殷墟发掘简报》，《考古》1961年第2期，76页。

④ 中国社会科学院考古研究所：《安阳殷墟郭家庄商代墓葬》，中国大百科全书出版社，1998，83页。

⑤ 中国社会科学院考古研究所安阳工作队：《安阳殷墟西区一七一三号墓的发掘》，《考古》1986年第8期，703～712页。

⑥ 周到、刘东亚：《1957年秋安阳高楼庄殷代遗址发掘》，《考古》1963年第4期，216页。

⑦ 中国社会科学院考古研究所：《殷墟青铜器》，文物出版社，1985年，451页。

综上所述，本段的年代当在商代晚期偏晚。

第四期，主要流行B型Ⅳ式、C型Ⅳ式和Da型Ⅱ式型式类别大为减少，数量也不多，年代相当于西周早期。B型Ⅳ式流行于整个西周早期，C型Ⅳ式青铜斝和Da型Ⅱ式青铜斝流行于西周早期早段。B型Ⅳ式，如1976年扶风庄白一号窖藏出土的折斝，该窖藏出土铜器多有铭文，折斝年代当在昭王时期。这是目前所知的时代最晚的斝①。C型Ⅳ式，如1971年洛阳北窑西周出土的登作尊彝斝，简报认为该墓的时代为西周前期②。Da型Ⅱ式，如鹿邑太清宫长子口墓出土的戈丁斝，报告认为该墓在西周早期早段，可从③。

综上所述，该期年代相当于西周早期。

第三节　青铜斝的演变及时代特征

纵观夏商周青铜斝的发展历程，我们可以清晰地看出其发展演变的脉络。以青铜斝自身演变脉络为主，参考其他同时期青铜礼器器类的发展特点，我们将青铜斝划分为四期6段，其中，一期相当于夏末和商代早期，分早、晚段，早段相当于二里头文化四期和早商一期，晚段相当于早商二期和早商三期；二期相当于商代中期，相当于考古学文化上的中商一、二、三期；三期相当于商代晚期，分早、晚段，早段相当于殷墟一、二期，晚段相当于殷墟三、四期；四期相当于西周早期。四期中共出现A型、B型、C型和D型四种类型的青铜斝，其中，A型有Aa、Ab和Ac三个亚型，D型有Da和Db两个亚型。

夏人善饮的习俗和高超的青铜铸造工艺水平，使得青铜斝的产生具备了可能性。二里头文化四期，在偃师二里头遗址出现了Aa型Ⅰ式和Ab型Ⅰ式青铜斝，乃模仿陶斝形态而来，铸造粗率，形制原始，素面无装饰。

商汤克夏后，商人同样是重酒的民族，青铜斝作为酒器受到殷商贵族的喜爱与追捧，被发扬光大，并成为商文化的典型器类，具有一定的指征意义。早商一期，随着青铜斝铸造技术的不断成熟与进步，在新出现的Aa型Ⅱ式和Ab型Ⅱ式青铜斝上，形制上开始摆脱出现之初的原始感，颈部也开始出现简单的纹样装饰，如弦纹、联珠纹和网格纹等。更重要的是伴随着商人军事扩张的步伐，青铜斝也作为商文化的要素之一向周边地区传播，在湖北黄陂、安徽肥西、山西垣曲等中原周边地区都可以见到青

① 陕西周原考古队：《陕西扶风庄白一号西周青铜器窖藏发掘简报》，《文物》1978年第3期，3页。

② 洛阳市博物馆：《洛阳北窑西周墓清理记》，《考古》1972年第2期，35页。

③ 河南省文物考古研究所、周口市文化局：《鹿邑太清宫长子口墓》，中州古籍出版社，2000年，92页。

铜斝的身影。早商二、三期，青铜斝的型式进一步丰富，Aa型青铜斝开始衰落，数量减少，或许是青铜斝发展进入正轨后，开始抛弃最早仿制陶斝的形态。新产生了Ac型青铜斝，当然，这一时期最为流行的是Ab型Ⅲ式青铜斝。青铜斝形制已经较为成熟，只是器身略显轻薄，口沿内侧还往往有加厚唇边，斝柱形态成型，基本为菌状柱，与两足相对应，平底下接三棱锥形透底空足。装饰面积进一步扩大，由颈部延及器腹，柱帽上也开始加饰涡纹。商代前期的青铜器普遍装饰线条粗犷有力而构图繁缛的兽面纹纹样，有较强的浮雕感。兽面的凝视点是双目，可以看到双目的位置越来越突出，非常注意图案庄严威慑特征的表现，这种风格在往后的青铜器中更为突出。此外，涡纹、弦纹、联珠纹等纹饰也是常见的纹饰。这一时期，青铜斝分布范围也在继续扩大，向北进至晋中，向东达到山东济南、滕州地区。

商代中期，Aa、Ab、Ac、B、C型等五种型式青铜斝并存，器型可谓丰富，出土数量也是四期中较多的，分布地域广，出土青铜容器的墓葬多数都随葬青铜斝，故这一时期是青铜斝发展的高峰期。

Aa型Ⅳ式青铜斝少量可见，行将退出历史舞台。Ab型Ⅲ式青铜斝在较早的时候依然较为流行，但盛极而衰；Ab型Ⅳ式青铜斝开始出现，器体变得瘦高，相较于之前的矮胖，风格为之一变；平底下接三“T”形足的Ab型Ⅴ式青铜斝也受到贵族的欢迎，但这两式青铜斝的流行程度已大不如前两式，数量骤减。一期晚段出现的Ac型青铜斝成为最风靡的器形，数量持续上升。在A型青铜斝之外，又出现了两种新型，即B型鬲形斝和C型罐形斝，鬲形斝与陶斝形制差别不大，应是铜仿陶斝而来，罐形斝当是由Aa型Ⅳ式青铜斝领部变短、腹部加深演变而来。局部形制发生了一些变化，流行菌状柱，出现伞状柱，斝柱升高，柱茎断面为长方形，口沿内侧的加厚唇边逐渐消失，平底微凸，下接三棱锥或“T”形足，三足尖外撇。装饰部位变化不大，仍主要集中在柱帽、颈部和腹部，有别于一期大行其道的粗线条歧尾兽面纹，本期的兽面纹是由细线云纹组成，以前较为流行的弦纹，本期较为少见。器身上开始出现铭文，多为族徽文字，数量较少。

商代晚期，盘庚迁殷后，商人有了稳固的政治中心，再加上武丁励精图治，不断开疆拓土，商人政治势力和商文化对周边土著文化的影响臻于极盛。Aa型青铜斝已消失不见，Ab型青铜斝也不甚流行，仅存的Ab型Ⅵ式数量极少。Ac型Ⅲ式青铜斝仍然流行，并演变出了新型式Ac型Ⅳ式青铜斝，该式青铜斝体量硕大，通高都在30厘米以上，最高者甚至超过了75厘米，铸造精美。二期开始出现的B型和C型青铜斝开始流行起来，主要是B型Ⅱ、Ⅲ式和C型Ⅱ、Ⅲ式青铜斝，在一些大型墓中出现D型方斝，见到的主要是Da型Ⅰ式和Db型Ⅰ、Ⅱ式青铜斝，D型青铜斝使用范围仅限于高级贵族，如王室成员或方国首领。A型青铜斝体量增大，显得挺拔瘦高，器壁厚，多数通高都超过了30厘米，斝柱除菌状柱和伞状柱外，出现鸟形柱，柱体高大，柱茎为长方形或方形，出现无柱斝，平底微凸，下接三“T”形足或三棱锥形足，三棱锥形足内侧有浅凹槽，三足尖外撇，形成与口径同大的圆，体侧素鋬开始加饰兽首。装饰追求奢华，流行三层满花器物，常见云雷纹衬底的连体兽面纹和蕉叶纹。有铭文的青铜斝数量增多，铭文内容除族徽文字或说明铸造礼器祭祀先祖先父外，记事体铭文开始出现，如小臣邑斝。

早段，青铜斝器体厚重，铸造技术成熟，装饰华丽繁缛，是青铜斝发展历程中铸造最为精美的时期，这应与青铜整体铸造技术的发达及商晚期强盛的国力有关，我们可视其为二期以来青铜斝发展高峰的延续。晚段，青铜斝不似早段发达，体量变小，装饰简单，甚至出现明器化的趋势，不论是从青铜斝数量还是其在青铜礼器组合中的地位来看，青铜斝已经开始走上了下坡路。

西周早期，青铜斝的器形较为单一，没有新型式出现，各型形制与商晚期差异不大，反映出青铜斝创新能力大大衰减。A型青铜斝已经不见，B型Ⅳ式、C型Ⅳ式及Da型Ⅱ式是本时期流行的型式，但各型数量都不多，装饰亦极为简单，反映出青铜斝这一器类行将退出历史舞台。B型Ⅳ式青铜斝领部变短，袋足略瘦削，实柱足跟变短，往蹄足演变，兽首鋬与领部相接位置较为靠下。柱帽饰涡纹，颈部饰两周弦纹，袋腹上端饰一周兽面纹，腹部饰“人”字形弦纹。C型Ⅳ式青铜斝数量少，体量亦较B型Ⅳ式小，器腹加深，圜底下接三柱足，仅在颈部饰弦纹。Da型Ⅱ式青铜斝腹部器壁较直，区别于Ⅰ式的斜直壁，足尖微外撇，装饰仍然是满花纹饰，是这一时期难得一见的青铜斝精品。这一时期，青铜斝的使用者主要是殷遗民或深受商文化影响的周边方国贵族，入周后，商人政治地位下降，贵族阶层大为缩减，青铜斝使用群体大减。周人作为农耕民族并不嗜酒，亦并不推崇酒器，周公亦吸取商人酗酒亡国的教训而颁布了禁酒令——《酒诰》。上述不利条件使得曾在商代中期、晚期早段盛极一时的青铜斝最终在西周早期以后退出了历史舞台。

第四章　青铜斝的分布及区域特征

第一节　青铜斝的分布

邹衡先生曾指出，夏文化之礼器中觚、爵、盉比较常见，斝则少见；早商文化中很少见盉，而以斝、觚、爵最常见，“看来，觚、爵、盉与觚、爵、斝这两种不同的组合，应该是代表了夏、商两种文化的不同礼俗”[①]，考古发掘出土的情况恰恰与文献记载相合，《礼记·明堂位》载：“灌尊，夏后氏以鸡夷，殷以斝，周以黄目。”邹衡先生认为，鸡夷（彝）就是鬶、盉，黄目大概就是鬲形盉[②]。可见，在行裸礼时的用器上，殷有别于夏、周。通过观察随葬青铜酒礼器组合，我们发现，青铜斝多见于殷人墓葬，先周和西周时期的周人墓葬中几乎不随葬青铜斝。因此，在一定程度上，青铜斝可以作为商文化有别于夏文化和周文化的重要指征，我们相信，通过对商周时期青铜斝出土地点的考察，可以管窥商人政治势力的盛衰以及商文化与周边文化的交流互动。

截止到2013年年底，在北起北京市平谷县、南到江西省樟树市[③]、东自山东省寿光市、西至甘肃省灵台县的广大区域内，我们搜集到的有明确出土地点（含有明确传出地点）的青铜斝共计261件。青铜斝出土地点的分布明显呈现出两个特点：一是分布范围广，散布于北京、河北、山东、河南、山西、陕西、甘肃、湖北、安徽、江西等10个省市，河南地区较为密集，其他地区相对分散；二是不同时期青铜斝出土地点的分布范围变化较大。

夏末，青铜斝集中出土于二里头遗址，反映出青铜容器出现之初，仅在高级贵族中使用，还未普及。

商代早期，随着商人势力的扩张，青铜斝出土地点分布范围扩大。早段，青铜斝出土地点有河南省郑州、偃师、登封、荥阳、新郑，湖北省黄陂，山西省垣曲，安徽省肥西等地区。晚段，青铜斝出土地点有河南省郑州、荥阳、登封、新郑、项城、临

---

① 邹衡：《试论夏文化》，《夏商周考古学论文集》，文物出版社，1980年，147页；《西亳与桐宫考辨》，《纪念北京大学考古专业三十周年论文集》，文物出版社，1990年，137页。

② 关于黄目，杜金鹏先生认为是“指木质礼器或木胎漆器上的彩色花纹”，可备一说。《庄子·天地》云“夫百年之木，破为牺尊，青黄而文之”，《淮南子·淑真》亦云“夫百年之木，斩而为牺尊，镂之以剞屈，杂之以青黄”。

③ 原清江县，1988年改为樟树市。

汝、柘城、辉县、偃师、郾城，湖北省黄陂、黄州，山西省潞城，安徽省铜陵，山东省长清、济南。这一时期，青铜斝在以郑洛为中心的豫西地区出土最多，这与商早期偃师商城和郑州商城是商人最重要的城邑有很大关系。

商代中期，青铜斝出土地点有河南省郑州、武陟、临汝、安阳、罗山、新郑、灵宝，湖北省黄陂、随州，山西省长子、长治，安徽省铜陵、阜南、肥西，山东省滕州、济南，陕西省岐山、蓝田、户县、延长，河北省藁城，北京市平谷。青铜斝出土地点分布范围较早期更为扩大，扩张方向主要集中在西、北两面，表明商人的政治势力和商文化进入了北京、关中地区。

商代晚期，青铜斝出土地点有河南省安阳、新郑、辉县、林县、罗山、鹿邑、武陟、温县，山西省石楼、隰县、灵石，湖北省浠水、随州，江西省清江，山东省滕州、寿光、费县、长清，陕西省城固、洋县、岐山、泾阳、延川、延长。这一时期，青铜斝出土地点集中在安阳殷墟，因为自盘庚迁殷，商人273年不徙都，殷墟一直是商晚期都邑所在。青铜斝出土范围有所缩小，关中地区、河北、安徽等在上期有出土的地区至此期不再有青铜斝出土。新发现青铜斝的区域在汉中盆地的城固、洋县，这里出土的青铜容器与中原地区既有联系的一面又有区别的一面，当是受到商文化影响的土著器物。

西周早期，青铜斝出土地点分布在河南省安阳、洛阳、鹿邑，山东省滕州，陕西省西安、宝鸡、扶风，甘肃省灵台等地区。这一时期，青铜斝出土地点大为减少，仅在个别地区的个别墓葬中发现了青铜斝的身影，并无较为集中的分布区，主要见于殷遗民墓葬和受商文化影响较深的方国首领墓葬中。

通过以上对青铜斝出土地点的梳理和分析，我们可以得出以下几点认识。

（1）依据青铜斝出土地点的分布情况和青铜斝自身特征，我们可以将青铜斝出土区域划分为中心区和边缘区。中心区即商文化分布区，主要分布在河南、河北、山东、山西中南部和关中地区，是历史上商人较为活跃的地区。边缘区是受商文化影响的土著文化分布区，地理位置上毗邻中心区，如山东半岛、汉中盆地、赣江中下游地区、山陕北部黄河两岸地带、陇东地区等。中心区与边缘区青铜斝既有相似的一面又有区别的一面，边缘区的青铜斝形制、纹饰多取法于中原地区，但又或多或少保留了一些土著因素。边缘区青铜斝演化速度往往慢于中心区，存在一定的文化滞延、恋旧现象①。

（2）青铜斝出土地点的分布呈现出中心区密集、边缘区稀疏，北方多、南方少的特点。

偃师商城和郑州商城是商人早期的政治中心，而用于商贵族宗庙祭祀的青铜斝是重要的酒器，故在一期时，青铜斝的出土地点主要分布于郑洛一带。二期时，出土地

① 杜金鹏：《试论江西商代文化的几个问题》，《南方文物》1994年第2期，18～22页。

点相对分散，商代中期，商王朝经历了九世之乱，势力衰微，再加上频繁的迁徙都城，先后有仲丁迁隞、河亶甲居相、祖乙迁邢，使得这一时期不像早期和晚期一样有相对稳固的政治中心，反映在青铜斝出土情况上则是没有明显的中心区而较为分散。三期时，商人以殷墟为统治中心，势力强大，而殷墟也成为商代晚期青铜斝的集中出土区。边缘区的青铜斝出土地点较稀疏，不似中心区密集。以秦岭、淮河为南北方界线，青铜斝主要出土于北方，南方地区出土地点较少，仅在湖北黄陂盘龙城、随州，江西清江吴城，安徽肥西馆驿以及河南南部的一些地区有出土。而在北方地区，东到山东，西至甘肃，都有青铜斝出土地点的分布。到了四期，青铜斝基本仅见于北方地区。

（3）青铜斝出土地点的分布与商人政治势力和商文化的扩张有极密切的关系。

早商一期时，商人主要经营“有夏之居”，因此其统治中心主要在以偃师商城和郑州商城为核心的伊洛——郑州一线，一期晚段可达晋南地区，与夏文化的分布范围大致重合。到早商二期之时，随着商王朝的巩固，商族势力大规模扩张，北到冀南的磁县下潘汪，南到黄陂盘龙城，东到豫东的鹿邑栾台等地，都有早商文化分布。早商三期之时，商族势力进一步扩张，往西，到达陕西耀县、铜川一线。往北，商文化重返太行山一带。往东，在整个豫东地区，商文化开始代替原有的岳石文化。往东南，在江淮地区，商族势力已达巢湖以东的大城墩一带。一期早段相当于早商一期，青铜斝出土地点集中分布于郑洛地区，如登封王城岗。一期晚段相当于早商二、三期，在山东济南大辛庄、安徽肥西馆驿、湖北黄陂盘龙城等地区开始出土青铜斝。这与历史上商人势力的扩张是基本一致的。这一时期，青铜斝最主要的出土地点仍然集中分布于伊洛——郑州地区。二期即商代中期，商王权一度衰微，多次迁徙都城。青铜斝出土地点较一期时更为广泛，但不像一期时有明显的中心区。在二期早段时山西长治和隰县、北京平谷刘家河也都有青铜斝出土，山东地区的出土点比一期多，且又往东延伸，到达山东中部一带，在寿光益都侯故城遗址和青州苏埠屯都有发现。三期相当于商代晚期，盘庚迁殷后，商族势力重新壮大，青铜斝出土范围也随之扩大。三期早段，湖北地区的出土点增多，在黄陂、随州和黄州都有发现，陕西也有不少出土，如西安老牛坡，陕南城固、洋县也有发现。三期晚段，青铜斝出土地点主要分布于殷墟及其周边地区，如罗山天湖墓地、滕州前掌大。说明商人的势力开始衰微。四期相当于西周早期，青铜斝出土地点大大减少，零星分布于几个地区，如河南鹿邑、泾阳高家堡等。作为商人典型器物的斝，随着商朝的覆亡也日趋衰微，到西周早期，除了偶有商遗民仍在使用外，几近绝迹。由此看来，青铜斝出土地点的分布与商族势力的扩张有密切关系。

（4）青铜斝出土地点主要分布于靠近河流的平原或盆地地带，尤其是在黄河、渭河、汉水、长江流域分布着众多的出土地点，远离河流的地区以及山区则较少发现青铜斝，这与早期人类聚落选址和利用自然的能力有关。河谷地带自然条件相对于其他地区来说较为优越，易于获得生存所必需的物质生活资料，故青铜斝出土地点也较多的分布在这一地区。

第二节 青铜斝的区域特征

按照出土青铜斝的形制、纹饰、体量及组合等特点，结合商周青铜器的整体区域特征，综合自然形胜差异，我们认为青铜斝出土地区可以划分为：①中原地区，以今天的行政区划言之，大致相当于河南省全境，早期以郑州商城、偃师商城为中心，晚期以安阳殷墟为中心；②北方地区，大致包括今山西、河北和北京地区；③海岱地区，主要指山东、苏北、皖北一带；④长江中下游地区，大致包括湖北、湖南、安徽和江西等地区；⑤关中及周边地区，主要是与中原有密切联系的关中地区，包括与关中毗邻的陕北、汉中盆地及陇东地区。为了充分反映不同区域青铜斝的特征，我们在地区划分上尽量细化，在大区里又有相对独立的次级文化区，主要分布在一些相对独立的地理单元，如关中地区、汉中盆地、赣江中下游地区等①。

一、中原地区

中原地区是商文化分布的核心区域，也是出土青铜斝数量最多的地区。青铜斝出土地点基本遍布河南全境和山西南部地区，较其他地区明显要密集得多。青铜斝在形制、纹饰上的演变速率明显快于其他地区，是青铜斝文化的原生地，并伴随着商人扩张的脚步而不断向外传播。

1984年秋，中国社会科学院考古研究所二里头工作队在偃师二里头村南进行发掘，M9出土1件青铜斝。从地层关系来看，M9打破的地层和房基属于二里头文化三期，随葬的陶器和青铜器从形制判断应属二里头文化四期。故这件二里头文化四期时的青铜斝，是目前已知时代最早的②。青铜斝最早出现于偃师二里头，绝非偶然，这与夏人善饮且具备较高的青铜器铸造水平有密切关系。文献中对于夏人是否好饮并无明文记载，但验之以考古发现，以二里头遗址为例，墓葬中多随葬酒器，如陶爵、觚、盉、壶、大口尊等，尤以爵、盉组合为常见，特别是在一些高等级墓葬中，随葬

---

① 张翀：《商周时期青铜豆整理与研究》，线装书局，2012年。

② 中国社会科学院考古研究所：《1984年秋河南偃师二里头遗址发现的几座墓葬》，《考古》1986年第4期，323页；许宏、赵海涛：《二里头遗址文化分期再检讨——以出土铜、玉礼器的墓葬为中心》，《南方文物》2010年第3期，51页。

酒器的数量远超过食器等其他器类。想来，夏人善饮也不算大谬[①]。早在二里头文化一期时，夏人已经广泛使用青铜刀等生产工具[②]。二里头文化二期时，在二里头遗址出现了铸铜作坊，以几座东西向的长方形浇铸场为主体，大致呈南北排列，初步估计有近万平方米，通过多次发掘，获得了若干与青铜冶铸有关的遗迹遗物，如陶范、石范、熔炉碎片、铜渣、铜矿石、木炭和小件青铜器等[③]。二里头文化三、四期时，山西夏县东下冯遗址出土有青铜镞、刀、凿和青铜容器的残块、铜渣以及石范等，表明东下冯地区不仅使用青铜器，而且已经有了青铜冶铸工业[④]。这一点于史亦有可征，《汉书 · 郊祀志》曰“禹收九牧之金，铸九鼎，象九州”，虽然目前还未发现夏初的青铜容器，但却暗示我们不能轻易否定夏初已有较高的青铜冶炼技术。《吕氏春秋 · 君守》载“昆吾作陶”，高诱注曰：“昆吾，颛顼之后，吴回之孙，陆终之子。已姓也，为夏伯。制作陶冶，埏埴为器。”“因古代熔炼之具及铸器所用之模、范，一般均系陶土所制，故冶铸又称为陶冶、陶铸”[⑤]，如《周书》说“作陶冶斧斤”。昆吾善于冶铸铜器或许与其地盛产铜有关，《山海经 · 中山经》言“昆吾之山，其上多赤铜”，《拾遗记》十亦云“昆吾山下多赤金，所如火”。文献记载以及在偃师二里头遗址和夏县东下冯遗址发现的铸铜作坊，充分说明了夏人已经具备了较高的青铜冶铸技术，完全具备了铸造青铜容器的水平。对酒的爱好致使对酒器的追求，进而产生了制作青铜酒器的意识，再加上成熟的技术，意识与能力皆备，青铜斝的出现显得顺理成章[⑥]。商汤克夏以后，作为同样重酒的民族，商人很好地继承和发扬了夏人制作青铜酒器的传统，并将其发扬光大。

商朝建立后，汤始居亳，后都邑屡次迁徙，仲丁迁隞、河亶甲居相、祖乙迁邢、南庚迁奄、盘庚迁殷[⑦]。随着都城的迁徙，统治重心也随之变化，商早期明显以偃师商城和郑州商城为中心，晚期则以安阳殷墟为中心，通过对青铜斝出土地点的梳理与观察，似乎也能验证商人的迁徙，早期，青铜斝多出土于以郑州和偃师为中心的豫西地区，而晚期则多出于安阳殷墟地区。

---

① 中国社会科学院考古研究所：《偃师二里头》，中国大百科全书出版社，1999年，附录一：二里头遗址墓葬登记表；中国社会科学院考古研究所：《1984年秋河南偃师二里头遗址发现的几座墓葬》，《考古》1986年第4期，323页。

② 中国社会科学院考古研究所：《偃师二里头》，中国大百科全书出版社，1999年，40、41页。

③ 中国社会科学院考古研究所：《偃师二里头》，中国大百科全书出版社，1999年，81、171、270页。

④ 中国社会科学院、中国历史博物馆、山西省考古研究所：《夏县东下冯》，文物出版社，1988年。

⑤ 杜金鹏：《夏文化内涵特征疑问》，《华夏考古》1994年第4期，99页。

⑥ 张懋镕：《三论西周方座簋》，《苏州文博论丛》总第1辑，文物出版社，2010年；又见于《古文字与青铜器论集》第4辑，科学出版社，2014年。

⑦ 胡厚宣、胡振宇：《殷商史》，上海人民出版社，2003年。

中原地区出土青铜斝延续时间长，与青铜斝的产生和消亡相始终。出土数量多，几乎占到全国出土青铜斝数量的半数。

商代早期，在全国范围内出土地点明确的青铜斝共96件，中原地区出土49件，占51%。其中郑州商城出土24件，分别占全国和中原地区的25%、49%；偃师出土4件，两者超过了中原出土青铜斝的半数。有学者指出，偃师商城即汉代以降史家所指的“西亳”①，郑州商城则为仲丁所迁之隞都②。商代中期，全国范围内出土地点明确的青铜斝共43件，中原地区出土21件，占48.8%，比例虽较商早期变化不大，但绝对数量远少于早期，或许这与商人势力衰弱以及频繁迁都有关。商代晚期，青铜斝绝对数量又有大幅上升，全国范围内出土83件，中原地区出土66件，占79.5%，其中，殷墟出土59件，分别占全国及中原地区出土青铜斝数量的71.1%和89.4%，说明这一时期，青铜斝的使用范围非常集中，主要在商文化的中心区，对外的影响力有所减弱。西周早期，殷墟不再为都邑，商人的政治地位一落千丈，除少数投靠周人继续为贵族之外，多数沦为平民，丧失了使用作为社会地区和身份等级的象征——青铜器的资格，而周人重食的习俗使得青铜酒器失去用武之地，出土青铜斝数量锐减，全国范围内仅发现13件，其中，中原地区出土4件，占30.8%。

中原地区出土青铜斝型式丰富，青铜斝演变过程中的所有型式都可以在中原地区找到，发展脉络清晰，其中不乏精美和富有特色的器物。

二、北方地区

本书的北方地区主要是指山西、河北和北京地区，该地区与中原地区毗邻，是商文化的重要分布和影响区，也是青铜斝的重要出土地区。该地区青铜斝出土地点在太原以南的晋中、南地区分布相对密集，在北京和河北地区也有零星分布，晋北地区迄今还未发现。

山西地区从商代早期开始使用青铜斝，一直延续到商代晚期，进入西周后还未发现。

商代早期，山西共出土青铜斝4件，出土地点分布于晋南地区，这一地区临近中原，商人的触角很早便伸到了这里。其中，潞城出土2件，分别为Ab型Ⅲ式和Ac型Ⅱ

① 胡厚宣、胡振宇：《殷商史》，上海人民出版社，2003年。

② 邹衡：《试论郑州新发现的殷商文化遗址》，《考古学报》1956年第3期；安金槐：《试论郑州商代城址——隞都》，《文物》1965年第4、5期。

式[①]。垣曲商城出土2件，分别为Aa型Ⅱ式和Ab型Ⅱ式，占出土数量的一半[②]。从青铜斝形制和纹饰来看，垣曲商城所出青铜斝要早于潞城所出。垣曲商城是商人在晋南的重要城邑，考古工作者通过地层关系推断其始建年代为商代前期的二里冈下层时期，并延续使用到二里冈上层时期，与郑州商城和偃师商城的年代大体相当，略晚于两座大城。这座城址地处商王朝中心区域周边，其规模远远小于王都，因此有可能只是区域性的统治中心。城址内中部偏东为统治者居住的宫殿区，占据着城内的最佳位置。城址内西南部为制陶手工业作坊区，发现了多座制陶窑址，多为圆形竖穴窑，有窑室、窑箅、火膛和火门等。城内东南部为一般居民区，是平民进行生产与生活的主要活动区，分布着大量储存物品的窖穴和堆积废弃物的灰坑，其间散布着少量房屋基址，另有少量墓葬和人工挖制的排水沟分布在周围。发现的零星墓葬多为小型长方形竖穴土坑墓，少数墓葬有鼎、斝、爵等青铜器，有的还有殉人，可能是贵族墓葬[③]。

商代中期，山西出土青铜斝3件，集中发现于晋东南地区的长治市，商早期在黄河岸边的军事城邑垣曲商城已经废弃，这一时期此地未出青铜斝。长子县出土2件，分别为Ab型Ⅴ式和Ac型Ⅲ式[④]。长治出土1件，为Ac型[⑤]。与中原地区所发现青铜斝形制、纹饰均一致。

商代晚期，山西出土青铜斝3件，与早、中期偏于晋南不同，本期的青铜斝出土地点明显北移。山西石楼地区商文化遗址分布较为密集，曾出土了数批商晚期青铜器，其中青铜斝出土3件，贺家坪出土1件形制不明，二郎坡和后兰家沟各出土1件，分别为Ab型Ⅵ式和Ac型Ⅳ式，其中，石楼二郎坡出土的青铜斝体量硕大，通高达到了50厘米，斝柱发达，高达11.3厘米，装饰精美，通体布满纹饰，形制、纹饰与中原同时期器物相同，体现出使用者较高的政治地位和雄厚的经济实力[⑥]。灵石旌介商墓出土B型Ⅱ式青铜斝1件，隰县城南乡庞村出土Ac型Ⅳ式青铜斝1件[⑦]。

---

① 王进先：《山西长治市拣选、征集的商代青铜器》，《文物》1982年第9期，49～52页。

② 中国历史博物馆考古部、山西省考古研究所：《1988～1989年山西垣曲古城南关商代城址发掘简报》，《文物》1997年第10期，12～29页；中国历史博物馆考古部、山西省考古研究所、垣曲县博物馆：《垣曲商城（一）——1985～1986年度勘察报告》，科学出版社，1996年，244页。

③ 中国历史博物馆考古部、山西省考古研究所、垣曲县博物馆：《垣曲商城（一）——1985～1986年度勘察报告》，科学出版社，1996年，274～276页。

④ 郭勇：《山西长子县北郊发现商代铜器》，《文物资料丛刊》第3辑，1982年，198页。

⑤ 王进先：《山西长治市拣选、征集的商代青铜器》，《文物》1982年第9期，49～52页。

⑥ 山西省文物管理会保管组：《山西石楼县二郎坡出土商周铜器》，《文物参考资料》1958年第1期，36页；郭勇：《石楼后兰家沟发现商代青铜器简报》，《文物》1962年第4、5期，33、34页。

⑦ 山西省考古研究所：《灵石旌介商墓》，科学出版社，2006年，48页；王进：《山西隰县庞村出土商代青铜器》，《文物》1991年第7期，95页。

石楼、灵石和隰县位于山西西部，地近黄河，殷墟卜辞和考古发现都表明，商代晚期，在太行山西侧和晋陕黄河两岸地区，分布着一些大大小小的方国，应为卜辞和文献中的土方、羌方和鬼方，青铜文化非常发达，经常与商王国处于敌对状态。殷墟卜辞中有众多材料证明起码从武丁开始，便大力征伐西北及北方的敌人，实际上，盘庚迁殷，商王国统治中心北移，主要也是为了对付势力渐大，对商王国构成严重威胁的西北方向之敌国。在这种背景下，商人在先前的基础上继续往北推进，便是必然之举[①]。从该地区出土商代铜器面貌来看，也明显存在商文化和土著文化两种因素，学者们纷纷指出使用这一器群的族别很有可能与土方、工方有关[②]。

河北地区的青铜斝集中出土于商代中期的藁城台西遗址，共发现青铜斝8件，2件为采集品，其余6件分出于6座墓葬，分别为3座小型墓和3座中型墓。6件青铜斝形制接近，均为Ac型Ⅲ式，纹饰多采用兽面纹、雷纹，柱帽上有涡纹。通高多在20～30厘米，仅有一件超过30厘米[③]，与中原地区相比，体量略小。

北京地区出土青铜斝数量绝少。1977年，平谷县刘家河村民在村东水塘边取土时，发现一批古代文物，北京市和平谷县文物主管部门闻讯后，派员赴现场考察，认定是一座商墓的随葬品[④]。出土文物共40多件，其中青铜器41件，包括方鼎2、圆鼎3、盘2、盉2件，鬲、甗、爵、斝、卣、罍、瓿、钺各1件。青铜斝为Ab型，体量较小。平谷刘家河青铜器群的发现，表明商人势力的前锋已进至北京地区。

三、海岱地区

山东一带古称“海岱”，“海岱”一词始见于《尚书·禹贡》，“海、岱惟青州”[⑤]，指自黄海西岸至泰山南北的广大地区，以泰沂山脉为中心并由发源于泰沂山脉的诸多河流冲击所形成的河谷以及外围平原所组成。它的北、西、南三面都是相对开阔的平原，并通过众多河流与中原地区连为一体，其间并无任何天然阻隔。这样的地理格局显然易于商人对东土的扩张[⑥]。

---

① 杜金鹏：《北京平谷刘家河商代墓葬与商代燕国》，《夏商周考古学研究》，科学出版社，2007年。

② 陶正刚：《石楼类型商代青铜器的研究》，《殷都学刊》1991年第4期；李伯谦：《从灵石旌介商墓的发现看晋陕高原青铜文化的归属》，《北京大学学报（哲社版）》1988年第2期。

③ 河北省文物研究所：《藁城台西商代遗址》，文物出版社，1985年，123～126页。

④ 北京市文物管理处：《北京平谷县发现商代墓葬》，《文物》1977年第11期，2页。

⑤ 孙星衍：《尚书今古文注疏》，中华书局，1986年。

⑥ 方辉：《商王朝经略东方的考古学观察》，《多维视域——商王朝与中国早期文明研究》，科学出版社，2009年，70页。

经过大汶口文化时代的孕育，到龙山文化时代，文明的诸要素在海岱一带破土萌芽。夏代特别是夏末，商汤为了伐夏，与东夷结成了军事联盟。《左传 · 昭公四年》载“商汤有景亳之命”，有学者指出，景亳之会是商汤利用夏王朝与东夷关系破裂之际，联合东方诸侯进行的一次会盟活动。商王朝建立后的早商时期，商夷之间的关系是融洽的，商夷联盟得以延续[①]。商代中期，以仲丁、河亶甲伐蓝夷、征班方为标志，商人开始向东方扩张[②]，在考古学上的表现则是在海岱地区出现了一系列商文化特色浓郁的军事和政治据点，其中，最早、最重要的当属济南大辛庄。商文化出现在大辛庄的时间最早可追溯到二里冈上层一期，即早商三期，这在山东地区所见的商文化中是最早的，说明商王朝在其向东拓展的过程中，最初是突发式的军事征服。二里冈上层二期即中商一期至殷墟文化二期是大辛庄商文化的全盛期，高规格的墓葬和甲骨卜辞均出现于这一时期。这表明，大辛庄作为商人统治东方地区的中心，延续了相当长的时间。殷墟三期开始，大辛庄商文化出现式微迹象，至殷墟四期时已退居为普通聚落[③]。与此相应，青州苏埠屯、滕州前掌大等分布靠东、靠南的聚落中心此时正经历着他们的繁荣，这应该与商王朝战略中心继续向鲁东、鲁南扩张有关。至于为何要入侵该区域，有学者认为可能是从山东地区攫取食盐的需要[④]。山东阳信县李屋发现了商代晚期大规模的制盐村落遗址，在莱州湾南岸发现的数十处商周遗址均出土与制盐有关的盔形器[⑤]，可证攫取食盐的认识是有一定根据的。

伴随着商人东进的步伐，商代中期，海岱地区开始发现青铜斝的身影，见于济南大辛庄及位置更靠西的长清归德遗址[⑥]，他们同属于以大辛庄为中心的聚落群。1972年，大辛庄遗址出土Ab型Ⅴ式青铜斝1件，颈部、腹部装饰兽面纹，与中原地区一致。大辛庄遗址M106是商中期鲁北地区规格最高的商墓，出土青铜斝2件。其中，Ab型Ⅲ式青铜斝1件，通高23.4厘米，与其他地区同型式青铜斝相比，体量偏小。颈部装饰勾连云纹，上下界以一周联珠纹，亦较有特色。B型Ⅰ式青铜斝1件，形制较为原始，通高21.2厘米，与其他地区本式青铜斝体量相当[⑦]。青铜斝除了在济南大辛庄遗址出

① 徐昭峰：《商王朝东征与商夷关系》，《考古》2012年第2期，62页。

② 陈梦家：《殷墟卜辞综述》，科学出版社，1956年，249～252页。

③ 方辉：《大辛庄遗址的考古发现与研究》，《山东大学学报（哲社版）》2004年第1期，11页。

④ 刘莉、陈星灿：《城：夏商时期对自然资源的控制问题》，《东南文化》2000年第3期，56页。

⑤ 王青、朱继平：《山东北部商周时期海盐生产的几个问题》，《文物》2006年第4期，88页。

⑥ 山东大学东方考古研究中心、山东省文物考古研究所、济南市考古研究所：《济南市大辛庄商代居址与墓葬》，《考古》2004年第7期，25～33页；韩明祥：《山东长清、桓台发现商代青铜器》，《文物》1982年第1期，86、87页。

⑦ 齐文涛：《概述近年来山东出土的商周青铜器》，《文物》1972年第5期，3页；山东大学东方考古研究中心、山东省文物考古研究所、济南市考古研究所：《济南市大辛庄商代居址与墓葬》，《考古》2004年第7期，25～32页。

土外，鲁西南的滕州市也发现[①]器型为Ab型和新出现的B型，体量依旧不大。从考古发现来看，滕州在中商文化一期即有商文化的地层堆积与墓葬，而且以前掌大遗址为中心，商文化遗存分布密集，这或许与仲丁征伐蓝夷有关[②]。丁山先生曾考证蓝夷地望，即春秋时期的滥邑，位于汉代东海郡的昌滤县境[③]，距离今滕州市不远，考虑到此区域为薛国故地，曾为汤左相的仲虺正居于薛[④]，则滕州前掌大成为仲丁征蓝夷的一个前沿聚落中心是可以理解的。

商代晚期，济南大辛庄遗址目前还未发现有青铜斝出土，或许这与其地位下降有关，不再是鲁北的区域性中心聚落。当然也不能排除考古发掘工作的局限性。这一时期，青铜斝在鲁西南的滕州地区发现较多，如在轩辕村商墓出土Ac型Ⅳ式青铜斝1件，在前掌大墓地发现B型Ⅱ式青铜斝1件[⑤]。此外，在靠近潍河的寿光益都侯故城发现B型Ⅱ式青铜斝1件，通高34厘米，体量较大，三角雷纹的装饰在其他地区较为少见，青州苏埠屯大墓中也发现了青铜斝[⑥]。商末，殷人曾与夷方（或释人方）进行了激烈的军事斗争，甲骨黄组卜辞中就有十祀征夷方的记载，并最终征服了夷方。据李学勤先生考证，夷方的都邑位于淄、潍之间[⑦]，青州、寿光出土青铜斝正表明商人势力的触角已经伸到了山东半岛地区。

西周早期，青铜斝仅出土于滕州前掌大墓地，共3件，均为B型Ⅳ式斝，通高都在30厘米以上，体量较大，装饰简单，多在腹部饰弦纹。

总体上看，海岱地区自商代中期开始出土青铜斝，西周早期早段后不见，沿用时间较长，但数量不多，商代中期5件，晚期数量最多，也不过6件，西周早期3件，器形也较为单一，多为A型和B型青铜斝。出土地点较为集中，大辛庄遗址和前掌大墓地出土了该地区青铜斝的大宗。商代中期，青铜斝出土地点主要位于济南大辛庄和鲁西南的滕州，商代晚期，至山东半岛的寿光和青州，反映出商人势力在南、东两个方向的扩张。

---

① 滕州市博物馆：《山东滕州市发现商代青铜器》，《文物》1993年第6期，95页。

② 徐昭峰：《商王朝东征与商夷关系》，《考古》2012年第2期，62页。

③ 丁山：《商周史料考证》，中华书局，1988年。

④ 《左传·定公元年》："仲虺居薛，以为汤左相。"

⑤ 中国社会科学院考古研究所：《滕州前掌大墓地》，文物出版社，2005年，222页；滕州市博物馆：《山东滕州市发现商代青铜器》，《文物》1993年第6期，95、96页。

⑥ 寿光县博物馆：《山东寿光县新发现一批纪国铜器》，《文物》1985年第3期，1～11页；殷之彝：《山东益都苏埠屯墓地和"亚醜"铜器》，《考古学报》1977年第2期，23、34页。

⑦ 李学勤：《商代夷方的名号和地望》，《中国史研究》2006年第4期，7页。

四、长江中下游地区

长江中下游地区范围广阔，主要包括湖北、湖南、安徽、江西、江苏和浙江等地区，从考古发掘情况来看，青铜斝出土地点在该地区明显呈点状分布，主要见于湖北、安徽和江西局部地区，出土青铜斝数量最多的当属湖北省黄陂盘龙城遗址，占该地区出土青铜斝数量的大多数，其余地点多为零星出土，江浙、湖南一带目前还未发现有青铜斝出土。

在湖北地区，整个商代，一直延续到西周早期都有青铜斝出土，值得注意的是，出土地点的分布向西似未越过汉水、向南未越过长江，基本全部位于汉水以东、长江以北的区域内。该地区青铜斝出土地点位置最靠西的是随州淅河镇，位于随枣走廊南部，可能为商文化沿此南下时的重要据点。1977年3月，在随州城南10千米的淅河公社三大队发现13件青铜器，其中酒器为1斝、2爵、1觚，通过对器物形制的分析，应属商代中期早段。青铜斝为Aa型Ⅳ式，通高23厘米，饰兽面纹与联珠纹，器底有烟炱痕迹，体量及装饰风格与中原地区该型青铜斝并无二致①。2010年12月，淅河镇蒋家寨村民在当地取土时，发现了一批青铜器，后经湖北省文物考古研究所调查和抢救性发掘，确认是一处西周时期家族墓地，实际发掘了63座墓葬和1座马坑②。根据出土器物的形制特点判断，这批遗物的年代当属西周早期，部分青铜器铸有铭文，其中多座墓葬出土的青铜器上有铭文“曾侯”或“曾侯谏”，说明此处是和曾国有关的一处墓地。简报公布的三座墓葬M1、M2和M27共出土青铜礼器63件，包括食器36件、酒器22件、水器5件，其中青铜斝仅有1件，出于M1，为B型Ⅳ式，通高34.9厘米，足腹间饰三组“<<”形纹，不同于其他地区常见的“人”字形弦纹装饰。鋬下铸有铭文，一行3字，为“父丁冉”，表明墓主人是冉氏家族成员，为其亡父丁作的祭器。另外，同墓所出4件方鼎上，皆有铭“师作父癸宝尊彝”，一件圆鼎上为“师作父乙宝尊彝”，这几件器物是师为其父辈所作之器，最后又葬到了自己的墓中，可证墓主人应名师。有学者指出，“出土两件中型方鼎者，多属方国国君；出土一件中型方鼎者多数为王室重臣，少数为方国国君”③，墓主人师显然是曾国的王室重臣。

浠水县则是湖北地区青铜斝出土地点位置最靠东的一处，西距武汉市160余千米，南去23千米抵长江江滨，青铜器出土地点在县城东北约7.5千米处的一个山冲里，同出青铜斝、甗各1件，青铜斝置于甗腹内，为B型Ⅱ式，体量不大，素面，时代应为商代

① 随州市博物馆：《湖北随县发现商代青铜器》，《文物》1981年第8期，46～48页。

② 湖北省文物考古研究所、随州市博物馆：《湖北随州叶家山西周墓地发掘简报》，《文物》2011年第11期，28页。

③ 杨宝成、刘森淼：《商周方鼎初论》，《考古》1991年第6期，342页。

晚期[①]。

1992年5月，在黄州市蓼叶嘴村下窑嘴发现一座商代早期墓葬，出土青铜容器5件，鬲、爵、觚、斝、瓿各1件，青铜斝为Ab型Ⅲ式，通高39厘米，是同型式斝中体量最大的一件，颈部饰兽面纹及夔龙纹一周，形制及装饰皆同于中原地区。青铜斝内壁发现丝织品痕迹及朱色块状物（疑为漆器），或许与过滤酒渣滓有关[②]。

湖北地区出土青铜斝数量最多的无疑要数黄陂盘龙城遗址，该城始建于早商二期[③]，沿用至中商二期，遗址内出土数量众多的本时期青铜斝，总数近40件，仅次于安阳殷墟和郑州二里冈的青铜斝出土数量，可见盘龙城商城在商早、中期时的重要地位。盘龙城位于黄陂区，隶属武汉市，坐落在一个伸入盘龙湖的半岛之上，东、南、西三面环水。早商时期的遗址断断续续地分布在东西约1100、南北约1000米的丘陵地带，夯土城垣位于东南部，实际上是一处以城为重心的商文化遗址群。盘龙城商城地处南国，建有高大的城墙，应是商人在南方的区域性政治中心，是商文化扩张的前进基地和桥头堡。出土青铜斝不但数量多，而且型式丰富，主要为Aa型和Ab型，尤其是Ab型青铜斝数量众多。

安徽地区青铜斝数量较少，共计6件，出土地点主要分布在安徽省中部的江淮地区。商代早期，肥西馆驿出土Ab型Ⅱ式纽柱形斝1件，铜陵铜墩村出土Ac型Ⅱ式青铜斝1件，嘉山泊岗出土Ac型Ⅱ式兽面纹斝1件；商代中期，铜陵铜墩村出土Ab型Ⅳ式兽面纹斝1件，阜南常庙乡出土Ac型Ⅲ式兽面纹斝1件；商代晚期，肥西出土Ac型Ⅲ式兽面纹斝1件。青铜斝从商代早期开始在安徽地区出现，后数量开始逐渐减少，商晚期以后不见。所出青铜斝不乏体量高大、纹饰精美的佳品，如安徽省博物馆所藏的一件兽面纹斝通高达到了65.4厘米，不逊色于妇好墓所出青铜斝，这在其他地区是少见的。

夏末商初，发现于安徽的青铜斝，有学者认为这或许与桀奔南巢有关。安徽江淮地区原本并非二里头文化的分布区，大约在二里头文化二、三期时，这里忽然涌现出一些二里头文化因素，如在潜山薛家岗遗址出土的爵、鬶、豆、圆腹罐，肥东吴大墩出土的圆腹罐，含山大城山出土的豆、三足皿、高领瓮等陶器以及肥西大墩子出土的铜铃，分别体现了清晰而浓郁的二里头文化陶器和青铜器的作风[④]。邹衡先生最先把安徽江淮地区、上海马桥遗址所见二里头文化因素，分别与史传夏桀奔南巢、桀与其部属俱去海外联系了起来，后王迅亦说："皖西六安县一带是英、六故地，这里的斗

---

① 刘长苏、陈恒树：《湖北浠水发现两件铜器》，《考古》1965年第7期，369页。

② 黄冈地区博物馆、黄州市博物馆：《湖北省黄州市下窑嘴商墓发掘简报》，《文物》1993年第6期，56～60页。

③ 关于盘龙城商城的始建年代，发掘者曾定为二里冈期上层，大致相当于盘龙城商代遗址的第二期，即早商文化三期时。根据已发表资料，我们认为有可能提前到早商二期。中商一期时，城址仍繁盛，曾发现李家嘴M1等重要墓葬可以为证。城址废弃的年代按已知其最晚的遗存可能到中商二期。

④ 杜金鹏：《安徽出土两件铜斝的年代及其意义》，《中国文物报》1995年9月24日第3版。

鸡台文化中含有二里头文化早期因素；巢湖一带是巢的故地，这里的二里头文化因素均属二里头晚期。这里情况与上述文献记载英、六在夏代初年即受封于禹，而巢在夏代晚期才为桀所封的情况大致相符。”肥西、六安发现夏末商初青铜斝，有力地证明了史书所载夏商之际夏人大规模南迁——其主流是桀奔南巢，应该是可信的。

从青铜礼器来看，江西地区所见时代最早的，大约不早于二里冈上层时期。而在清江（今樟树市）吴城遗址和新干大墓的陶器中，有的显然具有二里冈期商文化陶器的基本特征，故江西土著文化与中原青铜文化的交往与接触，大概始自二里头文化时期[①]。1973年冬，樟树市吴城正塘山发掘了一座商代墓葬，编号为M3，出土Ac型Ⅲ式青铜斝1件。通高仅20厘米，体量甚小，颈部、腹部装饰云雷纹组成的兽面纹，上下界以一周联珠纹。从形制、纹饰分析，应属商代晚期[②]。

湖南境内曾发现数量较多的商代遗址和商代青铜器，说明商王朝的政治势力和文化影响已经到达湖南[③]。中原地区常见的爵、觚、觯、尊、卣、罍、瓿、方彝等器类在湖南地区都有出土，但很有意思的一个现象是，迄今为止，在该地区我们还未发现青铜斝的身影。湖南地区青铜器虽然形制、纹饰与中原地区并无差异，但应非由中原地区输入，而是铸造于当地，这一点从青铜合金配比上可以得到验证，湖南地区出土的青铜器含锡、铅量较中原地区高，且含有锑，北方青铜器基本不含锑[④]。我们推断，湖南地区之所以不出青铜斝，或许有两种原因：一是由于考古发现的局限性，客观存在但目前还未发现；二是由于青铜斝主要用来滤酒，即过滤酒渣滓，南方竹器较多，或许用竹编器替代了笨重的青铜斝，导致青铜斝在该地区未有发现。

总体来看，长江中下游地区青铜斝主要出土于湖北、安徽和江西等地区，江浙和湖南未发现。此地区商代早期就开始有青铜斝出土，一直延续到西周早期。共出土商代早期青铜斝45件，其中湖北出土43件，6件形制不明，其余多为A型青铜斝；安徽出土2件，为Ac型Ⅱ式青铜斝。出土商代中期青铜斝3件，湖北出土B型Ⅰ式青铜斝1件，安徽出土2件，为Ac型Ⅲ式青铜斝。出土商代晚期青铜斝3件，湖北、安徽和江西各出土1件，为Ac型Ⅲ式青铜斝。西周早期湖北随州叶家山M1出土父丁冉斝1件，为B型Ⅳ式，通高34.9厘米，为同型式中体量较大的。湖北、安徽地区出土的青铜斝与中原地区所出基本一致，应是商贵族所用器物，江西地区所出青铜斝既受到商文化因素的影响，又保留了土著文化因素，应是土著贵族所用器物。

---

① 杜金鹏：《试论江西商代文化的几个问题》，《南方文物》1994年第2期，18～22页。

② 江西省博物馆、清江县博物馆：《近年江西出土的商代青铜器》，《文物》1977年第9期，78页。

③ 湖南省博物馆：《三十年来湖南文物考古工作》，《文物考古工作三十年》，文物出版社，1979年，310～324页；高至喜：《商文化不过长江辨》，《求索》1981年第2期。

④ 北京钢铁学院：《中国冶金史》，科学出版社，1978年，23页。

五、关中及其周边地区

本书所言关中及其周边地区主要指关中及其周边的陕北、汉中盆地和陇东地区。商文化在早商三期进至关中西安—铜川一线，形成早商文化北村类型。其后，深入关中西部，中商时期抵达扶风、岐山一带，反映这一历史进程的考古资料有耀县北村、扶风白家窑、法门镇及岐山王家嘴等诸多遗址。关中地区晚商时期的遗存大体以西安—铜川一线为界，分成东西两部分，晚商文化分布只限于关中东部，但其对陕北、陕南以及陇东地区的影响较大。商代晚期晚段，随着周人在西土的崛起，该区域逐渐成为周文化分布区。

该地区共出土青铜斝16件，关中地区出土10件，陕北地区发现3件，汉中盆地发现2件，陇东仅出土1件。商代中期，本地区青铜斝开始发现，目前共有3件，在关中的岐山京当、户县侯家庙以及陕北的延川用斗村各发现1件，均为Ac型Ⅲ式。共发现商代晚期青铜斝6件，其中关中地区出土2件，为Ac型Ⅲ式和B型Ⅱ式；陕北地区发现2件，为Ac型Ⅳ式和B型Ⅱ式；汉中盆地出土2件，为Ac型Ⅲ式和B型Ⅱ式；汉中盆地青铜文化遗存地方特点较为浓郁。该地区共出土西周早期青铜斝7件，1件为Ac型Ⅳ式、6件为B型Ⅳ式。关中及周边地区所出整个商代时期的青铜斝数量远少于中原地区，但出土西周早期青铜斝数量却最多，这或许与周人将商贵族、殷遗民西迁有关，因为关中地区青铜斝多发现于殷遗民墓葬。西周早期的青铜斝形制较为单一，表明青铜斝的活力正在丧失，行将退出历史舞台。

关中地区是本区域青铜斝出土地点分布相对密集的地区。商代中期，青铜斝出土地点有两个，即岐山县京当村和户县侯家庙。1972年1月，岐山县京当乡京当村发现一个用圆石头砌成的青铜器窖藏，出土青铜鬲、爵、觚、斝、戈各1件①。从青铜器形制、纹饰及整体风格来看，应属于中商时期。青铜斝为Ac型Ⅲ式，是关中地区所发现的时代最早的，通高22.3厘米，在该型式青铜斝中体量较小。1971年，户县侯家庙出土Ac型Ⅲ式青铜斝1件，通高22、口径16.5厘米，体量较小②。

商代晚期，关中地区青铜斝出土地点主要有西安老牛坡、户县侯家庙、岐山樊村，流行Ac型Ⅲ式和B型Ⅱ式。除关中地区外，汉中也开始发现青铜斝的身影，城固宝山苏村小冢和洋县张村北都有青铜斝出土。

1986年3～7月，西北大学历史系考古专业在西安市东郊老牛坡遗址内，发掘一处商代墓地，清理马坑和车马坑各1座，商墓38座，其中中型墓7座、小型墓31座，均为

---

① 王光永：《陕西省岐山县发现商代铜器》，《文物》1977年第12期，88页。

② 陕西省考古研究所、陕西省文物管理委员会、陕西省博物馆：《陕西出土商周青铜器》，文物出版社，1979年，21页。

竖穴土坑墓，没有墓道，大部分有腰坑和二层台。由于7座中型墓和大部分小型墓均遭严重盗扰，未经盗扰的仅10余座小墓，故出土遗物不多[①]。仅M44出土青铜斝1件，为Ac型Ⅲ式，通高22.3厘米，小于其他地区同型式青铜斝。发掘者认为该墓的时代为殷墟一期，同出的还有青铜爵、觚，为商晚期常见的酒器组合。1991年11月，岐山县北郭乡樊村农民在村北取土时发现青铜斝、戈各1件[②]。青铜斝鋬下腹壁有铭文3字“亚𠨘其”，通高25.2、口径13.2厘米，该器与传出安阳的二祀、四祀、六祀𠨘其卣三器器主为同一人，故亚𠨘其斝在樊村出土，是值得探讨的一个问题。文献记载武王克商后，曾将商贵族的彝器运往岐周，分赏功臣，如《尚书 · 洪范》载：“武王既胜殷，邦诸侯，班宗彝，作《分器》。”《史记 · 周本纪》亦云：“封诸侯，班赐宗彝，作《分殷之器物》。”学者多认为司马迁云“分殷之器物”，即分赐克殷所得彝器。从四祀𠨘其斝铭文看，𠨘其是商纣王的重臣，岐山樊村所出𠨘其斝或许正是武王克商后，将俘获的𠨘其斝赏赐给周贵族，从而被带回了西土。

陕北地区自商代中期至晚期都有青铜斝出土。1987年，延川县马家河乡用斗村出土兽面纹件1件，为Ac型Ⅲ式，敞口上有发达的双伞状柱，中腹斜收，下腹外鼓，圜底，下接三T状足，颈、腹饰云雷纹衬底的兽面纹。晚期，1972年在延长县发现B型Ⅱ式兽面纹斝1件，通高19.6厘米，颈部饰一周两两相对的夔纹组成的兽面纹，云雷纹衬底。2002年，在延川县马家河乡华家塬出土A型Ⅳ式兽面纹斝1件，通高达42.5厘米，通体满花纹饰，铸造精美[③]。陕北地区所出青铜斝与关中地区同时期青铜斝的形制、纹饰基本一致。

商代晚期，青铜斝除出土于关中和陕北地区外，位于汉中盆地的城固县和洋县也有发现[④]。城固县宝山镇苏村小冢自然村坐落在一高出地面的丘包上，村中部偏西北的位置有一土包，1959年，在土包的西北部近边沿处，发现青铜斝1件，为Ac型Ⅲ式。该斝体量硕大，尽管柱帽缺损，但残通高仍达56.2厘米，丝毫不逊于殷墟王室贵族墓所出青铜斝。装饰繁缛，花纹满布器身，口沿下是阴线鸟纹，两两相对，尾部上卷，腹部上段饰垂冠回收、分尾的鸟纹，下段饰饕餮纹，均以云雷纹衬底，足面饰阴线夔纹一对。该斝器形除斝柱尤高外，与中原地区几无差别。但装饰风格差异较大，中原地区鸟纹虽是商晚期青铜器上的常见纹样，但绝少见于青铜斝上，且鸟纹多为浅浮雕，阴线鸟纹当是汉中地区特色。1981年，在汉江南岸的洋县小江乡张村北发现青铜器4件，计有罍、斝、牛觥、鼎各1件。青铜斝为B型Ⅱ式，通高31.9厘米，体量中等，肩部饰一周单目勾连云纹，总体来看，制作不精。

---

① 西北大学历史系考古专业：《西安老牛坡商代墓地的发掘》，《文物》1988年第6期，1～22页。

② 岐山县博物馆、庞文龙、刘少敏：《岐山县北郭乡樊村新出土青铜器等文物》，《文物》1992年第6期，72～75页。

③ 曹玮：《陕北出土青铜器》第2册，巴蜀书社，2009年，128～133页。

④ 赵丛仓：《城洋青铜器》，科学出版社，2006年，77、176页。

李伯谦先生曾指出，城固铜器群有自己的分布范围，绝大部分是当地铸造，其时代虽属商代，其文化内涵虽有不少商文化因素，但其主要成分却具有浓厚的地方色彩，不同于或不完全同于商文化[①]。诚如学者所认为的，城洋青铜器群或许为早期巴蜀文化遗存[②]。我们曾在重庆中国三峡博物馆展厅中见到展出的B型Ⅱ式青铜斝1件，惜不知其具体出土地点，或许正是与汉中盆地文化交流的产物。

西周早期，青铜斝出土地点集中在关中西部地区，渭河流域的长安1件、岐山1件、扶风2件、宝鸡1件，泾河流域的灵台1件、泾阳1件，共计7件。除长安张家坡1件为征集外，其余都有明确出土信息。7件青铜斝共有三种型式，Ac型Ⅳ式1件、B型Ⅳ式5件、C型Ⅳ式1件。

1973年冬，陕西省博物馆等单位在岐山贺家村西清理西周墓10座，报道了其中4座未经盗扰或保存较好的墓[③]。其中，M1虽在墓葬北端发现两处盗洞，但依然出土多件青铜容器，包括青铜鼎1、簋1、卣2、斝1、罍1、瓿1。青铜斝为Ac型Ⅳ式，通高41厘米，侈口，两柱端饰一对高冠凤鸟，兽首鋬，三棱锥形实足，颈、腹部饰云雷纹组成的兽面纹。该器与墓内其他器物风格差异较大，云雷纹组成的兽面纹风格较为古老，《殷周青铜器通论》曾著录一件双鸟柱饕餮纹斝（图版56·110），与该器形制、纹饰几无差别，时代为商代晚期早段。该墓出土簋上有“山”字铭文、瓿上有“庚”字铭文。周人不用族徽[④]，我们认为该墓中的山簋、庚瓿和鸟柱纹斝应为墓主人俘获或受周王赏赐的殷器无疑。

商代青铜器在以中原为核心的主流系统之外，还有若干非中原的地区系统。非中原青铜器系统往往包含两种甚至更多种文化因素，其间的礼器大都富于中原色彩，表明受到中原文化的强烈影响，甚至有的简直就是从中原移来的。至于兵器及工具等实用器，则更多呈现出本地的特色，与中原大不相同。前者反映了中原王朝礼乐制度的强势地位，后者表现出地方民族的文化区别，都有其一定的历史背景。目前已经认识的，有山西、陕西间黄河两岸的“晋陕”青铜器，湖南、湖北间洞庭湖周围的“荆楚”青铜器，川西平原的“古蜀”青铜器，江西中部樟树、新干等地的吴城类型青铜器，汉中地区城洋青铜器等[⑤]。

---

① 李伯谦：《城固铜器群与早期蜀文化》，《考古与文物》1983年第2期，70页。

② 唐金裕等：《汉水上游巴文化的探讨》，《文博》1984年创刊号；王寿芝：《陕西城固出土的商代青铜器》，《文博》1988年第6期；尹盛平：《巴文化与巴族的迁移》，《文博》1992年第5期；刘士莪、赵丛仓：《论陕南城、洋地区青铜器与早蜀文化的关系》，《三星堆与巴蜀文化》，巴蜀书社，1993年；黄尚明：《城固洋县商代青铜器群族属再探》，《考古与文物》2002年第5期，40～45页。

③ 陕西省博物馆、陕西省文物管理委员会：《陕西岐山贺家村西周墓葬》，《考古》1976年第1期，31～37页。

④ 张懋镕：《周人不用族徽说》，《考古》1995年第9期，835～840页。

⑤ 李学勤：《城洋青铜器·序》，《城洋青铜器》，科学出版社，2006年，1页。

第五章　出土青铜斝组合关系及与墓葬等级关系研究

第一节　出土青铜斝组合关系研究

截止到2013年年底，出土青铜斝的墓葬共计118座。其中，经科学发掘，墓葬信息完整保留的有96座。通过梳理上述墓葬材料，我们按照墓室面积的大小，参考随葬品的多寡，将其分为大型、中型和小型墓三种不同的等级，其中，墓室面积小于4平方米的为小型墓，4～10平方米的为中型墓，大于10平方米的为大型墓。

在前文中，我们按照青铜斝形制、纹饰以及器形风格的演变，把青铜斝分为前后相继的四期，其中第一期、第三期又分为早、晚两段，共四期六段。我们现以不同期段内出土青铜斝的墓葬为研究对象，通过考察其青铜礼器组合，来观察青铜斝在不同时期青铜礼器组合中地位的变化，同一时期青铜斝在不同等级墓葬中的出土情况以及这种差异在不同时期的演变情况。虽然出土青铜斝的墓葬仅是同时期出青铜器墓葬的一部分，但在一定程度上也能反映同一等级墓葬在不同时期的历时性变化和同一时期不同等级墓葬礼器组合的差异，由此也可以看出墓主人社会等级、社会地位的变迁和差异。

我们以各期段科学发掘的、完整未受盗扰的墓葬为主要观察对象，少量虽受扰乱但器物组合仍然完整的墓葬也列入其中，共得墓葬96座。按期段总结归纳如下。

一、第一期，夏末至商代早期

（一）早段，相当于二里头文化四期和早商一期

本段共发现墓葬7座，有2类4种不同组合方式[①]：

第一类：酒器。

（1）斝（郑州铭功路M150）。

（2）爵、斝（偃师二里头M9、王城岗T245M49、偃师商城M13、垣曲商城M16）。

---

① 偃师商城M1非科学发掘，但器物都被文物部门寻回，墓葬器物组合完整，故将其也作为观察对象。

第二类：食器+酒器。

（3）鬲+爵、斝（盘龙城杨家湾M6）。

（4）鼎+觚、斝（偃师商城M1）。

以上7座墓葬中，除偃师商城M1因不是科学发掘，墓室面积不详外，其余6座墓葬信息完整，其中，1座为中型墓，占墓葬总数的16.7%，5座为小型墓，占墓葬总数的83.3%。本段，墓室面积普遍较小，最大的不超过5平方米，最小的还不足1平方米。

随葬青铜器器类较少，主要有酒器爵、斝和食器鼎、鬲等，组合较简单。7座墓葬有2类4种组合形式：第一类，仅随葬酒器，有5座墓，占本段全部墓葬的71.4%。具体来看，又有两种组合形式，单独随葬斝，如郑州铭功路M150，或以爵、斝组合形式随葬，如偃师二里头M9。自此开始，酒器中的爵、斝开始成为固定组合，并迅速流行，本段有5座墓葬都包含此组合，占全部墓葬数的71.4%，风靡程度可见一斑。第二类，随葬食器与酒器的墓葬有2座，占本段全部墓葬数的28.6%。具体来看，又分为两种不同组合形式，随葬酒器爵、斝和食器鬲，如盘龙城杨家湾M6，或随葬酒器爵、斝和食器鼎，如偃师商城M1，上述两座墓葬酒器组合一致，在食器选择上不同。本段随葬青铜食器的墓葬较少，但在多数墓葬中都发现了陶食器的身影，如陶鼎、鬲、罐等，表明在贵族墓葬随葬品组合中，陶器还占据着重要地位。当然，这亦有可能是铜矿资源在当时较为紧缺，故随葬器物中最为重要的酒器用青铜铸造，而食器则选用了陶器。

在商人青铜礼器组合中，酒器从一开始就占据了核心地位，较食器更为流行。在随葬食器与酒器的两座墓葬中，酒器的数量均超过食器，酒器器类也比食器要丰富。8座墓共出土青铜容器15件，其中，酒器13件，占86.7%，食器仅有2件，占13.3%。共出土青铜斝7件，占酒器的53.8%、出土青铜容器总数的46.7%，反映出青铜斝在这一时期青铜礼器组合中的重要地位。

8座墓葬都仅随葬一套礼器组合，每座墓葬随葬青铜斝也仅一件，均少于后段，反映出青铜礼器组合在墓葬中的使用还处于初级阶段，远没有成熟。

二里头文化时期，随葬陶器中爵、盉组合较为流行，晚期墓葬中曾发现青铜斝和陶、盉的组合。从此时开始，青铜斝渐渐取代了陶盉[①]，与铜爵成为基本组合，在青铜酒礼器中渐渐成为定制，这也反映出了夏商礼制的变化。

（二）晚段：相当于商代早期晚段，即早商二、三期

本段墓葬共有23座，墓葬信息完整的有16座，我们以此为观察对象，有3类8种不同组合形式。

---

① 刘绪：《从墓葬陶器分析二里头文化的性质及其与二里冈期商文化的关系》，《文物》1986年第6期，48～54页。

第一类：酒器。

（1）爵、斝（83YSⅢM1、郑州商城T61M1、郑州二里冈商墓、郑州东里路C8M32）。

（2）爵、斝、觚（郑州T17M2、楼子湾M6、楼子湾M5、杨家嘴M2）。

第二类：食器+酒器。

（3）鼎+斝（东里路C8M39）。

（4）鼎+爵、斝（垣曲商城M1、杨家嘴M1、楼子湾M1）。

（5）鬲+爵、斝、觚（辉县琉璃阁M110）。

（6）鼎+爵、斝、觚（楼子湾M3）。

（7）鼎、鬲+爵、斝（楼子湾M4）。

第三类：食器+酒器+水器。

（8）鼎、鬲、簋、甗+爵、斝、觚、觯+盘、盉（李家嘴M2）。

在以上16座墓葬中，大型墓1座，仅占墓葬总数的6.3%，小型墓15座，占本段墓葬总数的93.7%。本段墓葬依旧以小型墓为主，但小型墓的墓室面积较早段增大明显，超过3平方米的有4座，占小型墓的26.7%，2～3平方米的有9座，占60%，小于1平方米的仅2座，占13.3%。

16座墓葬共有3类8种组合形式：第一类，仅随葬酒器，共计8座墓葬，占全部墓葬数的50%。具体来看，又有2种不同组合形式，随葬爵、斝组合，计有4座墓葬，占25%，如偃师商城M1；或随葬爵、觚、斝组合，计有4座墓葬，占25%。早段最为流行的爵、斝组合依然盛行，并在其中加入了新器类觚，形成爵、斝、觚的酒器组合，并迅速流行开来，甚至有赶超单纯的爵、斝组合的趋势。在所有墓葬中，酒器组合中8座墓使用了爵、斝组合，有7墓使用了爵、斝、觚组合。第二类，随葬食器与酒器组合的有7座墓，占全部墓葬数的43.8%。与早段相比，这一类礼器组合开始为贵族所钟爱，所占比例迅速上升，已与第一类组合不相上下。具体来看，组合形式虽有5种之多，但规律较为明显，酒器组合以爵、斝或爵、斝、觚为中心，再搭配食器鼎或鬲，形成新的组合形式。较流行的是鼎、爵、斝的组合，有3座墓使用，占18.8%，如垣曲商城M1、盘龙城杨家嘴M1等。鼎、鬲在食器中的地位不相上下，除大型墓外，几乎不会共存于一墓。第三类，墓葬随葬食器、酒器与水器，仅大型墓盘龙城李家嘴M2一例，占墓葬总数的6.2%，随葬品丰富，青铜容器器类有10种，总数共计23件之多，体现出墓主人的社会等级和身份地位。

本段随葬青铜礼器器类都在两种以上，较早段大为丰富，酒器觚、觯，食器簋、甗和水器盘、盉进入墓葬青铜礼器组合，丰富了组合形式。鼎、鬲等食器在墓葬中出现频率比早段明显增加，成为礼器组合中的常客，簋、甗则仅见于大型墓。但在以上16座墓葬中，不论从器类还是数量来看，酒器都超过食器和水器，说明酒器才是礼器组合的核心器类。16座墓共出青铜容器72件，其中，酒器50件，占69.4%；食器共15件，占20.8%；水器7件，占9.8%。统计各器类数量，不难发现，酒器的数量仍占统治优势。陈芳妹曾对郑州一带出土二里冈期青铜容器进行统计，也得出了相同的认识，“酒、食、水器三类，以酒器出现于墓葬的频率最高，达百分之百”，“最常出现的酒器为斝和爵。37个个例中，斝占22，爵占21，觚次之，占12。当时墓葬是以斝、爵与觚为核心，尤其是斝与爵，二类出现于墓葬的频率已旗鼓相当，比觚稍高”[①]。本段出土青铜斝共20件，占酒器的40%、出土青铜容器的27.8%。随着青铜器器类的丰富，青铜斝所占比例开始下降，但仍是青铜礼器组合的核心器类。

这一时期，有3座墓随葬了2套及以上的器物，占墓葬总数的18.8%，多套礼器主要是酒器中的爵、斝、觚，最多的黄陂盘龙城李家嘴M2随葬了4套爵、斝、觚。随葬多套礼器组合的见于1座大型墓和2座小型墓，小型墓的墓室面积都在3平方米以上，体现了墓主人较强的经济实力和较高的社会地位。有13座墓仅随葬1套礼器组合，占墓葬总数的81.2%。

二、第二期，商代中期

二期，相当于商代中期，即考古学文化上的中商一、二、三期。

本期共有墓葬36座，其中，墓葬信息完整的有29座，组合形式共有3类16种。

第一类：酒器。

（1）爵、斝（楼子湾M10）。

（2）爵、斝、觚（杨家湾M5、杨家湾M9、楼子湾M9、北二七路M2、藁城台西M14、M35、M36、M85）。

（3）爵、斝、觚、尊、卣（大辛庄M106）。

第二类：食器+酒器。

（4）鬲+爵、斝（滕州轩辕庄商墓）。

（5）鼎+爵、斝、觚（铭功路M2、北二七路M1、大驾村商墓、三家庄M3 、藁城台西M22）。

（6）鬲+爵、斝、尊（杨家湾M7 ）。

（7）鬲+爵、斝、觚、尊（杨家湾M4、小屯YM333）。

（8）鼎+爵、斝、觚、尊（盘龙城01YWM13）。

（9）鬲+爵、斝、觚、瓿（92黄州下窑嘴墓）。

（10）鼎+爵、斝、觚、罍（89HPCYM1，白家庄M3）。

（11）鼎+斝、觚、瓿、尊（藁城台西M112）。

（12）鼎、簋+爵、斝、觚、尊（杨家湾M11）。

① 陈芳妹：《小屯五座墓的青铜容器——从二里岗到典型殷墟风格的转变》，《考古与历史文化》（上），正中书局，1991年，187页。

第三类：食器+酒器+水器。

（13）鼎+爵、斝、罍+盘（白家庄M2）。

（14）鼎+爵、斝、觚、尊、瓿+盘（YM232）。

（15）鼎+爵、斝、觚、尊、壶、瓿+盘（小屯YM388）。

（16）鼎+爵、斝、觯、卣、罍、斗+盉（大辛庄M139）。

在以上29座墓葬中，中型墓11座，占墓葬总数的37.9%，其中包括郑州白家庄M3，依据考古发掘简报，该墓发现时，已经被群众挖去一半，残存墓室面积达3.39平方米，故完整面积应近7平方米，属于中型墓①。其中，超过7平方米的墓葬有3座。本期未发现大型墓，可能与商代中期时九世之乱造成的社会动荡有关。小型墓18座，占墓葬总数的62.1%。小型墓中仅有2座不足1平方米，超过3平方米的有4座。

在29座墓葬中，有3类16种组合形式。第一类，仅随葬酒器组合的墓葬有10座，占全部墓葬的34.5%，与一期相比，比例有所下降。具体来看，又有3种组合形式，随葬酒器爵、斝组合，此种组合形式在一期小型墓极为流行，本期只在小型墓盘龙城楼子湾M10中发现，表明此种组合形式已经不再受贵族青睐。另一种形式，爵、斝、觚的酒器组合依然盛行，在8座墓中都有发现，其中，小型墓6座，中型墓2座。表明这种组合形式较受中、小贵族的欢迎，这或许是由其社会等级和经济实力决定的。再一种形式则是爵、斝、觚与盛酒器尊、卣的组合，仅发现于济南大辛庄M106。第二类，随葬食器与酒器的墓葬有15座，占全部墓葬数的51.7%，与一期相比，比例上升，成为主流随葬品组合形式。具体来看，又有9种不同组合形式。最流行的当属食器鼎加酒器爵、斝、觚的组合，见于铭功路M2等5座墓，包括1座中型墓和4座小型墓，表明这一组合是中小贵族最常用的墓葬组合形式。另有两种各见于2墓的组合形式：一种为鬲、爵、斝、觚、尊，见于小型墓杨家湾M4和中型墓小屯M333；另一种组合形式为鼎、爵、斝、觚、罍，见于小型墓盘龙城M1和白家庄M3，两种组合形式只是在器类上略有差异，似无本质区别。其余4种组合形式各见于1墓。第三类，食器、酒器与水器的随葬组合见于4墓，占全部墓葬数的13.8%，与一期相比，比例略有上升。白家庄M2因被扰乱，情况不明。另3座墓均为中型墓，墓室面积全部超过7平方米，为该时期墓葬中规模最大的。

从随葬品的组合来看，中型墓规格与小型墓相比略高，但并不明显。随葬水器的墓葬规格要明显高于其他不随葬水器的墓葬。

随葬青铜容器基本沿袭了一期晚段的器类，众多盛酒器如瓿、罍、壶、尊、卣等进入礼器组合。相比于酒器器类的不断丰富和创新，食器和水器器类基本没有变化，未见新器类加入组合。

① 河南文物工作队第一队：《郑州市白家庄商代墓葬发掘简报》，《文物参考资料》1955年第10期，26页。

从整体来看，商代中期，单纯酒器的组合在墓葬中所占比例大幅下降，墓葬组合更倾向于多种器类的组合，或许这表明青铜器在贵族礼仪制度中发挥的作用越来越全面。爵、斝、觚的酒器核心地位稳固，围绕这一核心的搭配则明显不固定，略显随意。食器中鼎的出现频率明显高于鬲，在青铜礼器组合中的地位开始凸显。

在青铜礼器组合中，酒器的核心地位依旧牢固。29座墓葬中有28座墓葬出土的酒器数量超过食器，仅北京平谷刘家河商墓例外，该墓出土食器7件，酒器5件，水器2件，酒器虽少于食器，但数量差别不大，并不能否定酒器在礼器组合中的核心地位。29座墓共出青铜容器171件，其中，食器24件，占全部青铜容器的14%，酒器142件，占全部青铜容器的83.1%，水器5件，占全部青铜容器的2.9%，酒器所占比例较一期有明显上升，这显然是商人重酒习俗的表现。青铜斝共出土43件，占酒器的30.3%、青铜容器的25.1%。虽在酒器和青铜容器中所占比例下降，但绝对数量较一期增多，青铜斝依然是青铜礼器组合中的核心器类。

随葬了2套及以上爵、斝、觚组合的有11座墓葬，占全部墓葬的37.9%，不论是数量还是占比均较一期晚段有了明显上升。其中，小型墓5座，中型墓6座，随葬最多的是黄陂盘龙城杨家湾PYWM11，随葬了4套爵、觚、斝组合，充分体现了墓主人的身份地位和经济实力。

三、第三期，商代晚期

（一）早段：相当于考古学文化上的殷墟一、二期，即武丁、祖庚、祖甲时期

本段共发现墓葬15座，其中墓葬信息完整的有14座，组合形式共有3类14种。

第一类：酒器。

（1）爵、斝、觚（老牛坡M44）。

（2）爵、斝、觚、罍、卣、彝（YM238）。

第二类：食器+酒器。

（3）鬲+爵、斝（92滕州轩辕村墓）。

（4）鼎+斝、觚、瓿（殷墟刘家庄北地M220）。

（5）鼎+爵、斝、觚、卣（罗山天湖M8）。

（6）鼎、甗+爵、斝、觚（罗山天湖M12）。

（7）鼎、簋、爵、斝、觚、瓿（59武官M1）。

（8）鼎、甗+爵、斝、觚、瓿、尊（花园庄东地M60）。

（9）鼎、甗、簋+爵、斝、觚、瓿（YM188）。

（10）鼎、甗、簋、盂+爵、斝、觚、罍、尊、彝、觥、斗（殷墟花园庄M54）。

第三类：食器+酒器+水器

（11）鼎、甗+爵、斝、觚、尊、卣、斗+盉（YM331）。

（12）鼎、甗、簋+爵、斝、觚、觯、罍、卣+盘（大司空M539）。

（13）鼎、甗、簋+爵、斝、觚、罍、尊、卣+盘（小屯M18）。

（14）鼎、甗、簋+爵、斝、觚、觯、瓿、罍、尊、卣、壶、彝、觥、斗+盘、盉（小屯M5）。

在以上14座墓葬中，大型墓3座，占全部墓葬总数的21.4%，殷墟妇好墓（小屯M5）和花园庄M54墓室面积都超过了20平方米。中型墓5座，占全部墓葬数的35.7%，超过5平方米的有4座。小型墓6座，占全部墓葬数的42.9%，小型墓墓室面积都在1.5平方米以上。墓室面积较前两期明显增大。

与前两期相比，组合形式更加多样化，显著的特点是一墓一组合，没有重复的组合形式。酒器阵营中又有彝、觥和斗的加入，更加丰富，食器盂也进入礼器组合。

在14座墓葬中，共有3类14种组合形式。第一类，只随葬酒器的墓葬仅有2座，占全部墓葬的14.3%，与二期相比，进一步下降，此种组合形式仅见于小型墓，且墓室面积不足3平方米，当是经济实力较弱的小贵族墓葬。具体来看，又有两种不同组合形式，二期流行的仅随葬爵、斝、觚的酒器组合仅见于西安老牛坡M44，爵、斝、觚再搭配盛酒器罍、卣、彝成为另外一种组合形式，如小屯M238。第二类，随葬食器与酒器的墓葬有7座，占全部墓葬总数的50%，与二期相比，略有上升，依旧是贵族最青睐的礼器组合形式。使用这种组合形式的有4座小型墓、3座中型墓。7座墓的具体组合形式各不相同，但核心器类是一致的，食器鼎，酒器爵、斝、觚就是这些组合的核心器类，核心器类之外的器类相互之间的组合随机性仍较大，故形成一墓一组合的局面。第三类，随葬食器、酒器和水器的墓葬有5座，占全部墓葬数的35.7%，较二期有明显上升，使用这类组合形式的有3座大型墓和2座中型墓。

礼器组合中酒器的地位依旧重要，各墓中酒器的数量均超过了食器、水器的数量，14座墓葬共出青铜容器348件，其中食器77件，占全部容器的22.1%，酒器259件，占全部容器的74.4%，水器9件，占全部容器的2.6%，另有箕形器3件。与二期相比，食器比例上升，酒器比例下降，但酒器的核心地位仍无可动摇。酒器中爵、觚的数量往往对等，渐渐成为酒器中核心的组合形式，盛酒器中尊、卣作为组合的地位开始上升，食器中鼎的出现频率更高，甗也更加频繁地出现在高等级墓葬中。

14座墓葬共出土青铜斝29件，仅占酒器的11.2%、青铜容器的8.3%，分别出于大、中、小型墓葬。其中，大型墓出土15件，占出土青铜斝总数的51.8%；中型墓出土7件，占24.1%；小型墓出土7件，占24.1%。单个墓葬中青铜斝的数量往往少于爵、觚的数量，如殷墟大司空M539，随葬爵、觚各2件，而斝仅1件，又如小屯M5，随葬爵40件，觚53件，而斝仅12件。10座墓葬中仅随葬1件青铜斝，占本段全部墓葬数的

71.4%，而只随葬1件爵或觚的仅3墓，占本段全部墓葬数的21.4%。可见，在酒器组合中，斝的地位已远不如爵、觚，不论从绝对数量还是所占比例来看，斝在礼器组合中的地位也已大不如从前，只能居于从属地位。

两座大型墓即殷墟花园庄M54和小屯M5，随葬器类丰富，这一时期可见的青铜器类基本都出现在墓中，如小屯M5组合为鼎、甗、簋、瓿、爵、斝、觚、罍、尊、卣、盘、盉、觯、箕形器、壶、彝、觥、斗。

仅3座小型墓随葬了1套爵、斝、觚的酒器组合，11座墓葬都随葬2套及以上的爵、斝、觚酒器组合，最多的小屯M5出土了53套，充分反映出这一时期商王朝国力的强盛和商贵族对于青铜酒器的热衷。

（二）晚段：相当于考古学文化上的殷墟三、四期，即廪辛至帝辛时期

本段共有墓葬24座，墓葬信息完整的有22座，组合方式共有3类20种。

第一类：酒器。

（1）爵、斝、觚（GM198）。

第二类：食器+酒器。

（2）鼎+爵、斝、觚、卣、壶（罗山天湖M41）。

（3）簋+爵、斝、觚、卣、尊（GM269）。

（4）鼎、簋+爵、斝、觚、卣、斗（GM875）。

（5）鼎、甗+爵、斝、觚、卣、斗（罗山天湖M1）。

（6）鼎、簋+爵、斝、觚、觯、卣（殷墟赛格金地M13）。

（7）鼎、簋+爵、斝、觚、卣、尊（戚家庄M63）。

（8）鼎、簋、甗+爵、斝、觚、罍（滕州前掌大M213）。

（9）鼎、簋、甗+爵、斝、觚、尊（GM1713）。

（10）鼎、簋、甗+爵、斝、觚、觯、壶（郭庄北M6）。

（11）鼎、簋+爵、斝、觚、觯、卣、觥、斗（GM907）。

（12）鼎、簋+爵、斝、觚、觯、卣、壶、斗（57高楼庄M8）。

（13）鼎、簋、甗+爵、斝、觚、觯、尊、卣（刘家庄北M9、GM2579、82小屯M1）。

（14）鼎、甗+爵、斝、觚、觯、尊、卣、罍（安阳榕树湾M1）。

（15）鼎、簋+爵、斝、觚、觯、尊、卣、罍（灵石旌介M1）。

（16）鼎、簋、甗+爵、斝、觚、觯、尊、卣、觥（郭家庄M53）。

（17）鼎、簋、甗+爵、斝、觚、觯、尊、卣、罍、彝、斗（戚家庄M269）。

第三类：食器+酒器+水器。

（18）鼎、簋、甗+爵、斝、觚、觯、尊、卣、罍、斗十盘、盉（郭家庄M160）。

（19）鼎、簋、甗+爵、斝、觚、觯、尊、卣、罍、斗、彝+盘、盉（99ALM1046）。

（20）鼎、簋、甗+爵、斝、觚、觯、尊、卣、罍、斗、壶+盘、盉（大司空M303）。

在以上22座墓葬中，大型墓4座，占全部墓葬数的18.2%。中型墓15座，占全部墓葬数的68.2%，其中有9座墓墓室面积超过5平方米。小型墓仅3座，占全部墓葬数的13.6%，墓室面积都在2平方米以上。

22座墓葬共有3类20种组合方式，除3座墓使用了同一组合形式外，其余一墓一组合。第一类，仅随葬酒器的墓葬1座，占全部墓葬的4.5%，使用了爵、斝、觚的酒器组合，见于小型墓GM198。第二类，随葬食器与酒器组合的墓葬有18座，占全部墓葬数的81.8%，其中，大型墓3座、中型墓13座、小型墓2座，表明这种组合方式仍旧是最为流行的形式，尤其受到大、中贵族的欢迎。具体来看，又有16种组合方式。使用频率最高的组合见于3座墓，为食器鼎、簋、甗和酒器爵、斝、觚、觯、尊、卣的组合。其余组合形式则是以食器鼎、簋和酒器爵、斝、觚为核心器类，再搭配一种或数种盛酒器，如尊、卣、罍、壶等，并无明显规律可循。第三类，随葬食器、酒器与水器的墓葬有3座，包括1座大型墓和2座中型墓，占全部墓葬数的13.7%。组合形式基本一致，食器鼎、簋、甗，酒器爵、斝、觚、觯、尊、卣、罍及水器盘、盉组成了核心器类。

从礼器组合来看，各墓中酒器的数量最多，器类也最丰富，说明酒器在礼器组合中的地位依旧最高，酒器依旧以爵、斝、觚为核心组合形式，18座墓葬都随葬了两套及以上的酒器爵、斝、觚组合，占全部墓葬数的81.8%，如郭家庄M160随葬了10套爵、斝、觚。爵、斝、觚再搭配盛酒器尊、卣、罍、瓿、壶中的一种或几种，形成不同的组合形式。盛酒器中尊、卣、罍的使用渐成固定组合，饮酒器觯成为酒器组合中的常客，挹酒器斗的使用频率上升。食器的数量开始明显增多，随葬的器类也不再仅局限于一种，表明食器在礼器组合中的地位正在逐渐提升。一个有趣的现象是本段绝少发现鬲，而17座墓葬使用了鼎、簋组合，占本段全部墓葬总数的77.3%，以鼎、簋为核心食器组合形式。甗发现于13墓葬中，其中12座为大中型墓，小型墓中仅1见，表明随葬甗是墓葬等级的显著标志。水器数量和器类都较少，仅在2座大型墓和1座中型墓中发现，说明只有高级贵族才能在礼器组合中使用水器。

22座墓葬共出土青铜容器339件，其中，食器95件，占全部青铜容器的28%，酒器238件，占全部青铜容器的70.2%，水器6件，占全部青铜容器的1.8%。与早段相比，食器比例提升，酒器的比例则继续下降。青铜斝共计出土25件，占酒器总数的10.5%、青铜容器总数的7.4%，较三期早段又有下降，除殷墟郭家庄M160出土3件和大司空M303出土2件外，其余各墓均只出土1件。大型墓出土6件，中型墓出土16件，小型墓出土3件。青铜斝在礼器组合中的象征意义大过了其实用意义，而使用层级也更集中于高级贵族。

四、第四期，西周早期

本期共有墓葬9座，除1座被盗外，其余8座墓葬信息完整，组合共有2类8种形式。

第一类：食器+酒器。

（1）鼎、簋+爵、斝、觚、觯、尊、卣（71北窑西周墓）。

（2）鼎、簋+爵、斝、觚、觯、角、尊、卣（滕州前掌大M21）。

（3）鼎、簋、鬲+爵、斝、觚、觯、尊、卣、罍、斗（滕州前掌大M38）。

（4）鼎、簋、甗+爵、斝、觚、觯、角、尊、卣、罍、壶（滕州前掌大M11）。

第二类：食器+酒器+水器。

（5）鼎、簋、甗+爵、斝、觯、角、尊、卣+盉（白草坡西周墓M1）。

（6）鼎、簋、鬲、甗+爵、斝、尊、卣、罍+盉（扶风庄李M9）。

（7）鼎、簋、甗+爵、斝、觚、觯、尊、卣、罍、瓿+盘、盉（泾阳高家堡M4）。

（8）鼎、簋、鬲、甗+爵、斝、觚、觯、角、尊、卣、罍 壶、觥、斗+盘、盉（太清宫长子口墓）。

在以上8座墓葬中，大型墓1座，占全部墓葬数的12.5%，即鹿邑太清宫长子口墓，墓室面积67.5平方米。中型墓6座，占全部墓葬数的75%，墓室面积都在5平方米以上。小型墓仅1座，占全部墓葬数的12.5%，1971年发掘的洛阳北窑西周墓，墓室面积3.94平方米，如果考虑到测量误差，此墓很有可能达到中型墓的标准。

8座墓葬共有2类8种组合形式，这一时期仅随葬酒器的墓葬未发现。第一类，随葬食器与酒器的墓葬有4座，占本段墓葬总数的50%，中型墓3座，小型墓1座。具体来看，有4种组合形式，但核心器类是一致的，如食器中的鼎、簋，酒器中的爵、觚、斝、觯、尊、卣组合是各墓所共有的。第二类，随葬食器、酒器和水器的墓葬有4座，占本段墓葬总数的50%，大型墓1座，小型墓3座。组合中的核心器类为食器鼎、簋、甗，酒器爵、斝、尊、卣和水器盉。

这一时期，有6座墓葬随葬了2套及以上的爵、斝、觚、觯组合，岐山贺家村一号墓因为盗掘，酒器器类不全，估计随葬也在2套以上。在3座墓葬中，食器的数量超过了酒器，占全部墓葬数的37.5%，这在以前是不曾有过的，食器地位的上升或许与周人重食的传统是密切相关的。但毋庸置疑的是，酒器依然占据重要地位，在墓葬中器类最多的依然是酒器，食器的种类要远少于酒器。8座墓葬共出青铜容器206件，其中，食器71件，占全部青铜容器的34.5%；酒器128件，占全部青铜容器的62.1%；水器7件，占全部青铜容器的3.4%。与商晚期相比，食器的地位继续上升，酒器的地位持续下降。本期8座墓葬共出青铜斝10件，占酒器的7.8%、青铜容器的4.9%。其中，7座墓葬都仅出1件，虽在鹿邑太清宫长子口墓出土青铜斝3件，但少于爵、觚、觯的数量。

通过分析青铜斝在墓葬中的组合及演变情况，我们有如下发现。

（1）从出土青铜容器的整体情况来看，酒器的器类始终最为丰富、数量最多，如殷墟小屯M5就随葬了12个器类、151件酒器。其次为食器，而水器最少且只见于高等级墓葬。酒器所占青铜容器比例最高，一直在60%以上，但从夏末至西周早期，呈现不断下降的趋势。相反，食器所占比例则呈现持续上升的势头，器类也从早期墓葬中仅见一种而发展成同墓随葬数种，如鹿邑太清宫长子口墓就随葬了鼎、鬲、簋、甗4种食器。水器因数量和器类都较少，呈缓慢上升趋势（表5-1）。

表 5-1　各期段器类所占比例表

期段＼器类		食器（%）	酒器（%）	水器（%）
一期	早段	13.3	86.7	
	晚段	20.8	69.4	9.8
二期		14	83.1	2.9
三期	早段	22.1	74.4	2.6
	晚段	28.0	70.2	1.8
四期		34.5	62.1	3.4

（2）青铜斝在整个礼器组合中的地位不断下降。出土青铜斝的数量占出土酒器、青铜容器总数量的比例不断下降，变化明显。同一墓葬中，在一、二期时，随葬青铜斝的数量往往与青铜爵、觚的数量相等，甚至在个别墓葬中，青铜斝的数量超过了爵、觚，如盘龙城杨家湾M5、郑州北二七路M2，但发展到三、四期时，随葬青铜斝的数量已经大大少于青铜爵、觚的数量，如在殷墟妇好墓中，随葬爵40件、觚53件，而斝仅有12件，又如滕州前掌大M11，随葬爵5件、觚4件，而斝仅1件（表5-2）。

（3）出土青铜斝绝对数量呈现先增后减的变化趋势。青铜斝数量在一、二期时，持续增长，在二期达到高峰，此后开始递减，至四期时，数量与一期相差无几。青铜斝绝对数量的变化在一定程度上反映出其在青铜礼器组合中地位的变化（表5-2）。

（4）中型墓中礼器组合的变化速率要快于小型墓，一种新的组合形式往往首先在中型墓中确立，然后再在小型墓中确立，说明商代礼制已经比较成熟，中小贵族在礼制方面受到大贵族的影响和支配。

（5）在二、三期时，有些墓葬随葬2件或2件以上的青铜斝，这些斝的形制往往不一样，鼎、爵、觚、簋等器物也有这种现象。这一种考古学现象是客观存在的，应该如何解释呢？学界有两种观点：一种是认为这种现象是商代上层社会中保留的一种文化“传统”；一种认为是有青铜器的“传代特质”造成的[1]。我们认为后一种看法是合适的。

① 岳洪斌：《殷墟青铜礼器研究》，中国社会科学出版社，2006年。

表5-2　各期段青铜斝所占比例表

期段＼青铜斝		青铜斝（件）	酒器（%）	容器（%）
一期	早段	7	53.8	46.7
	晚段	20	40.0	27.8
二期		43	30.3	25.1
三期	早段	29	11.6	8.3
	晚段	25	10.5	7.4
四期		10	7.8	4.9

第二节　出土青铜斝与墓葬等级关系研究

一、出土青铜斝数量与墓葬等级关系

（一）第一期

1. 早段

本段出土青铜斝的墓葬共有7座，出土青铜斝7件，墓葬信息完整的有6座，出土青铜斝6件。其中，中型墓1座，出土青铜斝1件，占本段出土总数的16.7%[①]；小型墓5座，出土青铜斝5件，占本段出土总数的83.3%。青铜斝基本出自小型墓中，每墓只随葬1件。这一时期墓葬面积普遍较小，5座墓葬面积都在3平方米以下，墓室面积超过4平方米的中型墓仅1座，这或许与当时社会生产力和社会发展水平有关。

2. 晚段

本段出土青铜斝的墓葬共有23座，出土青铜斝32件，墓葬信息完整的有16座，出土青铜斝20件。其中，大型墓1座，出土青铜斝3件，占本段出土总数的15%；小型墓15座，出土青铜斝17件，占本段出土总数的85%。在墓葬信息不完整的墓葬中，盘龙城李家嘴M1随葬了5件青铜斝，共出土青铜容器22件，与临近的大型墓李家嘴M2的26件相差不大，估计此墓级别不会低于中型墓，甚至有可能是大型墓。许昌大路陈商

① 此处出土总数是指出土信息完整的墓葬出土青铜斝的总数，下同。

墓随葬了3件青铜鼎和2套爵、斝酒器组合，随葬品的级别在本段是非常高的，很有可能也是中型墓。由此看来，大、中型墓出土青铜斝所占比例实际要高于15%。23座墓葬中，有5座随葬了2件及以上的青铜斝，占墓葬总数的21.7%。其中，3座墓葬信息完整，包括1座大型墓和2座小型墓，小型墓的墓室面积都在3平方米以上，其余两座墓李家嘴M1和许昌大路陈商墓，上文已经指出，起码应为中型墓的级别。故仅在较高等级的墓葬中才使用2套或以上的酒器组合，且随葬2件或更多数量的青铜斝。

（二）第二期

本期出土青铜斝的墓葬共有36座，出土青铜斝52件，墓葬信息完整的有29座，出土青铜斝43件。其中，中型墓11座，出土青铜斝18件，占本期出土总数的41.9%；在中型墓中，有6座墓随葬2件青铜斝，占中型墓数量的54.5%，5座墓随葬1件青铜斝。小型墓18座，出土青铜斝25件，占本期出土总数的58.1%；在小型墓中，5座墓随葬2件或以上数量的青铜斝，占小型墓的27.8%，远低于中型墓的比例。由此看出，相较于小贵族，高级、中级贵族更有实力在墓中随葬多套酒器组合。

（三）第三期

1. 早段

本段出土青铜斝的墓葬共有15座，出土青铜斝30件，平均为每墓2件，之所以较前期大幅增长，并不是因为青铜斝在礼器组合中的地位继续上升导致，而是由于出土青铜斝的墓葬数量减少，而在个别墓葬如小屯M5中又随葬了12件青铜斝之多，导致了均值的上升。墓葬信息完整的有14座，出土青铜斝29件。其中，大型墓3座，出土青铜斝15件，占本段出土总数的51.8%；中型墓5座，出土青铜斝7件，占本段出土总数的24.1%；小型墓6座，出土青铜斝7件，占本段出土总数的24.1%；超过70%的青铜斝出自大中型墓。随葬2件及以上青铜斝的墓葬有4座，包括2座大型墓、1座中型墓和1座小型墓，占墓葬总数的28.6%，远低于二期的水平。有意思的现象是1座大型墓和4座中型墓中都随葬了1件青铜斝。

2. 晚段

本段出土青铜斝的墓葬共有28座，出土青铜斝30件，墓葬信息完整的有22座，出土青铜斝24件。其中，大型墓4座，出土青铜斝6件，占本段出土总数的25%；中型墓15座，出土青铜斝15件，占本段出土总数的62.5%；小型墓3座，出土青铜斝3件，占本段出土总数的12.5%。本段仅在郭家庄M160中随葬了3件青铜斝，其余墓葬不论级别均随葬1件，而在同一墓葬中，其他器类往往随葬多件，表明青铜斝在墓葬礼器组合中不再是核心器类。

青铜斝主要发现于大、中型墓葬，而少见于小型墓葬，反映出了高级贵族在礼制上保守的一面，青铜斝作为传统随葬器类，他们予以了保留，小贵族受礼制的束缚相对要小，故青铜斝作为礼器少见随葬于小型墓葬中。

（四）第四期

本段出土青铜斝的墓葬共有9座，出土青铜斝11件。其中，大型墓2座，出土青铜斝4件，占本期出土总数的36.4%；中型墓6座，出土青铜斝6件，占本期出土总数的54.5%；小型墓1座，出土1件，占本段出土总数的9.1%，超过90%的青铜斝出土于大、中型墓葬。8座墓葬都只随葬1件青铜斝，仅在鹿邑太清宫长子口墓中随葬了3件，表明青铜斝的使用阶层范围越来越窄，仅限于高级贵族还在使用。

综上分析，不难发现，青铜斝的出土数量经历了开始增加、随后下降的变化，二期是转折点，这与青铜斝在墓葬礼器组合中的地位变化是一致的。一、二期时，青铜斝使用阶层范围较广，三、四期时，主要出于大、中型墓葬，多为高级贵族使用，在一定程度上反映出高级贵族在礼制上的保守性。

二、出土青铜斝体量与墓葬等级关系

我们将墓室面积和出土青铜斝体量值（通高、口径值均有或有其一）皆有的作为一个统计单位，共得87个统计单位，出土青铜斝126件。通过对这些单位的分析，我们来观察墓葬等级与青铜斝体量之间的关系。

（一）第一期

1. 早段

本段共有3个统计单位，出土青铜斝4件，通高23～31、口径15～18厘米。2座小型墓出土2件青铜斝，其中，通高20～25厘米的青铜斝1件，通高30～40厘米的青铜斝1件。1座中型墓出土1件青铜斝，通高28.4、口径15.8厘米。青铜斝体量整体较小，与墓葬等级的关系并不明显。

2. 晚段

本段共有14个统计单位，出土青铜斝20件，通高19～35、口径13～23厘米。12座小型墓出土13件青铜斝，有通高值的11件，其中，通高15～20厘米的青铜斝1件，占9.1%；通高20～25厘米的青铜斝4件，占36.4%；通高25～30厘米的青铜斝3件，占

27.3%；通高30厘米以上的2件，占18.2%，无超过35厘米者。2座中型墓出土7件青铜斝，有通高值的4件，通高20～25厘米的青铜斝1件，占25%；通高25～30厘米的青铜斝2件，占50%；通高30～40厘米的青铜斝1件，占25%。如果将通高25厘米以下的视为小型青铜斝、25～30厘米的视为中型青铜斝、30厘米以上的视为大型青铜斝的话，不难发现，中型墓中出土大、中型青铜斝的比例更高，小型墓出土小型青铜斝的比例更高[①]。因此，青铜斝体量与墓葬等级存在正比关系，但并不是绝对的。

（二）第二期

本期共有25个统计单位，出土青铜斝38件，通高19～39、口径13.6～21.2厘米，体量与一期相比变化不大。16座小型墓出土24件青铜斝，有通高值的21件，其中，通高20厘米以下的1件，占4.8%；通高20～25厘米的14件，占66.7%；通高25～30厘米的4件，占19%；通高30厘米以上的有2件，占9.5%。9座中型墓出土14件青铜斝，全部有通高值，其中，通高20～25厘米的4件，占28.6%；通高25～30厘米的7件，占50%；通高30厘米以上的3件，占21.4%。我们同样将通高25厘米以下的视为小型青铜斝、25～30厘米的视为中型青铜斝、通高30厘米以上的视为大型青铜斝，对比中、小型墓葬出土各型青铜斝所占比例，不难看出，中型墓葬出大、中型青铜斝的比例高达71.4%，而小型墓葬这一比例仅有28.5%，可见，青铜斝体量与墓葬等级关系密切。

（三）第三期

1. 早段

本段共有14个统计单位，出土青铜斝29件，通高19.1～68.8、口径13.1～30.7厘米，体量较二期增大明显。6座小型墓出土青铜斝7件，通高25厘米以下的4件，占57.1%；通高30～40厘米的3件，占42.9%；5座中型墓出土青铜斝7件，通高25～30厘米以下的3件，占42.9%；通高30～40厘米的4件，占57.1%。3座大型墓出土青铜斝15件，有通高值的14件，通高20～30厘米的3件，占21.4%；通高40～50厘米的2件，占14.3%；通高60厘米以上的有9件，占64.3%。本期青铜斝体量整体增大，我们将通高40厘米以上的视为大型青铜斝、30～40厘米的视为中型青铜斝、30厘米以下的为小型青铜斝，可以看出，大型青铜斝仅见于大型墓，中型青铜斝更常见于中型墓。

2. 晚段

本段共有22个统计单位，出土青铜斝25件，通高15.3～43.5、口径11.5～20.6厘

---

① 各期段青铜斝的体量是动态变化的，因此，我们对于各期段大、中、小型青铜斝的划分标准并非一成不变，而是参照整体体量变化具体而定。

米，体量较早段大幅度减小。3座小型墓出土青铜斝3件，通高20厘米以下的青铜斝1件，通高20～30厘米的青铜斝1件，通高30～40厘米的青铜斝1件。15座中型墓出土青铜斝16件，通高20厘米以下的青铜斝5件，占31.3%；通高20～30厘米的青铜斝5件，占31.3%；通高30～40厘米的青铜斝6件，占37.4%。4座大型墓出土青铜斝6件，5件有通高值，通高25～30厘米的青铜斝3件，占60%；40厘米以上的青铜斝2件，占40%；我们如将通高20厘米以下的作为小型青铜斝、通高20～30厘米的作为中型青铜斝、通高30厘米以上的作为大型青铜斝，那么中、小型墓墓葬出土大、中、小型青铜斝比例相当，大型墓葬不出小型青铜斝，更多随葬大、中型青铜斝。

（四）第四期

本期共有9个统计单位，出土青铜斝11件，通高18～39、口径9.8～20厘米。1座小型墓，出土青铜斝1件，通高18厘米，体量小，为小型青铜斝。6座中型墓出土青铜斝6件，通高30厘米以下的青铜斝1件，但也达到29.9厘米；通高30厘米以上的青铜斝5件，占83.3%。2座大型墓出土青铜斝4件，通高30厘米以下的青铜斝1件，通高30～40厘米的2件，通高40厘米以上的1件。大中型墓葬出土青铜斝体量远大于小型墓。

综上，青铜斝体量与墓室面积基本成正比关系，即体量较大的青铜斝多出于中、大型墓，60厘米以上的青铜斝都出于大型墓葬，体量较小的青铜斝多出于小、中型墓葬，但这种正比关系并不能视为绝对。还应值得注意的一点则是有些等级较高的墓葬在出土体量较大青铜斝的同时，往往有体量较小的青铜斝并存，如殷墟妇好墓随葬12件铜器，除了束泉斝（M5：317）通高不明外，10件通高都在40厘米以上，但同时有1件通高仅21厘米的青铜斝。

第三节　青铜斝随葬位置变化研究

墓葬中随葬青铜礼器并不是随意摆放的，而是按照一定原则有意识摆放的。所以，我们可以观察经科学发掘的、完整未经扰乱的墓葬，通过分析青铜斝与其他酒器器类相对位置的变化来观察青铜斝在青铜礼器组合中的地位变化。

一期早段出土青铜斝的墓葬有7座，经科学发掘的墓葬有6座。在二里头文化四期，铜爵在墓葬中的位置往往与陶盉较近而远离青铜斝，如偃师二里头遗址M9（图5-1）表明盉与爵的关系要近于斝，这与二里头文化时期夏人在墓葬中使用爵、盉组合的风俗是一致的[①]。这在文献中也有证据，《礼记·明堂位》载："灌尊，夏后氏以鸡

① 刘绪：《从墓葬陶器分析二里头文化的性质及其与二里冈期商文化的关系》，《文物》1986年第6期，48～54页。

夷，殷以斝，周以黄目。”鸡夷就是盉。而登封王城岗T245M49中，青铜爵、斝已经摆放在一起，说明青铜斝与青铜爵搭配成为酒器的核心组合，这是商人区别于夏人的风俗。早商一期，青铜斝在墓葬中与青铜爵位置紧邻，如登封王城岗M49（图5-2）和垣曲商城M16，表明商人使用的爵、斝组合形成。

图5-1　偃师二里头遗址M9①

1. 铜斝　2. 铜爵　3. 贝　4.鹿角　5. 陶盉　6. 漆觚　7. 玉片　8. 圆陶片　9. 人头骨　10. 圆腹罐　11. 陶簋　12. 器盖

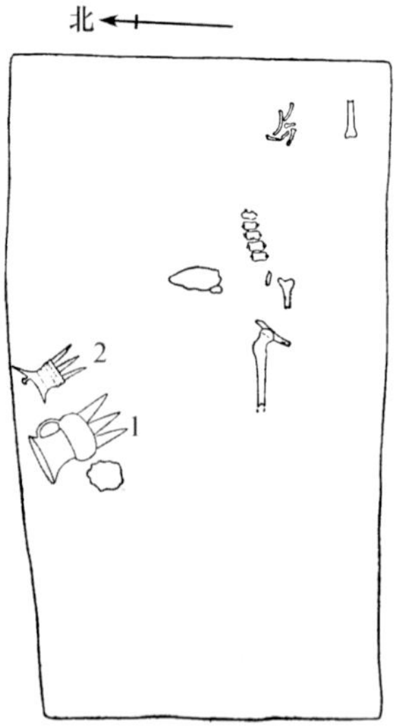

图5-2　登封王城岗M49②

1. 铜爵　2. 铜斝

一期晚段出土青铜斝的墓葬有23座，经科学发掘、墓葬信息完整的墓葬有16座，按随葬青铜礼器的位置可分为两类：A类，7座墓葬，随葬酒器仅有青铜爵、斝。B类，6座墓葬，随葬酒器除了青铜爵、斝外，还有青铜觚或盉。在A类墓葬中，青铜爵、斝并列近距离摆放，如偃师商城 83YSⅢM1（图5-3）。在B类墓葬中，有三种不同情况：①青铜爵、斝、觚并列近距离摆放，如郑州商城99ZSCWT17M2（图5-4）；②青铜爵在青铜斝腹内，与青铜觚距离较近，如黄陂盘龙城楼子湾M3（图5-5）；③青铜爵在青铜斝腹内，与青铜觚距离较远，如黄陂盘龙城李家嘴M2（图5-6）。一期晚段，在多数铜器随葬墓中，青铜爵、斝并存，且其在墓葬中的位置，或近距离摆放，或将青铜爵置于青铜斝腹中，说明爵斝组合已经成为定制，新出现的青铜觚对爵、斝组合的冲击还不明显。

① 中国社会科学院考古研究所二里头工作队：《1984年秋河南偃师二里头遗址发现的几座墓葬》，《考古》1986年第4期，319页，图三：左。

② 河南省文物研究所、中国历史博物馆考古部：《登封王城岗与阳城》，文物出版社，1992年，153页，图八〇。

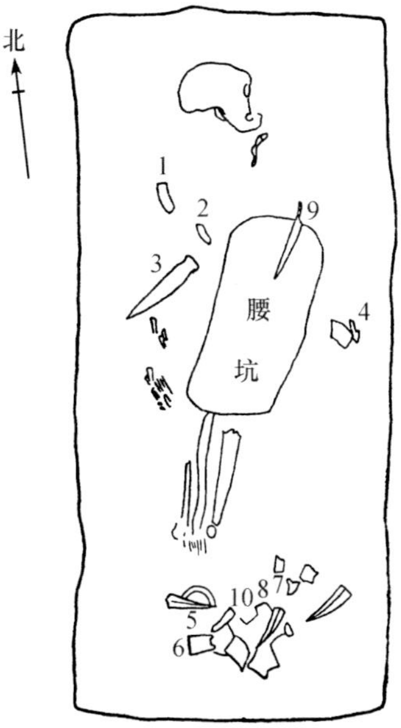

图5-3　偃师商城83YSIIIM1①

1、2. 玉饰　3. 铜戈　4.铜镞　5. 铜斝　6. 陶方杯

7. 铜爵　8. 玉璧　9. 铜刀　10. 蛤壳

图5-4　郑州商城99ZSCWT17M2②

1. 铜斝　2. 铜爵　3. 铜觚　4. 铜簪　5. 玉饰

二期出土青铜斝的墓葬有36座，经科学发掘的、墓葬信息完整的墓葬有29座。本期，由于青铜酒器种类的丰富，青铜斝与其他酒器的相对位置也不再如一期晚段那样简单，大致可分为六种：①青铜爵、觚、斝摆放在一起，如河北藁城台西M85（图5-7），青铜爵、觚、斝依次摆放在男性墓主人的头顶一侧。②青铜爵、觚紧密摆放在一起，青铜斝单独在一处，如郑州北二七路M1（图5-8），青铜爵、觚摆放在墓主人的身体一侧，青铜斝摆放在墓主人头顶一侧。③青铜爵、斝摆放在一起，青铜觚单独一处，如盘龙城PYWM4，青铜爵、斝摆放在身体一侧，铜觚摆放在另一侧。④青铜爵、觚、斝分开摆放，距离较远，如河北藁城台西M36（如图5-9），青铜爵、觚、斝依次摆放在墓主的头侧、腿侧和脚底；又如盘龙城PYWM9，青铜觚、爵、斝分别摆放在

① 中国社会科学院考古研究所河南第二工作队：《1983年秋季河南偃师商城发掘简报》，《考古》1984年第10期，875页，图七：左。

② 河南省文物考古研究所：《郑州商城新发现的几座商墓》，《文物》2003年第4期，12页，图一九。

图5-5　盘龙城楼子湾M3①

1. 铜鼎　2. 铜觚　3. 铜斝　4. 铜爵　5、6. 铜锛　7. 铜戈　8. 铜矛

头顶和身体的两侧。⑤青铜斝、觚摆放在一起，青铜爵单独摆放于一处，如三家庄M3（图5-10），青铜斝、觚摆放于墓主人腿侧，青铜爵单独摆放于一处。⑥青铜爵、觚摆放在一起，青铜斝、觚摆放在一起，如郑州北二七路M2（图5-11），青铜爵、觚摆放在墓主人头顶，青铜斝、觚摆放在墓主人脚侧。

① 湖北省文物考古研究所：《盘龙城：1963年～1994年考古发掘报告》，文物出版社，2001年，373页。

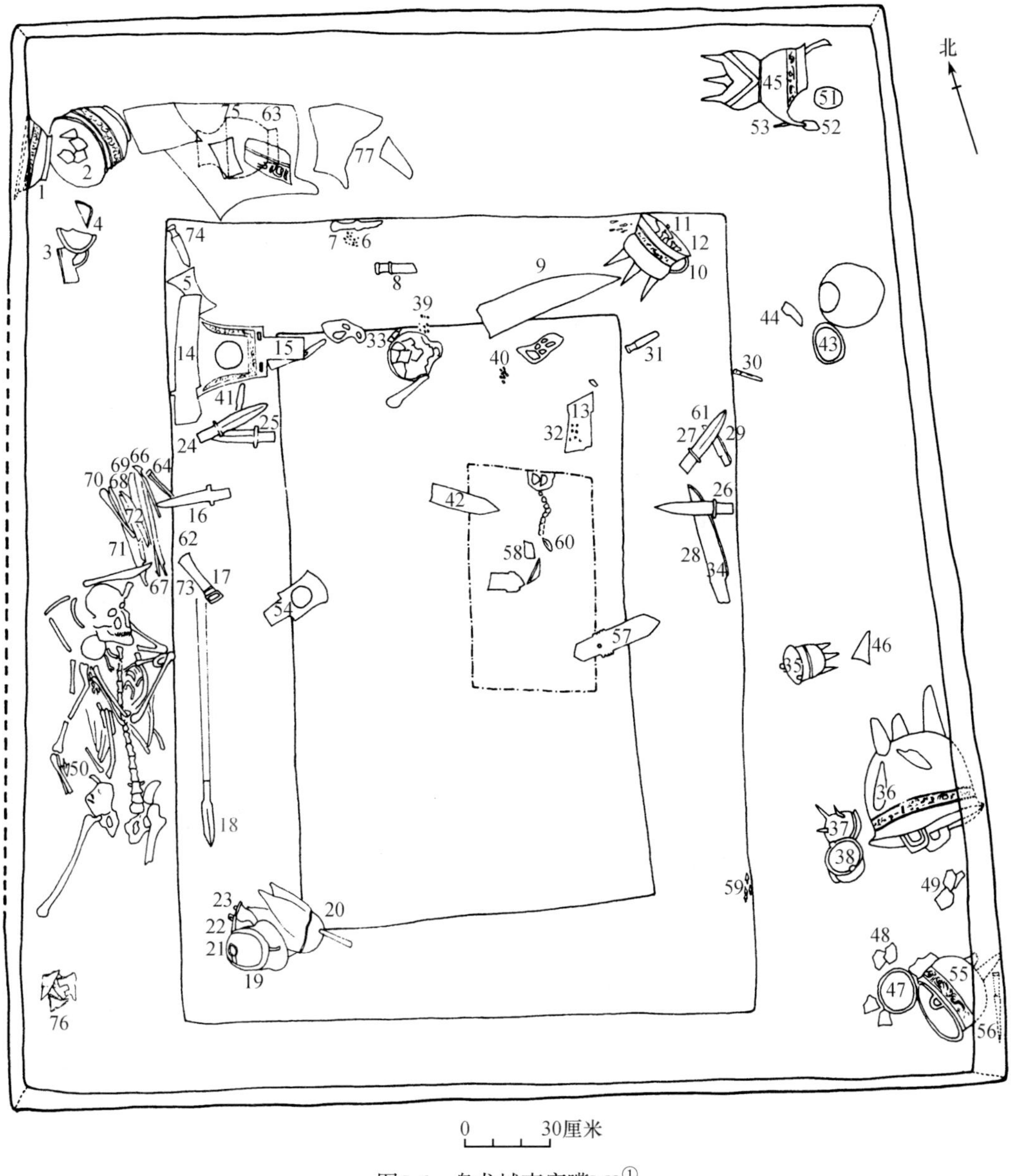

图5-6　盘龙城李家嘴M2①

1. 铜盘　2. 铜簋　3. 铜甗　4. 陶尊　5. 铜觚　6. 铜刀　7. 绿松石　8. 玉柄形器　9. 铜镞　10、19、22. 铜斝　11、12、21、23. 铜爵　13、14. 玉戈　15. 铜钺　16. 铜戈　17. 铜锛　18. 铜矛　20. 铜盉

① 湖北省文物考古研究所：《盘龙城：1963年～1994年考古发掘报告》，文物出版社，2001年，154页。

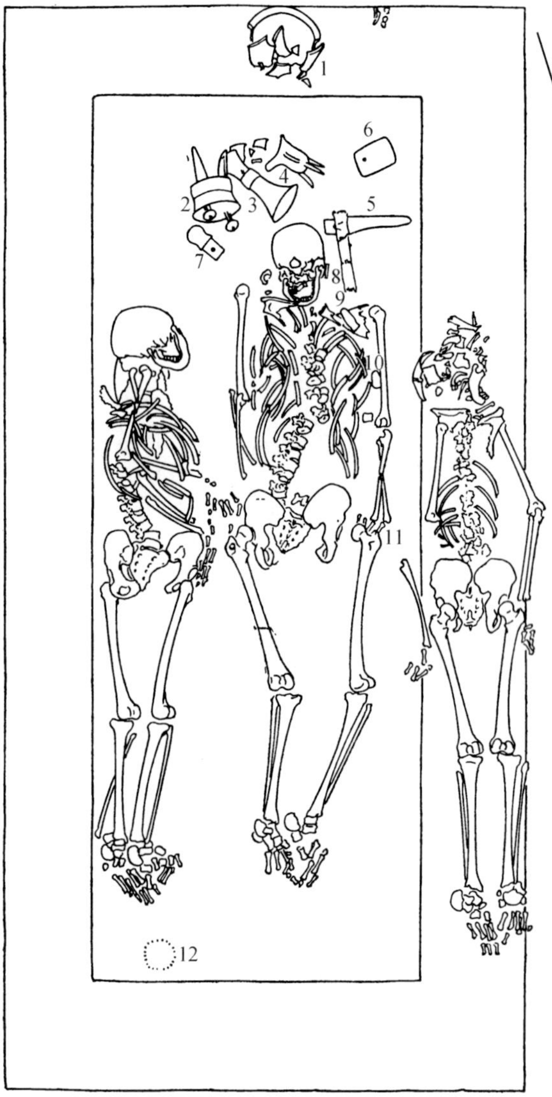

图5-7　藁城台西M85[①]

1. 陶簋　2. 铜斝　3. 铜觚　4. 铜爵　5. 铜戈

6. 玉斧　7. 石器　8. 玉石嵌饰

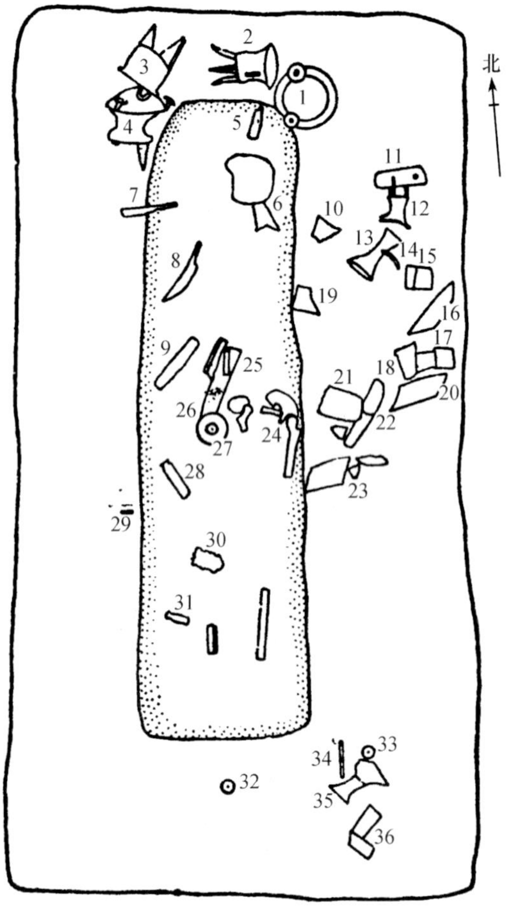

图5-8　郑州北二七路M1[②]

1、2、4. 铜斝　3. 铜鼎　5. 铜片

12. 铜爵　13、35. 铜觚

---

① 河北省文物研究所：《藁城台西商代遗址》，文物出版社，1985年，155页，图九三：2。

② 河南省文物研究所：《郑州北二七路新发现三座商墓》，《文物》1983年第3期，67页，图一四。

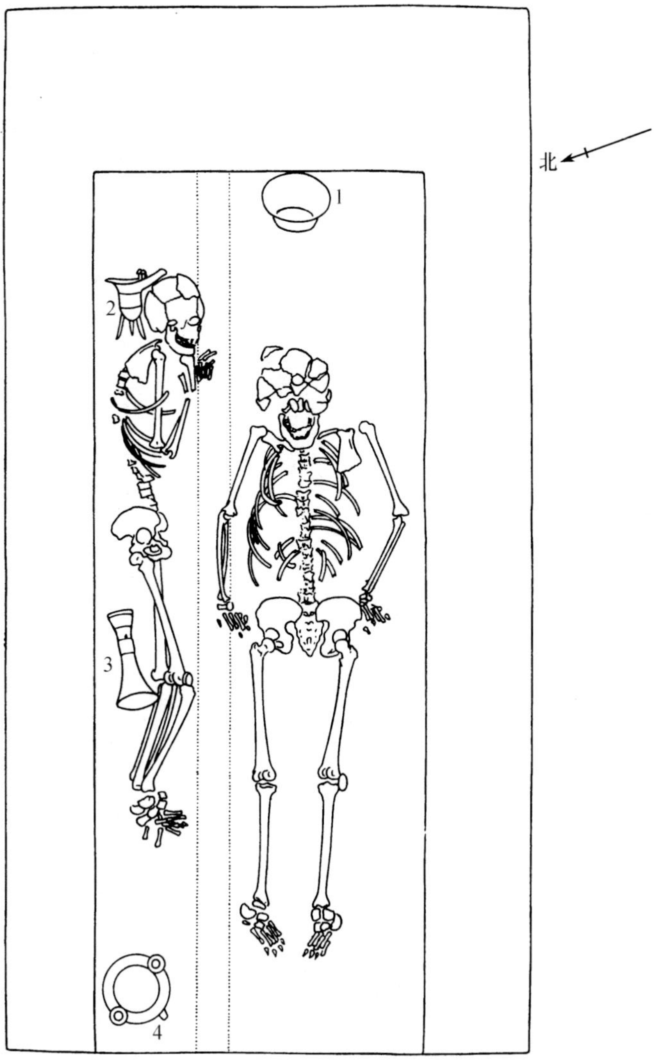

图5-9　藁城台西M36①

1. 陶盆　2. 铜爵　3. 铜觚　4. 青铜斝

这些多样的摆放方式反映出青铜爵、觚、斝组合方式的多样性与灵活性，从侧面反映出青铜觚对爵、斝组合产生了强烈冲击。

在这一时期还有一个值得注意的现象，在一期晚段，青铜爵有时放在青铜斝腹内，到了二期，青铜爵往往置于青铜尊腹内，说明青铜爵与青铜尊的关系日益密切，而与青铜斝的关系日益疏远。例如，在盘龙城PYWM7中，青铜爵皆置于青铜尊腹内。

① 河北省文物研究所：《藁城台西商代遗址》，文物出版社，1985年，152页，图九一：1。

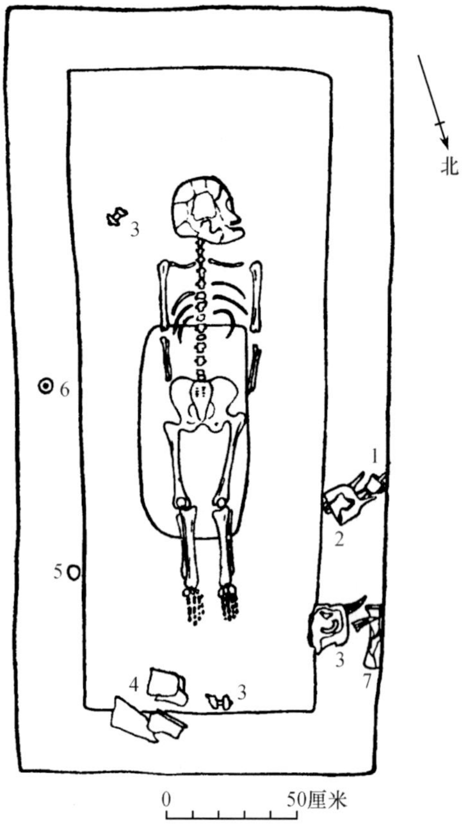

图5-10 三家庄M3①

1. 铜斝 2. 铜爵 3. 铜觚 4. 铜簪 5. 玉饰

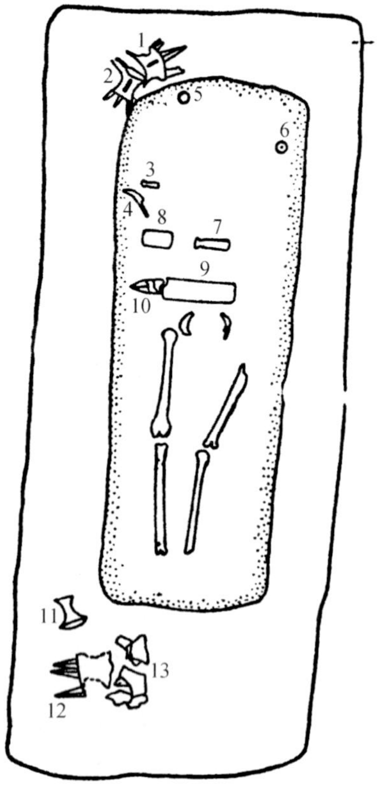

图5-11 郑州北二七路M2②

1、12. 铜斝 2. 铜爵 4. 铜刀 11. 铜觚

三期早段出土青铜斝的墓葬有15座，经科学发掘、墓葬信息完整的墓葬有14座，其中有8座墓葬有平面图，可知器物位置，包括大型墓2座，中、小型墓各3座，花园庄东地M60器物多为碎片，故有7座墓葬可作为研究对象。由于此段墓葬随葬器类较多，器物摆放较为复杂，不易分类，故按单位分别介绍。2座大型墓：小屯M5（图5-12），青铜斝和青铜尊的关系极为密切，在椁顶和墓底，青铜斝都和青铜尊紧密摆放在一起。殷墟花园庄M54（图5-13），青铜尊、罍、斝、爵、觚、觥摆放在脚底侧。3座中型墓：小屯M18（图5-14），青铜爵、尊在墓主身体一侧，在墓主脚底，以青铜尊、卣为中心，青铜觚、斝、爵在两侧基本成对称分布。大司空M539（图5-15），铜罍、爵、觚、觯摆放在墓主的腿外侧，青铜爵、觚、斝、卣摆放在另一腿的外侧。罗山天湖M12

① 中国社会科学院考古研究所安阳工作队：《安阳殷墟三家庄东的发掘》，《考古》1983年第2期，127页，图二：（三）。

② 河南省文物研究所：《郑州北二七路新发现三座商墓》，《文物》1983年第3期，67页，图一四。

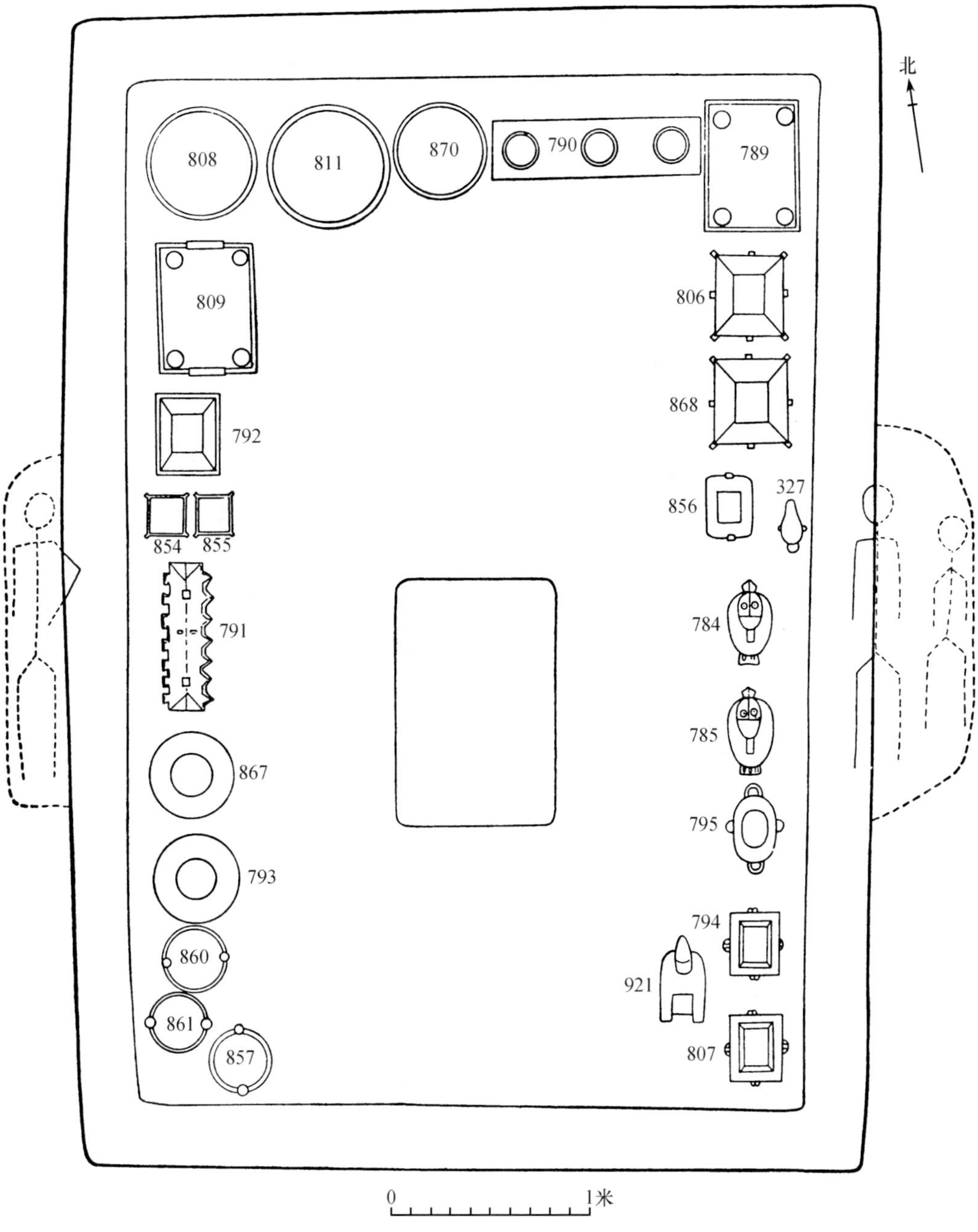

图5-12　安阳小屯M5[①]

811. 盂　808. 大圆鼎　806、868. 方尊　856. 方罍　827. 觥　794、807. 方壶　792. 方尊　854、855. 方斝

791. 偶方彝　867、793. 圆尊　860、861、857. 圆斝　789. 大方鼎　790. 三联甗架　870. 联体甗

① 中国社会科学院考古研究所：《殷墟妇好墓》，文物出版社，1980年，14页，图七。

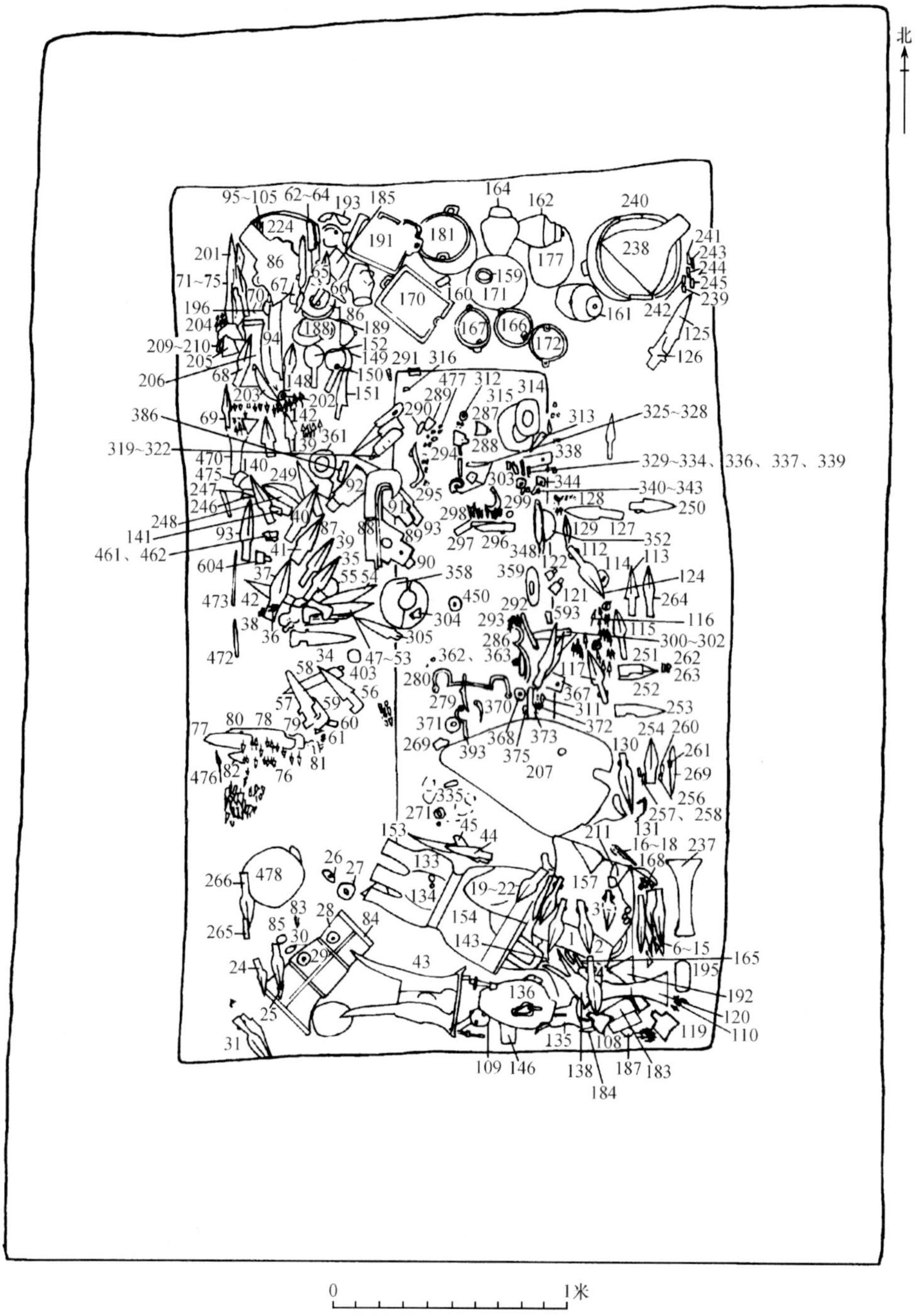

图5-13　殷墟花园庄M54①

43. 方斝　84. 方尊　109、135、138、153、165、184. 爵　120、192、205、206、237、470. 觚　136. 罍

146. 觥盖　183. 方彝　187. 斗　195. 觥

① 中国社会科学院考古研究所安阳工作队：《河南安阳市花园庄54号商代墓葬》，《考古》2004年第1期，9页，图三。

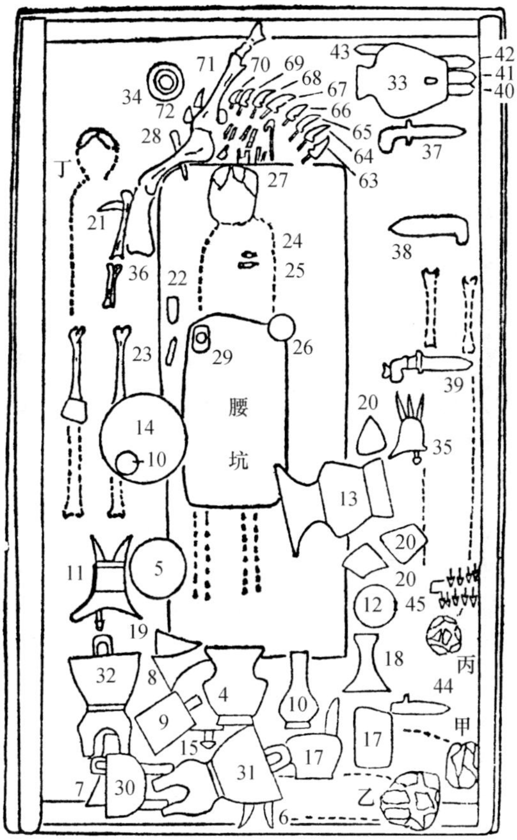

图5-14　小屯M18①

4、13. 铜尊　5. 铜簋　6、11、35. 铜爵　7、8、16、18、19. 铜觚　10.铜卣　15、17. 铜斝　33. 铜罍
50、51. 铜爵

（图5-16），器类较少，铜爵、觚、斝摆放在一起，与小型墓老牛坡M44一致。罗山天湖M8（图5-17），陶尊、青铜卣在中间，青铜爵、觚在一侧，青铜斝在另一侧。

通过分析三期早段墓葬中酒器的相关位置可知：青铜斝与铜爵的关系疏远，而铜爵、觚组合渐成定制。青铜斝与铜尊关系较为密切，铜尊、卣组合在墓葬中凸显出来。

三期晚段出土青铜斝的墓葬有24座，经科学发掘的、信息完整墓葬有22座，其中有10座墓葬有平面图，滕州前掌大M213随葬器物多打碎，故有9座墓葬可作为研究对象，且全部为中型墓。根据酒器的摆放位置大体可分为三种情况：①酒器聚集于墓葬的一处位置，如GM269（图5-18），青铜尊、卣、爵、觚、斝集中摆放在头顶。此类墓葬还有天湖M41和GM1713。②酒器集中摆放于墓葬两处位置，如郭庄北M6（图

① 中国社会科学院考古所安阳工作队：《安阳小屯村北的两座殷代墓》，《考古学报》1981年第4期，492页，图一。

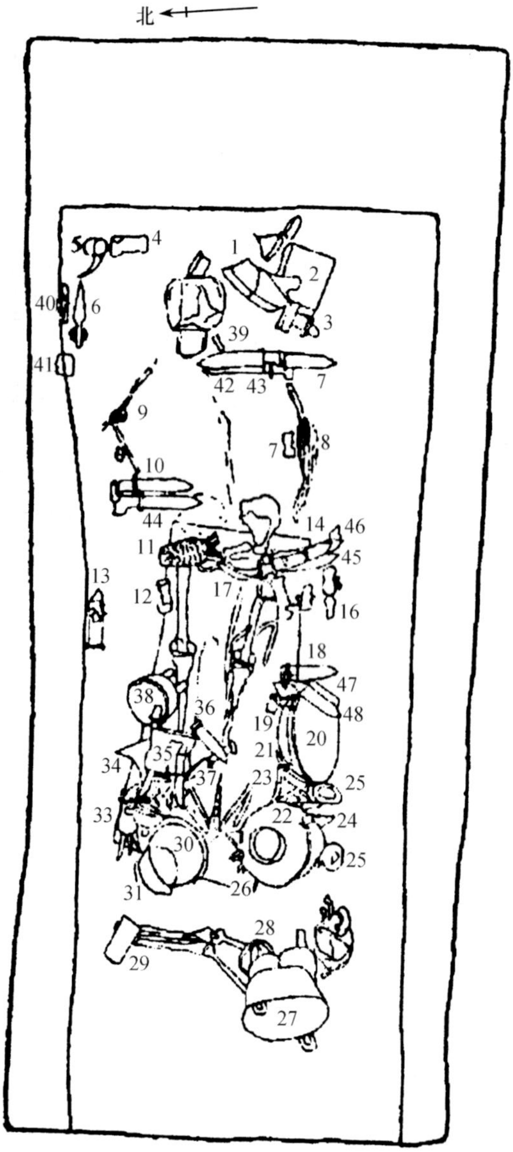

图5-15　安阳大司空M539①

1. 陶盘　2. 铜箕形器　3、7、10、13、14、18、42～48. 铜戈　4. 铜銎斧　5. 铜斗　6. 铜矛　8、26. 铜镞　9、39. 玉管　11. 石鱼　12、15、19. 铜锛　16. 铜斗柄　17. 铜弓形器　20. 铜盘　21. 铜斝盖　22. 铜罍　23、34. 铜觚　24、33. 铜爵　25. 铜觯　27. 铜甗　28. 陶豆　29. 铜锛　30. 铜簋　31. 蚌壳　32. 铜卣　35. 铜斝

① 中国社会科学院考古研究所安阳工作队：《1980年河南安阳大司空村M539发掘简报》，《考古》1992年第6期，510页，图一。

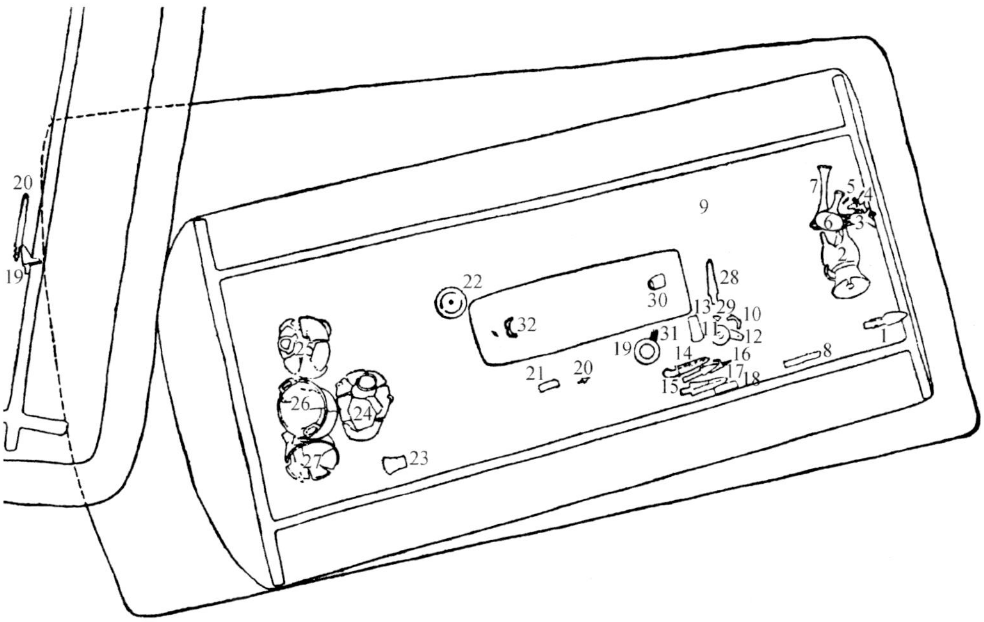

图5-16　罗山天湖M12①

1. 铜矛　2. 铜斝　3、4. 铜爵　5. 玉簪　6、7. 铜觚

5-19），青铜爵、觚、觯摆放在脚侧，青铜尊、卣、罍、爵、觚、斝摆放在头顶。此类墓葬还有郭家庄M160、刘家庄北M9。③酒器集中摆放于墓葬三处位置，如戚家庄东M269（图5-20），青铜尊、卣、爵、觚摆放在一处，青铜方彝、尊、罍摆放在一处，青铜尊、斝摆放在一处。

三期晚段，在青铜礼器组合中，爵、觚组合成为定制，青铜斝多位于酒器群的外围，地位明显下降。青铜斝在墓葬中的位置多与尊、卣、罍等盛酒器较近，表明其功能发生了演变，已经作为盛酒器使用。

四期出土青铜斝的墓葬有9座，有8座墓葬有平面图，可知器物位置。其中大型墓1座，中型墓6座，小型墓1座。大型墓：鹿邑太清宫长子口墓（图5-21），随葬铜器数量大，集中放置于北椁室和西椁室，青铜爵、觚、觯、斝近距摆放于北椁室，青铜尊、卣、罍、爵、觚、觥近距摆放于西椁室。其余墓葬随葬酒器摆放情况有两种：①酒器集中摆放于墓葬一处，如小型墓北窑西周墓（图5-22），青铜尊、卣、爵、觚、斝摆放于头顶，青铜斝较靠外。②酒器集中摆放于墓葬两处位置，如滕州前掌大M38（图5-23），铜爵、觚、觯、卣摆放在一起，青铜斝和罍摆放在头顶，但距离较远。

本期墓葬中青铜斝的地位明显衰落，表现在数量少，体量较小，在墓葬中的位置，或单独摆放在一起，或处在酒器群的外围。

---

① 河南省信阳地区文管会、河南省罗山县文化馆：《罗山天湖商周墓地》，《考古学报》1986年第2期，156页，图五。

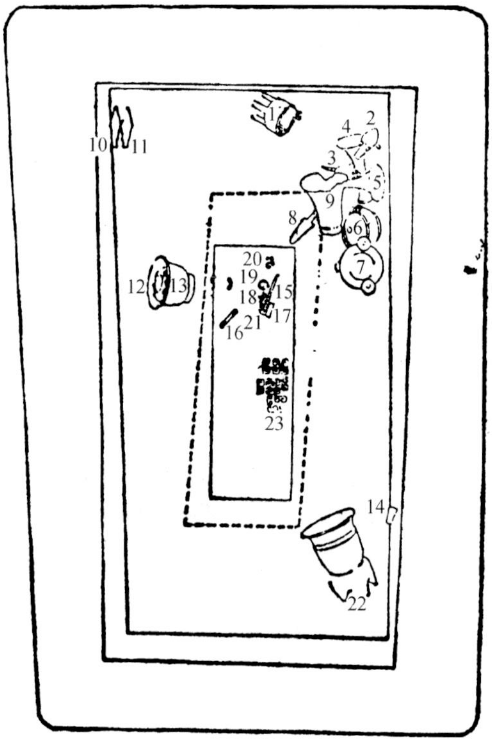

图5-17　罗山天湖M8①

1. 铜鼎　2、3. 铜爵　4、5. 铜觚　6. 铜卣　7. 青铜斝　8. 铜戈　9. 陶尊　10、11. 铜矛

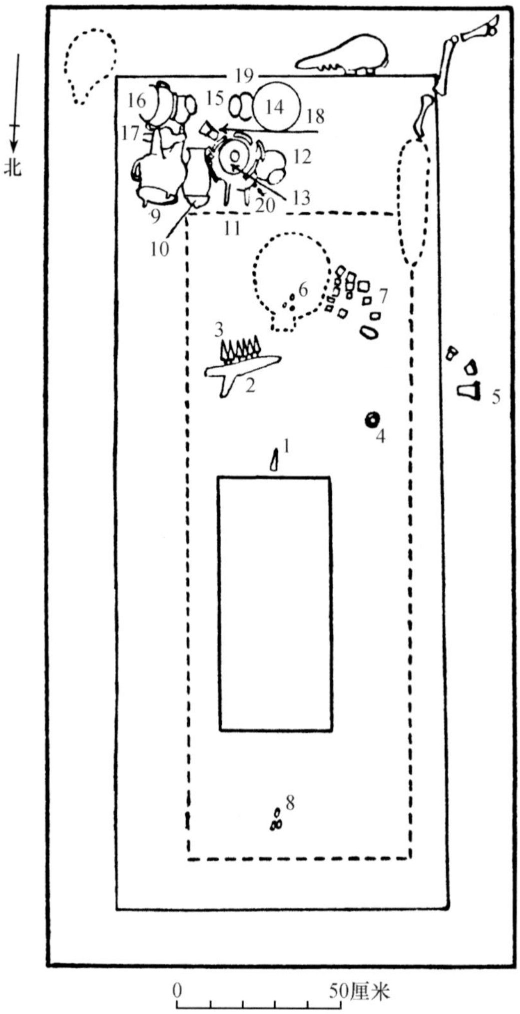

图5-18　安阳殷墟GM269②

1. 小玉戈　2. 铜戈　3. 铜镞　4. 陶觚　5. 陶盘　6、8. 贝　7. 石璋　9. 青铜斝　10. 铜卣　11、17. 铜爵　12、13、15、19. 陶盂　14. 铜尊　16. 铜簋　18. 铜觚　20. 铅锛

---

① 河南省信阳地区文管会、河南省罗山县文化馆：《罗山天湖商周墓地》，《考古学报》1986年第2期，157页，图六。

② 中国社会科学院考古研究所安阳工作队：《1969～1977年殷墟西区墓葬发掘报告》，《考古学报》1979年第1期，52页，图三七。

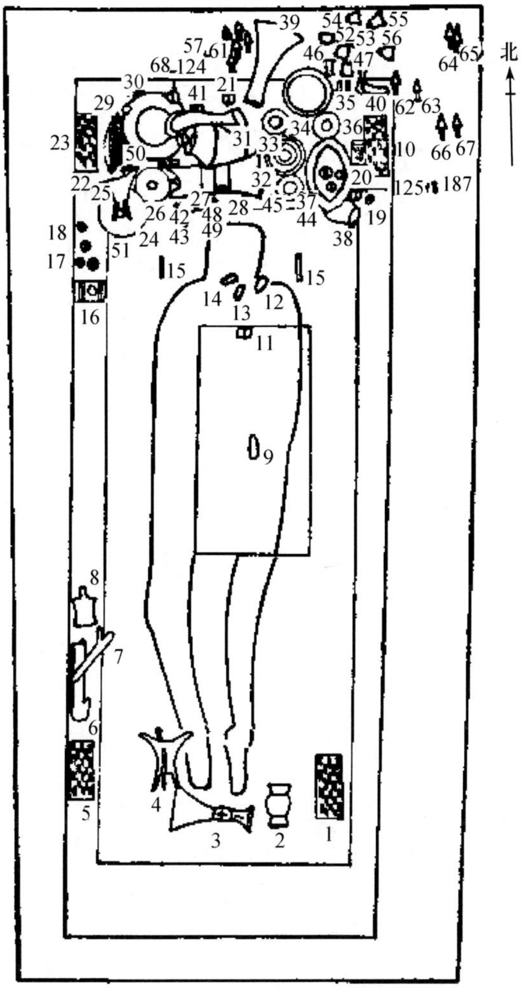

图5-19　安阳郭庄北M6①

1、5、10、15、22. 蚌器　2. 铜觯　3. 铜觚　4. 铜爵　6. 铜刀　7. 铜戈　8. 铜钺　9、11～14. 玉饰　16～21、41、44、68～187. 马饰　23、57～67. 铜镞　24. 铜甗　25、51. 铜爵　26、50. 铜觚　27. 铜斝　28. 铜尊　29. 铜卣　30. 铜罍

---

① 安阳市文物工作队：《河南安阳郭庄村北发现一座殷墓》，《考古》1991年第10期，903页，图一。

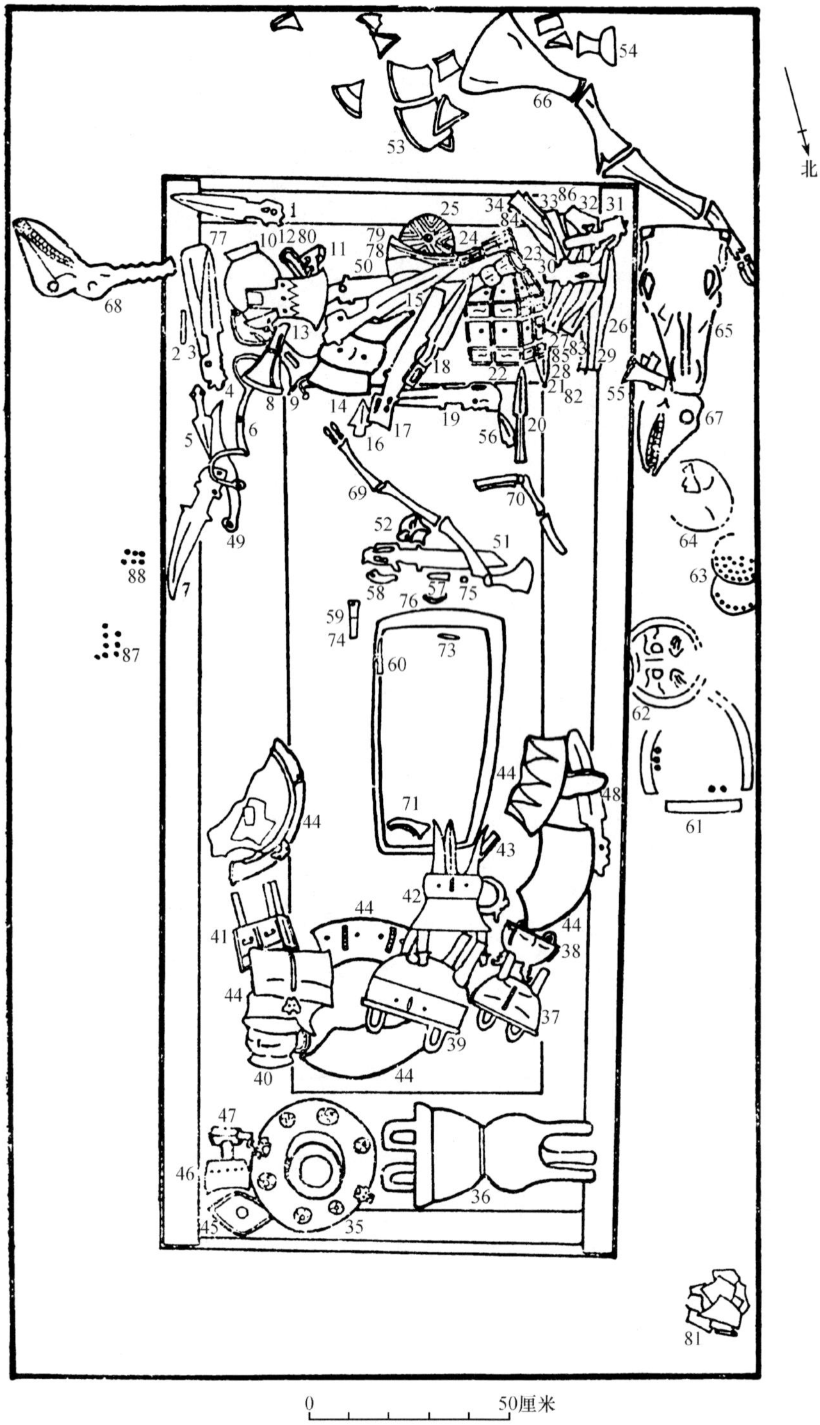

图5-20　戚家庄东M269①

1、4、7、15、17、19、21、30～32、48、51.铜戈　2、3.铜刀　5、20.铜矛　6.铜弓形器　7、24.铜觚　8、24.铜觚　9、12.铜爵　10.铜卣　11.铜斧　13.铜钺　14.铜尊　16、18.铜戈　22.铜方彝　23.铜觚　25.铜器盖　26～29、33、34.铜矛　35.铜罍　36.铜甗　37～39、41.铜鼎　40.铜簋　42.铜斝　43.铜凿　44.铜尊

① 安阳市文物工作队：《殷墟戚家庄东269号墓》，《考古学报》1991年第3期，329页，图三。

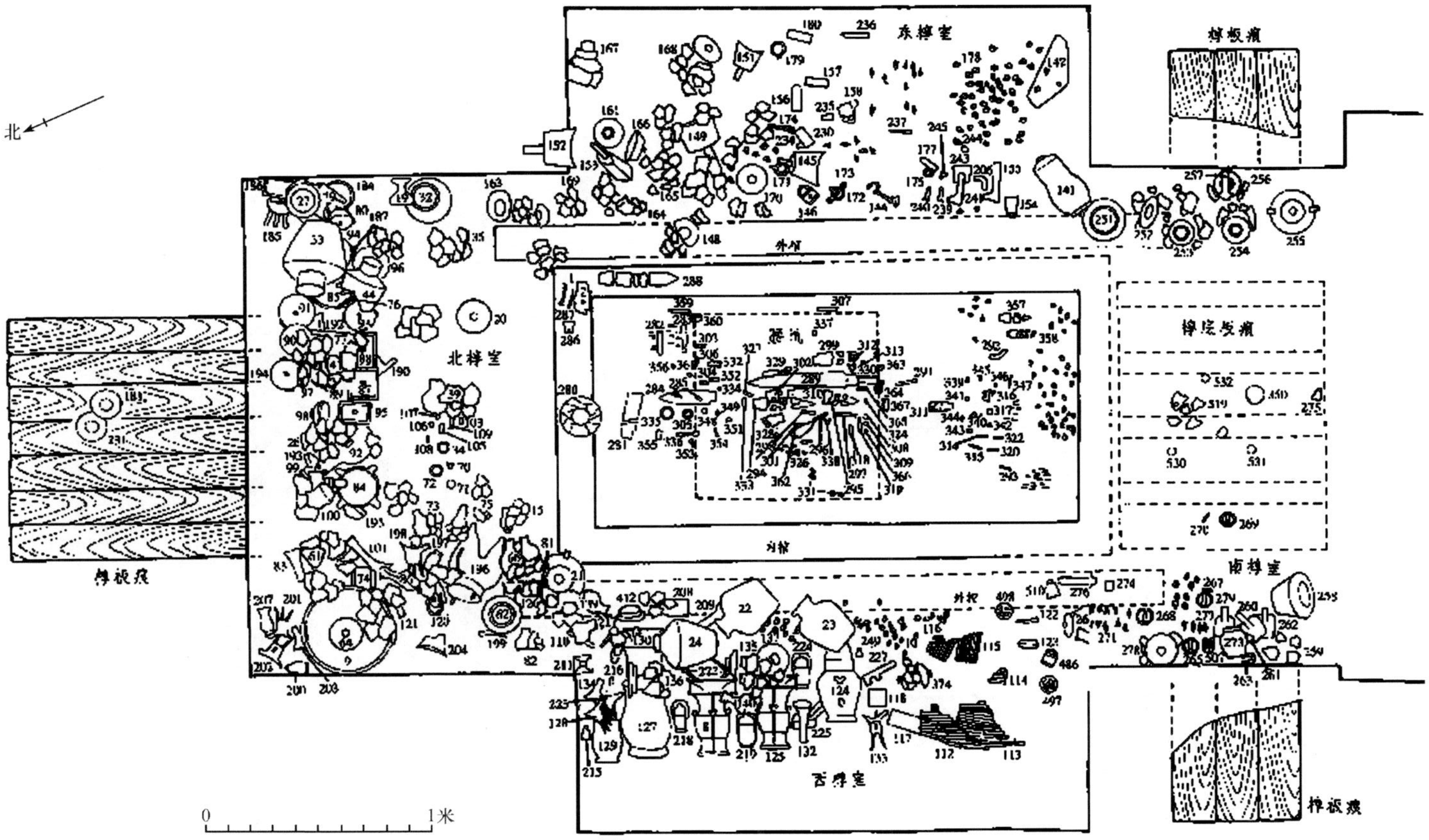

图5-21　鹿邑太清宫长子口墓[①]

4～6、9、12、29、43、46、88、91、93、95、101. 铜鼎　13. 铜卣　15. 铜觯　42. 铜甗　89、90. 铜鬲　92. 铜觥　130、222 长子口方罍　132. 铜觚　133、134. 铜爵　196. 戈丁圆罍

① 河南省文物考古研究所、周口市文化局：《鹿邑太清宫长子口墓》，中州古籍出版社，2000年，13页，图八。

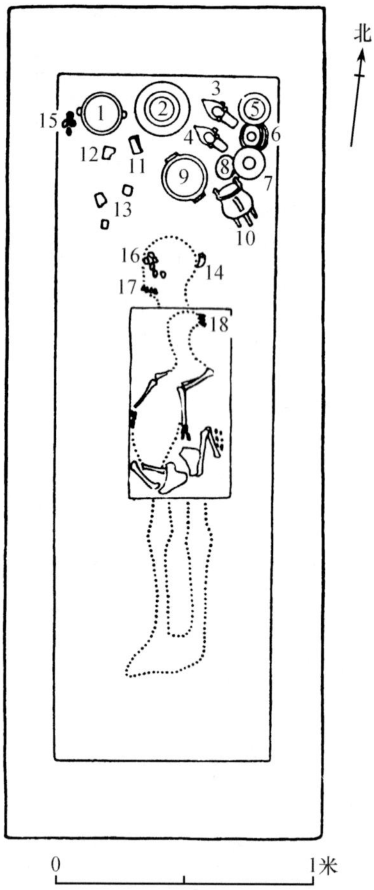

图5-22　洛阳北窑西周墓①

1. 铜簋　2. 陶罐　3、4. 铜爵　5. 铜尊　6. 铜卣　7. 铜觚　8. 铜觯　9. 铜鼎　10. 铜斝　11. 铜锛

① 洛阳博物馆：《洛阳北窑西周墓清理记》，《考古》1972年第2期，35页，图一。

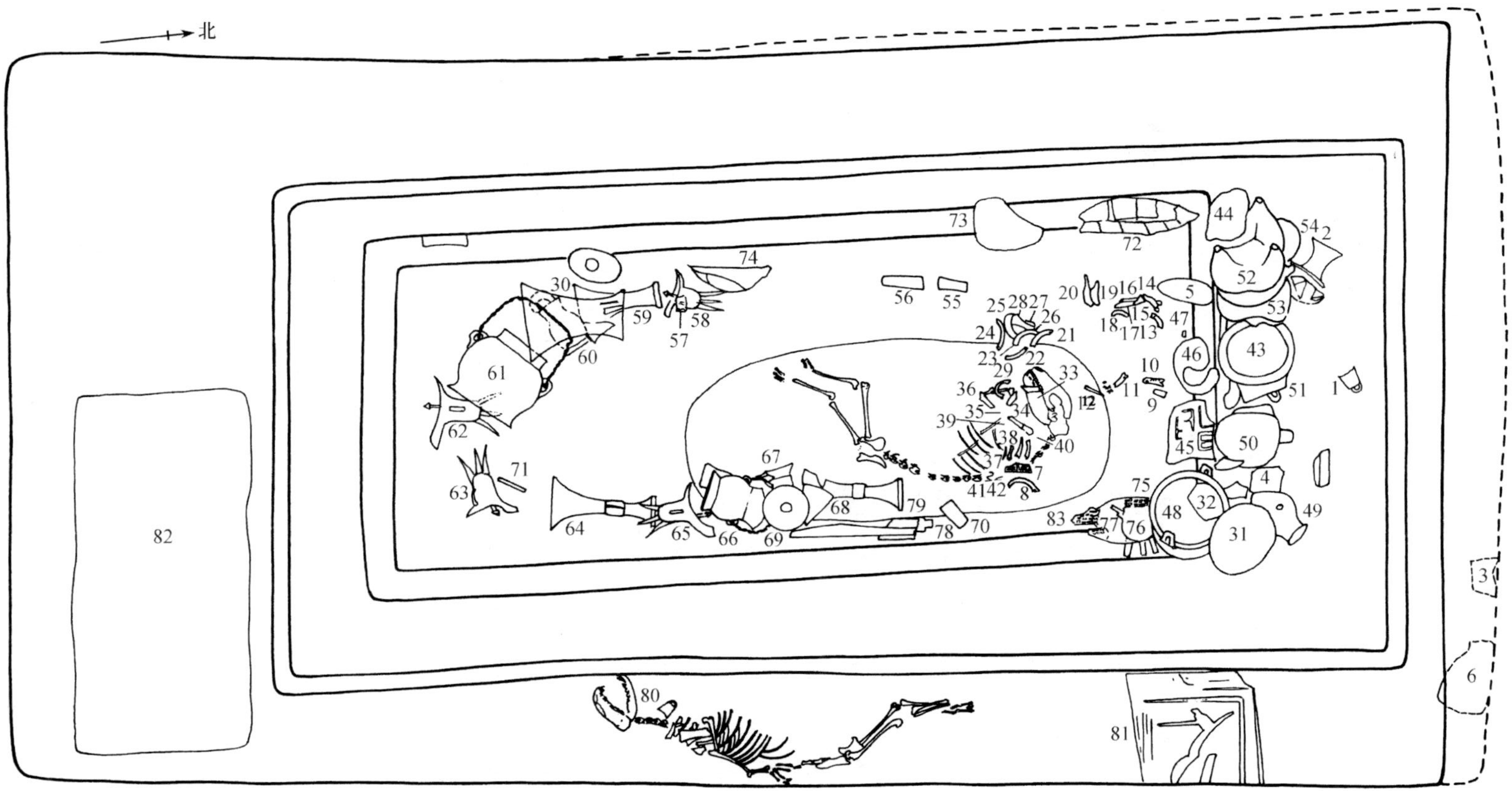

图5-23　滕州前掌大M38①

49. 铜罍　52. 铜斝　58、62、63. 铜爵　59、68. 铜觚　60. 铜觯　61. 铜卣

① 中国社会科学院考古研究所，《滕州前掌大墓地》，文物出版社，2005年，83页，图五七。

第六章　青铜斝与其他器类的关系

第一节　青铜斝与其他器类的相生关系

张懋镕师精辟地指出，“经过多年观察，我们认为古代青铜器器形之间的关系主要有三种：①派生关系，②相生关系，③更替关系”，“相生关系是指两类不同的青铜器在发展演进过程中，由于组合关系，或者形态、用途、功能相近的缘故，相互吸引，相互影响，从而产生一种在形制上介乎于二者之间的新品种”[①]。青铜斝在演变过程中，也受到其他器类的影响，虽未产生新的品种，但是形制上受到的影响还是显而易见的。例如，商代早中期青铜爵对青铜斝形制的影响，商代晚期青铜尊对青铜斝形制的影响。

青铜爵是目前考古发现时代最早的青铜器器类，在酒器中的地位非常高，青铜斝在二里头文化四期出现后，便逐渐取代陶盉而与青铜爵组成酒器中的核心组合。由于其组合关系，且功用相近，青铜爵的形制便对青铜斝产生了影响。青铜爵和青铜斝形制相似之处，如口沿上立有两柱，体侧有一鋬，腹下接三足，早已为学者所熟知。我们认为，除以上较易观察到的几点之外，在商代早、中期时候，青铜爵和青铜斝腹部形制也有较大一致性。例如，偃师二里头遗址出土的素面爵（ⅧT22③：6）[②]（图6-1，1），素面爵（ⅢM2：2）（图6-1，3）[③]，都属于二里头文化三期，这一时期的青铜爵已经是弧鼓腹。目前发现的青铜斝最早出现在二里头文化四期，腹部形制为扁圆鼓形，即Aa型青铜斝。商代早期始出现弧鼓腹的Ab型和Ac型青铜斝，如偃师二里头遗址出土的素面斝（M9：1）（图6-1，2）[④]，河南省博物馆藏兽面纹斝（豫0016）（图6-1，4）[⑤]。前文已经指出，商代早期，青铜爵、斝成为酒器中的核心组合，青铜

---

① 张懋镕：《试论中国古代青铜器器类之间的关系》，《古文字与青铜器论集》第2辑，科学出版社，2006年，133～141页。

② 偃师县文化馆：《二里头遗址出土的铜器和玉器》，《考古》1978年第4期，270页。

③ 中国社会科学院考古研究所二里头队：《1980年秋河南偃师二里头遗址发掘简报》，《考古》1983年第3期，202页。

④ 中国社会科学院考古研究所二里头工作队：《1984年秋河南偃师二里头遗址发现的几座墓葬》，《考古》1986年第4期，320页，图四下。

⑤ 河南出土商周青铜器编辑组：《河南出土商周青铜器》（一），文物出版社，1981年，图版四六。

斝的形制显然受到青铜爵的影响，这种趋势一直持续到商代中期，如上海博物馆藏弦纹爵（图6-1，5）[①]，腹部为圆筒形，这种形制的青铜爵主要流行于商代早期偏晚和商代中期，而与此同时，同样腹部为圆筒形的Ad型青铜斝，如郑州北二七路M1出土的兽面纹斝（M1：4）（图6-1，6）[②]，也大为流行。

商代中期偏晚开始出现卵形腹青铜爵，而青铜斝并未出现腹部为卵形的器形。这是由于这一时期，青铜器中“爵觚”组合逐渐取代了“爵斝”组合，两者关系不似以前紧密，这从两者在墓葬中的位置也可看出，商代晚期，青铜爵、斝的摆放不似青铜爵、觚紧密，故青铜爵、斝腹部形制自然有了较大差异。

商代晚期，由于青铜斝与青铜尊关系密切，从其在墓葬中的位置可以看出，如小屯M5和小屯M18，青铜斝与青铜尊紧密摆放在一起，且这一时期青铜斝的功能由滤酒器变为了容酒器，两者功能相同，青铜斝形制受到青铜尊的影响，产生了新的形制，即Da型方斝。例如，方尊（《全集》3-109）（图6-2，1）[③]与妇好大方斝（M5：855）（图6-2，2）[④]形制

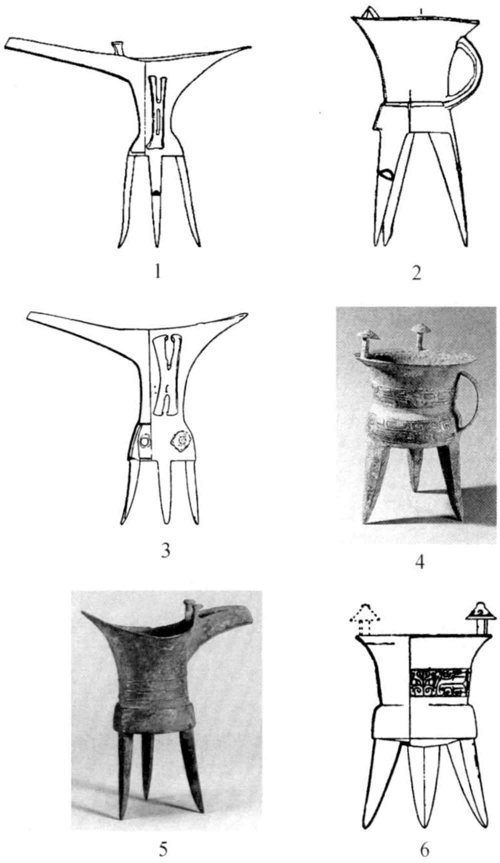

图 6-1　青铜爵与青铜斝腹部形制比较

1. 素面爵（ⅧT22③：6）2. 素面斝（二里头M9：1）3. 素面爵（二里头ⅢM2：2）4. 兽面纹斝（豫0016）5. 弦纹爵（上博）6. 兽面纹斝（北二七路M1：4）

图6-2　形制相似的青铜尊与青铜斝

1. 方尊（《全集》3-109）　2. 妇好大方斝（M5：855）

---

① 陈佩芬：《夏商周青铜器研究》，上海古籍出版社，2004年，38页。

② 河南省文物研究所：《郑州北二七路新发现三座商墓》，《文物》1983年第3期，69页，图一七：2。

③ 中国青铜器全集编辑委员会：《中国青铜器全集》卷3，文物出版社，1996年，图版109。

④ 中国社会科学院考古研究所：《殷墟妇好墓》，文物出版社，1980年，彩版一〇：1。

有较多相似性。器身分段明显，装饰都非常华丽，器身四隅和壁中央都有扉棱装饰。

第二节　青铜斝与分裆鬲、罐形鼎的辨别

李济先生曾指出，青铜斝有两点不变的特征：①口上有两柱；②身旁有一鋬。若由两柱脚所在定一直线，这一条线的方向与鋬弓抛出的方向就构成了一正角的“T”字形①。

从商代晚期开始出现两种形制较为特殊的青铜器，一种形制似斝似鼎，一种形制似鬲似斝。B型和C型青铜斝在商代晚期出现一种无柱的形制，这种形制的青铜斝数量不多，分别与鼎、鬲相似，但体侧有一鋬。对于其定名，学术界存在分歧，我们需要加以讨论。

与青铜斝形制相似不好区别的主要是商代早期到西周早期的高领分裆袋足鬲，与之相对的是鬲形斝，它们在时代上有重合，形制又相似，故比较难区别，但通过分析青铜斝的演变脉络，解决这个问题也并不困难。主要区别有以下几点。

（1）多数青铜斝口沿上立有两柱，在一期时，多偏在口沿一侧，二期时才开始在口沿上对称而立。也有少量青铜斝口沿上无柱。鬲口沿上多立有两耳，这是一个比较明显的区别，开始为四点配列式，商代中期以后为五点配列式。

（2）青铜斝体侧有一鋬，这是由其功能决定的。青铜斝在一、二期的时候，主要是用作滤酒器，鋬的功能就是用来执斝。《管子 · 侈靡第三十五》：“柰其斝辱，知神次者，操牺牲与其圭璧，以执其斝。”商代早、中期，在考古发掘中，极少发现青铜斝与斗伴出，从侧面表明青铜斝中的酒液不是用斗挹取的，而是倾倒的。鬲为饪食器，一般不需要倾倒，而是用勺或匕往外盛取，故不需要鋬。

（3）从陶鬲形斝的发展脉络来看，Cb型陶斝一直都有无柱的形制，与无柱青铜斝形制相似，也可证明这种器物应称斝而不是鬲。

所以，我们认为有鋬无柱的器物应命名为斝而不是鬲。

还有一种器物，整体似鼎又似斝，无柱有鋬，这种形制的器物主要出现在商代晚期，我们认为应将其称之为斝。与鼎的形制接近的主要是罐形斝，1976年6月出土于侯家庄王陵区东区的M229的带鋬鼎（WBM229：2）②，通高19、口径16厘米，重3.8千克。以及带流有鋬鼎，如小屯M5中的妇好带流鼎，此式鼎的数量并不多，严志斌、洪梅认为此种器物应称为觥③。我们认为区分这两种器物，要从以下两个方面来分析。

① 李济：《斝的形制及其原始》，《李济文集》· 卷3，上海古籍出版社，2006年，652页。

② 中国科学院考古研究所安阳发掘队：《安阳殷墟奴隶祭祀坑的发掘》，《考古》1977年第1期，27页。

③ 严志斌、洪梅：《殷墟青铜器》，上海大学出版社，2008年。

（1）从墓葬的器物组合来看。

原报告认为，M229中出土器物为大铜鼎1件、小铜鼎1件、铜斗1件（图6-3）。斗为挹酒器，鼎为炊食器，不能搭配使用，斗应该和酒器搭配使用。故报告中称之为小铜鼎的器物应是青铜斝。

（2）上文已经指出，鋬是决定器物是否为青铜斝的关键因素，这是由其功能决定的。鼎作为炊食器，不需要有鋬。

故带鋬的类似于罐形鼎的器物仍应命名为斝。

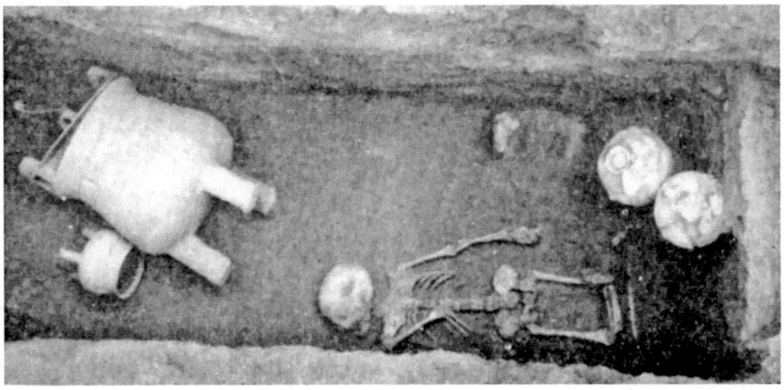

图6-3　M229平面图[①]

① 中国科学院考古研究所安阳发掘队：《安阳殷墟奴隶祭祀坑的发掘》，《考古》1977年第1期，图版肆：2。

第七章　陶斝研究——兼论陶斝与青铜斝的渊源关系

第一节　陶斝定名、功用及起源研究

一、陶斝的定名与功用

什么形制的陶器称之为陶斝，学术界目前并没有明确的定义。我们习称为陶斝的器物是指有腹能容物，且有三袋足的陶器，也有学者根据陶斝的具体形制特征将其命名为釜形斝、盆形斝或罐形斝的。然近年也有学者对这一传统命名提出质疑，如吕琪昌认为所谓的陶斝无柱、无鋬，且功能为炊粥器，这与青铜斝都不符，所以上述器物不应称为陶斝①。我们认为这种看法是不成立的，有无柱并不是陶斝的决定性因素，因为商代晚期有为数不少的青铜斝也没有柱，而且有些与青铜斝形制一致的陶斝也没有柱，如郑州南关外遗址中层出土的鬲形斝就没有柱，因此，我们认为吕先生的质疑似不成立，学界对于陶斝的定名是可从的。

我们将与青铜斝形制相同或相近的陶器命名为陶斝，目前所见时代最早的陶斝出现于二里头文化三期，发现于偃师二里头遗址，即H13出土的夹砂红陶斝②。在诸多考古报告、发掘简报中也经常有名斝的器物存在，最早出现于庙底沟二期文化，流行于龙山文化时期，主要分布于河南大部、山西中南部和陕西关中地区。器名虽同曰斝，但比较其器形不难发现，二里头文化三期的陶斝与庙底沟二期及龙山文化时期的陶斝既有渊源，又有区别。我们认为不妨将庙底沟二期、龙山文化时期的今名陶斝的器物称为原始陶斝，以示两者之间的区别，又表明了两者发展演变的渊源关系。在夏文化与周边考古学文化交流过程中，原始陶斝吸取了源于东方的陶鬶的一些因素，器形上产生了突变，最终在二里头文化三期时产生了陶斝。二里头文化四期，随着青铜冶铸技术的提高和贵族对青铜酒器的追求，仿陶斝形制的青铜斝产生了。

在陶斝流行时期和地域内，还往往有另外一种三袋足形器——陶鬲并存，两者功

① 吕琪昌：《青铜爵、斝的秘密》，浙江大学出版社，2007年。

② 中国社会科学院考古研究所：《偃师二里头》，中国大百科全书出版社，1999年，204页。

用相似，应都为煮粥器，差别主要在于，陶斝整器明显由器腹和三袋足组成，容物的部分主要在器腹部，陶鬲则由三袋足加领部组成，容物的部分主要在三袋足。形制上的差异是由制陶工艺的差别造成的。

从考古发现的实际情况看，陶斝多出于灰坑或房址，较少出于墓葬，应该是一种实用器。陶斝器底往往有烟炱痕迹，显系置于火上烧烤所致，故应为炊煮器无疑，煮粥当是其重要的功能。器内又多有较厚的水垢，或亦可用于烧水，表明古人已知饮用开水。

二、原始陶斝的起源及演变

关于原始陶斝的起源地，目前学术界主要有三种不同的观点。

1. 北方说

苏秉琦先生认为“河曲（黄河拐弯处）地区发现早于五千年的小口尖底瓶与晚于五千年的袋足器在这里衔接，出现了最初形式的斝和瓮，即最早的袋足器也是北方与中原两个不同文化传统融合的产物”。“主要以河套东北一角为出发点，包括三北地带，约当距今五千年前后，由蛋形瓮这一当地主要文化特征因素与小口尖底瓶末期交错共存期间，结合形成三袋足瓮和斝”，故三袋足器“大概出现在北方地区，而不是中原地区”①。近年，田广金、郭素新根据“多年的田野调查和考古发掘，以及深入的研究”，重申此说②。

2. 中原说

张忠培先生认为“形态各异的斝，是黄河流域中游最早兴起的空三足器，兴起的年代则是在庙底沟二期文化时期”③。蒋志龙通过对釜形斝的研究对此说进行了补充，“釜形斝极有可能是禹县谷水河三期的高领折腹鼎和鬶长期共存、交流、融合而形成的”。最早出现地域，作者“倾向于在伊洛地区或晋西南的黄河南岸，伊洛地区的可能性最大，理由有三：①优越的地理位置；②成熟的物质条件；③外部因素”④。

3. 东方说

吕琪昌先生认为目前考古报告中称之为陶斝的器物并不是陶斝，并以郑州南关外遗址为出发点，认为其来自岳石文化。又依据泗水尹家城出土的一件带流斝，把陶斝

---

① 苏秉琦：《谈“晋文化”考古》，《文物与考古论集》，文物出版社，1980年，51页。

② 田广金、郭素新：《大青山下斝与瓮——读苏秉琦先生〈中国文明起源新探〉的启示》，《内蒙古文物考古》1997年第2期，24～28页。

③ 张忠培：《黄河流域空三足器的兴起》，《华夏考古》1997年第1期，39页。

④ 蒋志龙：《釜形斝研究》，《考古与文物》1995年第4期，50～63页。

和陶鬶联系起来，从而得出陶斝由陶鬶演变而来、商文化也是起源于山东的结论①。

依据目前掌握的资料，我们认为陶斝的起源可能是多元而非一元的。距今5000年前后，在伊洛地区和河套、三北地带几乎同时出现了陶斝，他们有各自产生的途径，应是独立起源的。因此，我们认为陶斝可能最早是在这两个地区几乎同时兴起的，但陶斝形制略有差异，中原地区主要是釜形斝，北方主要是罐形斝。釜形斝和罐形斝出现后便以其旺盛的生命力，向外传播，由于其产生地的不同，传播方向也不一致。釜形斝自产生后，就波浪式地向西、南、北传播。沿黄河、渭河向西传播到渭水中游，该地区的考古工作完整地描绘出了陶斝的演变脉络，釜形斝→罐形斝→单把罐形斝→单把斝式鬲→单把鬲。传播到汉水上游的釜形斝并未在当地发展起来。往北越过黄河抵达晋西南地区，产生出双鋬鬲；往东传播到豫北冀南②。北方的罐形斝出现后，往西南方向过黄河，在鄂尔多斯经过永兴店和白草塔三期的发展阶段后，成为发达的朱开沟文化的重要组成部分。向东经张家口地区与太行山东侧发生联系。沿汾河谷地南下，甚至影响到了先商文化区③。

第二节　陶斝类型学分析

陶斝数量多，延续时间长，形制富于变化，主要表现在器身、足部和鋬上，纹饰在不同时代也多有差异。我们根据陶斝形制的不同，参考制陶工艺的变化，把各地出土的陶斝统一划分为：A型，釜形斝；B型，罐形斝；C型，鬲形斝；D型，仿铜陶斝。其中，A型釜形斝和B型罐形斝为原始陶斝。

A型　釜形斝。我们在河南禹县谷水河遗址三期遗存中发现陶鬶和釜形鼎共存④，这是在黄河中游目前发现的年代最早的陶鬶，从形制上来看，釜形斝正是陶鬶和釜形鼎的综合体，应是两者长期共存、交流、融合的结果。

Ⅰ式：侈口，高领，圆肩，折腹，下接三袋足。

标本一，武功浒西庄H8：4（图7-1，1），泥质灰陶，敞口，窄平唇。短颈，折腹，下腹部急剧地折向裆部。三足上部拢聚一起，下部则以较大角度叉开。器身上半部近黑色，抹光，腹部拐折处有一道波浪形附加堆纹，其上留有许多制陶时留下的手指纹痕迹。腹下部为横篮纹。通高27.5、口径20、腹径21.8厘米。

---

① 吕琪昌：《青铜爵、斝的秘密》，浙江大学出版社，2007年。

② 张忠培：《黄河流域空三足器的兴起》，《华夏考古》1997年第1期，30～47页。

③ 苏秉琦：《谈“晋文化”考古》，《文物与考古论集》，文物出版社，1980年，50页。

④ 河南省博物馆：《河南禹县谷水河遗址发掘简报》，《考古》1979年第4期，300～307页。

该器是由上、下两部分组合而成。应是将三个预制的斝足拼合，并制出圆形向上平斜的腹底，形成斝腹之下部，然后使用榫卯结合的技术，与预制的斝腹之上部拼合，并贴附堆纹，形成整器，制作技术较为原始。

A型Ⅰ式釜形斝流行于庙底沟二期文化早期，目前主要发现于豫西和关中地区。

Ⅱ式：直口或喇叭口，高领，折腹，下接三袋足，三足上部连在一起。

标本一，垣曲古城东关ⅠH251：62（图7-1，2），灰褐陶。尖圆唇。腹下及足面饰较细密的横篮纹。三足用内模制成，内壁可见反向的竖篮纹。通高25、口径17.6、腹径21.5厘米。标本二，垣曲古城东关ⅠH101：21，灰陶。直口，袋足肥大略厚，足内壁有反向的竖斜篮纹，器形很不规整。通高22、口径14、腹径16.5厘米。

A型Ⅱ式釜形斝流行于庙底沟二期文化早期，在晋南、豫西和关中地区都有发现。

Ⅲ式：侈口，高领，折腹，下接三袋足，三足上部分开。

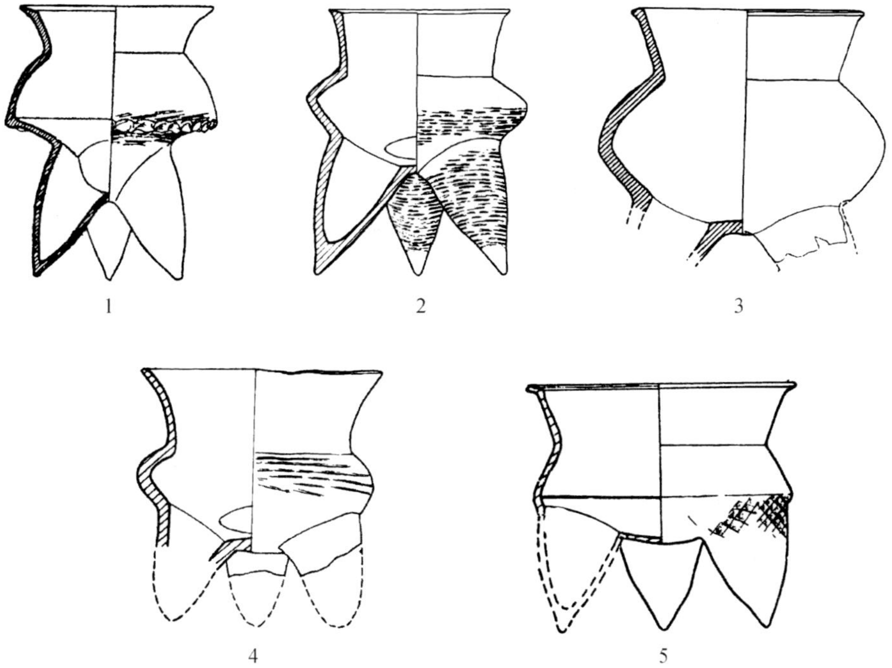

图7-1　A型釜形斝

1. Ⅰ式（武功浒西庄H8：4）①　2. Ⅱ式（垣曲古城东关ⅠH251：62）②　3. Ⅲ式（垣曲古城东关ⅠH262：16）③　4. Ⅳ式（垣曲古城东关ⅠH38：8）④　5. Ⅴ式（洛阳矬李遗址H22：41）⑤

① 中国社会科学院考古研究所：《武功发掘报告》，文物出版社，1988年，43页，图四一：2。

② 佟国华：《垣曲古城东关》，科学出版社，2001年，189页，图一五八：1。

③ 佟国华：《垣曲古城东关》，科学出版社，2001年，189页，图一五八：5。

④ 佟国华：《垣曲古城东关》，科学出版社，2001年，250页，图二〇一：4。

⑤ 洛阳博物馆：《洛阳锉李遗址试掘简报》，《考古》1978年第1期，11页，图十二：3。

标本一，垣曲古城东关ⅠH262：16（图7-1，3），陶色不正，灰红褐色相间。窄沿、侈口，弧鼓腹略深，足残。口径19.5、腹径23.2厘米。标本二，偃师二里头遗址H1：29，褐陶，侈口，高颈，磨光，圆腹连接三个袋状空足，饰横篮纹。器内壁有水垢。

A型Ⅲ式釜形斝流行于庙底沟二期文化中期，主要发现于豫西和晋南。

Ⅳ式：侈口，高领，折腹，三足与腹相接处之间的距离越来越大。

标本一，垣曲古城东关ⅠF6：25，夹砂灰褐陶。侈口，圆唇，宽沿，圜底。袋足略粗，足尖残。腹上部饰宽浅横篮纹，腹下部饰竖斜篮纹，足部素面。口径18.4、腹径17.6厘米。标本二，垣曲古城东关ⅠH38：8（图7-1，4），夹砂黄褐陶。侈口，尖圆唇，沿内有一道凹槽、足尖残。腹部外饰横篮纹并抹平。高18.2、口径17厘米。

A型Ⅳ式釜形斝流行于庙底沟二期文化晚期，主要发现于豫西、晋南地区。

Ⅴ式：侈口，领部变长，腹部扁折、变浅，下接三锥形空足。

标本一，洛阳矬李遗址H22：41（图7-1，5），夹砂灰陶。高领，折肩，圜底近平，附三个袋形足，饰大方格纹。高20、口径23厘米。标本二，辉县孟庄T133H427：1，泥质黑陶。平沿，圆唇，斜直壁，折腹，平底，三袋足瘦高。沿面有凹槽一周，腹中部饰凸弦纹一周，通体磨光，造型匀称优美。高20.8、口径20、腹径18.6厘米。

Ⅴ式釜形斝数量最多，流行区域广，流行时间也较长，延续整个龙山文化时期，这一时期当是釜形斝发展的高峰时期。各地陶斝在形制上微有差异，豫西、晋南地区多是圜底斝，豫北和冀南地区多流行平底斝，这与当地陶器风格是一致的。在龙山文化晚期，各地的釜形斝多演变成敛口的罐形斝。

B型　罐形斝。有两个来源，在关中地区，釜形斝逐渐演变为罐形斝。在内蒙古南部老虎山地区，由于小口尖底瓶和蛋形瓮长期共存，也形成了罐形斝。

Ⅰ式：微侈口，依然保留着折腹的传统，器腹较深，下接三袋足。

标本一，武功浒西庄H33：4（图7-2，1），夹砂灰陶。器身作折腹罐形。敞口，窄平唇，颈腹之间无明显分界，折腹，腹最大径在器身下部，三足外撇。通身饰有较细的竖绳纹。通高23.8、口径18、腹径18.4厘米[①]。标本二，垣曲古城东关ⅠH121：36，夹砂灰陶。直腹，腹置扁平单鋬，圜底及袋足残，腹及底饰细绳纹。残高16.7、口径14.8厘米[②]。

流行于庙底沟二期文化晚期，龙山文化早期也有发现，多发现于豫西、晋南和关中地区。

Ⅱ式：侈口，器腹多较深，无折腹，但腹下部有附加堆纹一周，腹侧靠口沿有两鸡冠形鋬，腹底接三袋足。

标本一，武功浒西庄H33：21（图7-2，2），夹砂灰陶。器身作圆腹罐形，侈口，

---

① 中国社会科学院考古研究所：《武功发掘报告》，文物出版社，1988年，42页。

② 佟国华：《垣曲古城东关》，科学出版社，2001年，362页。

腹略圆鼓，平裆，三袋足外撇。口下有两对称鋬，裆内平。通身饰相互交错的篮纹与绳纹。篮纹横向，绳纹竖向，纹道较细，是先拍印篮纹后加绳纹的。在腹与足之间还有一道环带状附加堆纹。通高28.6、口径19、腹径19厘米①。

流行于庙底沟二期文化晚期，主要发现于关中地区。

Ⅲ式：侈口、深腹，三袋足多直立于腹下，器身两侧有半环形带状鋬。

标本一，武功赵家来H2：1（图7-2，3），夹砂灰陶。敞口，深腹，腹上部内收，腹下部外鼓，近平裆或圆裆，下接三空足。三足外缘与口、腹在一垂直线上。腹饰竖篮纹，足饰斜篮纹。通高34.2、口径24、腹径22.6厘米②。标本二，旬邑下魏洛遗址2004XXF7：1，夹砂灰陶。圆唇敛口，直腹，三袋足，器身两侧有鋬，饰竖绳纹。通高24、口径19.2、腹径21.2厘米③。

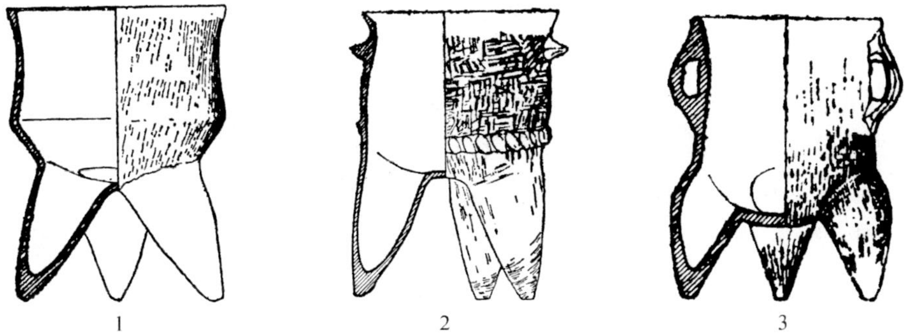

图 7-2　B型罐形斝

1. Ⅰ式（武功浒西庄H33：4）④　2. Ⅱ式（武功浒西庄H33：21）⑤　3. Ⅲ式（武功赵家来H2：1）⑥

流行于龙山文化时期，多发现于关中地区。

C型　鬲形斝。器身似鬲，依据裆部形制又分为二亚型，Ca型为分裆斝，Cb型为联裆斝。龙山文化晚期，陶斝数量锐减，A型、B型陶斝较少见，而在豫北、豫西、冀南和晋南地区多发现C型陶斝。我们认为这是在龙山文化晚期和二里头文化时期，处于这一地区的考古学文化之间联系更加紧密，即主要分布于豫西晋南的夏文化、豫北和冀南的先商文化和山东地区的龙山文化、岳石文化之间文化交流频繁，原始陶斝受到陶鬶、鬲的影响，开始在体侧加鋬，从而使陶斝新的形制——C型斝逐渐流行起来。

---

① 中国社会科学院考古研究所：《武功发掘报告》，文物出版社，1988年，42页。

② 中国社会科学院考古研究所：《武功发掘报告》，文物出版社，1988年，124页。

③ 西北大学文化遗产与考古学研究中心、陕西省考古研究所、旬邑县博物馆：《陕西旬邑下魏洛遗址发掘简报》，《文物》2006年第9期，28页。

④ 中国社会科学院考古研究所：《武功发掘报告》，文物出版社，1988年，43页，图四一：1。

⑤ 中国社会科学院考古研究所：《武功发掘报告》，文物出版社，1988年，43页，图四一：6。

⑥ 中国社会科学院考古研究所：《武功发掘报告》，文物出版社，1988年，125页，图九九：4。

Ca型　分裆斝。高领，三分裆袋形腹，袋腹下有三实足跟。

Ⅰ式：敛口，高领，束腰，三袋形腹，下接三实足跟。

标本一，夏县东下冯H505：3（图7-3，1），夹砂褐陶。宽沿内折成敛口，方唇，束腰，腰内无凸棱，袋足肥硕，足下附较高的柱状实尖。沿以下饰绳纹，沿下和腰部还各有索状堆纹一周，其间并加饰波浪形索状堆纹，足尖有明显的浅竖槽三道。口沿的形状似宜加盖使用。复原后通高35.2、口径20.5厘米①。

主要发现于晋南和豫北、冀南地区，流行于二里头文化时期。

Ⅱ式：侈口，口沿上立两柱，高领，三袋形腹，下接三实足跟，体侧有一鋬。

标本一，郑州南关外T86：52（图7-3，2），细砂质褐陶。敞口，细腰，腹略鼓，三袋足。颈腹间有一扁菱形半圆鋬，上端并饰乳钉两个。颈和腰部各饰斜行划纹一周，腹下部饰"人"字形划纹一周。残高17.1、口径15.5厘米②。

高领袋足斝最早在下七垣文化三期出现，进入商代早期兴盛起来，Ⅱ式斝主要流行于商代早期偏早时候。

Ⅲ式：侈口，高领，三袋形腹，下接三锥状实足跟，颈部有一短鋬。

标本一，1996年偃师商城H179：5（图7-3，3），夹砂黑陶。敞口，高领，口沿内壁有两周凹槽，槽的下缘出凸棱，颈下出肩，袋足肥硕，高足、器壁0.4厘米③。标本二，郑州洛达庙M24：1，残，夹砂灰陶。敞口，长颈内收，圆鼓腹，袋状足，足尖残，器身一侧有半圆形鋬。器表饰细绳纹。残高17.4、口径14.6厘米④。

此式陶斝数量较多，主要流行于郑州二里冈下层时期。

Ⅳ式：敛口，高领，三袋形腹，下有三实足跟。袋腹饰绳纹。有学者认为"敛口斝可免液体沸腾时外溢，显系一种进步的形制"⑤。

标本一，郑州人民路西侧ZSCWT22M4：4（图7-3，4），敛口，沿内折，方唇，束颈，弧腹，袋足，高分裆，颈与腹之间有一宽带状半圆形耳。口沿部饰凹弦纹一周，袋足部饰绳纹，砂质灰陶。通高20.8、口径12厘米⑥。标本二，郑州北二七路M4：3，敛口，口下一小鋬，三袋足。颈部饰三周弦纹，三袋足上饰绳纹，残高15、口径11厘米⑦。

主要流行于商代早期晚段和中期偏早。

---

① 中国社会科学院考古研究所：《夏县东下冯》，文物出版社，1988年，94页。

② 河南省博物馆：《郑州南关外遗址的发掘》，《考古学报》1973年第1期，75页。

③ 中国社会科学院考古研究所河南第二工作队：《河南偃师商城Ⅳ区1996年发掘简报》，《考古》1999年第2期，16页。

④ 河南省文物研究所：《郑州洛达庙遗址发掘报告》，《华夏考古》1989年第4期。

⑤ 邹衡：《试论郑州新发现的殷商文化遗址》，《考古学报》1956年第3期。

⑥ 河南省文物考古研究所：《郑州商城新发现的几座商墓》，《文物》2003年第4期，12页。

⑦ 郑州市博物馆：《郑州商代遗址发掘简报》，《考古》1986年第4期，334页。

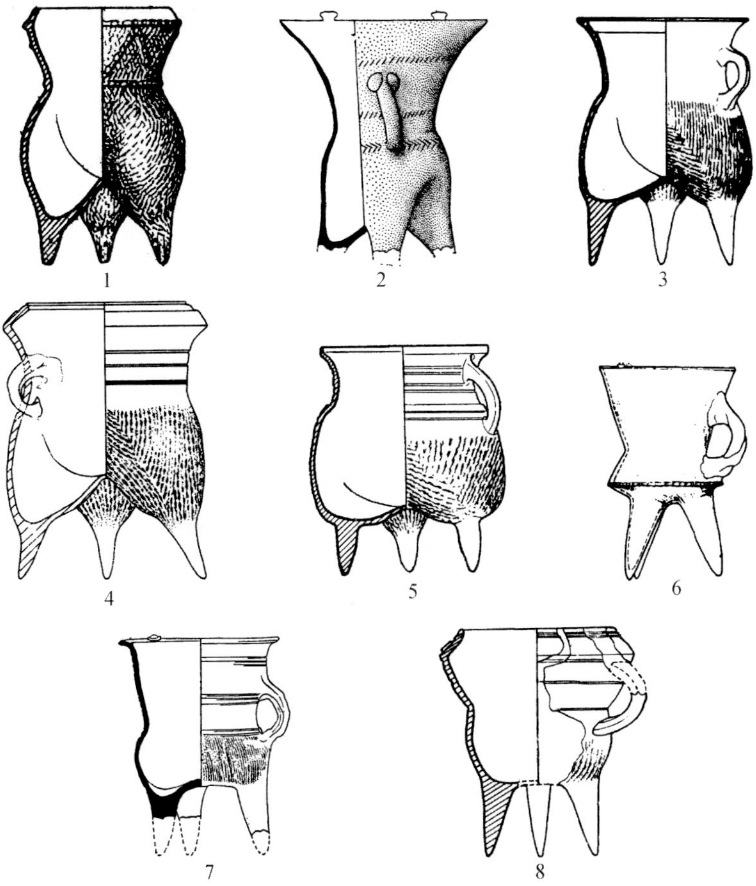

图7-3　C型鬲形斝

1. Ca型Ⅰ式（夏县东下冯H505：3）[①]　2. Ca型Ⅱ式（郑州南关外T86：52）[②]　3. Ca型Ⅲ式（偃师商城H179：5）[③]　4. Ca型Ⅳ式（郑州人民路西侧ZSCWT22M4：4）[④]　5. Ca型Ⅴ式（安阳洹北三家庄M4：1）[⑤]　6. Cb型Ⅰ式（偃师二里头ⅣH13：11）[⑥]　7. Cb型Ⅱ式（郑州南关外H60：15）[⑦]　8. Cb型Ⅲ式（盘龙城PYWT38④：5）[⑧]

---

① 中国社会科学院考古研究所：《夏县东下冯》，文物出版社，1988年，第92页，图八七：6。

② 河南省博物馆：《郑州南关外遗址的发掘》，《考古学报》1973年第1期，76页，图一一：12。

③ 中国社会科学院考古研究所河南第二工作队：《河南偃师商城Ⅳ区1996年发掘简报》，《考古》1999年第2期，17页，图九：4。

④ 河南省文物考古研究所：《郑州商城新发现的几座商墓》，《文物》2003年第4期，16页，图三九：3。

⑤ 中国社会科学院考古研究所：《安阳殷墟三家庄东的发掘》，《考古》1983年第2期，129页，图五：1。

⑥ 中国社会科学院考古研究所：《偃师二里头》，中国大百科全书出版社，1999年，211页，图133:9。

⑦ 河南省博物馆：《郑州南关外遗址的发掘》，《考古学报》1973年第1期，85页，图一六：5。

⑧ 湖北省文物考古研究所：《盘龙城：1963年～1994年考古发掘报告》，文物出版社，2001年，237页，图一七二：11。

Ⅴ式：器形整体较为矮胖。侈口，低领，三袋形腹，下接三实足跟，体侧有一鋬。

标本一，1980年安阳洹北三家庄M4：1（图7-3，5），出在北二层台上。泥质灰陶。侈口，高领，袋足，三锥形足尖。沿面内及颈、腹部有阴线纹。颈侧一鋬与一足相对应。袋足部饰粗绳纹。通高20、口径15.5、最大腹径18.6厘米①。

主要流行于商代中期偏晚时候。

Cb型　联裆斝。高领，鼓腹，平底，下接三实足跟。体侧有一鋬。

Ⅰ式：侈口，口沿有两柱，颈壁斜直，鼓腹，中间折为两部分，下接三锥形足。体侧有鋬。

偃师二里头ⅣH13：11（图7-3，6），夹砂红陶，黑红色。大口，长斜颈，扁折腹，圜底，细长袋足。饰蓖梳形花纹，袋足较光平，器口前部有两个乳头状小柱，索绹状粗鋬，折腹处一周附加堆纹。高23.3、口径16厘米②。

此式斝目前仅发现一件，时代在二里头文化三期，出土于偃师二里头遗址。

Ⅱ式：侈口，折沿，长颈，鼓腹，平底，下接三锥状实足跟。体侧有一鋬。器腹往往饰绳纹。

标本一，郑州南关外H60：15（图7-3，7），细砂灰陶。敞口，颈斜直，下腹部鼓起，底近平，高足尖，颈腹一侧有一半圆形鋬，口沿上有残柱二。残高16.6、口径15.2厘米③。标本二，盘龙城杨家嘴PYZM8：1，砂质灰陶，红胎。模制，上部经轮转。薄方唇，平折沿，直颈较粗，鼓腹较浅，高尖锥状实足，外撇度较大。口沿上附两个圆饼，颈部饰三周凹弦纹。通高20.4、口径14厘米④。

此式陶斝主要流行于商代早期偏早，大部分出土于河南，在湖北黄陂盘龙城也有较多发现，这应当与商人势力向南扩张有关。

Ⅲ式：敛口，颈部变短，鼓腹，下接三锥状实足跟，体侧有一鋬。

标本一，郑州南关外T87：139，泥质灰陶。口残，圆肩凸起，腹中部内收，底近平，三浅袋足，下附高尖足，器侧附一扁鋬。绳纹，部分被磨去。残高13厘米。类似的器形在郑州商代遗址中也曾发现过。器口为敛口，方唇，肩部还附有乳钉2个⑤。标本二，盘龙城PYWT38④：5（图7-3，8），夹砂红陶。斜折肩，束腰，裆部平弧，三尖锥实心足。裆部残，颈腹间附扁平鋬，下腹微鼓。口沿和上腹分别有二道凹弦纹，颈部有椭圆形乳钉，下腹饰绳纹。通高19.2、口径12.8厘米⑥。

主要流行于商代早期偏晚和中期偏早。

D型　仿铜陶斝。由于青铜斝受到商贵族的重视与喜爱，是随葬青铜礼器中的重要

---

① 中国社会科学院考古研究所：《安阳殷墟三家庄东的发掘》，《考古》1983年第2期，130页。

② 中国社会科学院考古研究所：《偃师二里头》，中国大百科全书出版社，1999年，210页。

③ 河南省博物馆：《郑州南关外遗址的发掘》，《考古学报》1973年第1期，75页。

④ 湖北省文物考古研究所：《盘龙城：1963年～1994年考古发掘报告》，文物出版社，2001年。

⑤ 河南省博物馆：《郑州南关外遗址的发掘》，《考古学报》1973年第1期，86页。

⑥ 湖北省文物考古研究所：《盘龙城：1963年～1994年考古发掘报告》，文物出版社，2001年。

一员。但部分贵族经济实力有限，为了满足礼制的需要，在随葬品组合中用仿铜陶斝代替青铜斝。

仿铜陶斝出现后，陶斝自身演变脉络逐渐中断，多仿青铜斝形制。

Da型　此型斝与Ac型青铜斝形制一致，为仿铜陶器。出现于商代早期，发现较少。

标本一，郑州二里冈C5.1H103：9[①]（图7-4，1），侈口方唇，口沿立两菌状柱，长颈，斜直鼓腹，下接三棱锥形足。

Db型　仿B型青铜斝而来。侈口，高领，鼓腹，下接三足。

Ⅰ式：侈口，方唇，口沿立两菌状柱，斜直领，鼓腹分裆，下接三实足跟。

标本一，安阳洹北花园庄M10：8（图7-4，2），夹细砂灰陶。圆口，外侈，口沿上立有对称的菌状斝柱，长颈，鼓腹，分裆，三实足较高。与一足相对的颈腹间置一鋬。颈和上腹部分别饰二道凹弦纹，腹部饰绳纹。通高22.9、口径17.7厘米[②]。

主要流行于商代中期。

Ⅱ式：侈口，方唇，口沿立两菌状柱，直领，鼓腹联裆，下接三柱状实足。体侧有一鋬。

标本一，殷墟西区GM367：10，泥质灰陶。侈口，束腰，鼓腹，高裆，三柱足，有鋬。通体绳纹。有盖，盖呈覆盆形，方形环状把手。通高30、口径19厘米[③]。标本二，安阳殷墟GM233：29（图7-4，3），泥质灰陶，质松脆。侈口，束颈，两柱对立于口上，分裆实心足，上肥下瘦，有刮修痕迹。腹侧有鋬。颈饰弦纹二周，腹饰弦纹一周。通高9.3、口径13、裆高9.7厘米[④]。

流行于商代晚期。

Ⅲ式：侈口，颈部变短，鼓腹，下接三蹄足。

标本一，安阳殷墟西区 GM216：34（图7-4，4），侈口，方唇，束颈，鼓腹分裆，下接三蹄足，体侧有一鋬。通高15.5、口径11.8厘米[⑤]。标本二，滕州前掌大M103：26，夹砂褐陶。矮领，小口，空足。侈口，平沿，圆肩，分裆，一足上方有鋬。肩中部及肩腹交接处各饰一道旋纹，肩至足跟均饰竖形绳纹。通高17.2、口径11.2厘米[⑥]。

---

① 邹衡：《试论郑州新发现的殷商文化遗址》，《考古学报》1956年第3期，84页。

② 中国社会科学院考古研究所安阳工作队：《1998年～1999年安阳洹北商城花园庄东地发掘报告》，《考古学集刊》15，347页。

③ 中国社会科学院考古研究所安阳工作队：《1969～1977年殷墟西区墓葬发掘报告》，《考古学报》1979年第1期，64页。

④ 中国社会科学院考古研究所：《殷墟发掘报告》，文物出版社，1987年，227页。

⑤ 中国社会科学院考古研究所安阳工作队：《1969～1977年殷墟西区墓葬发掘报告》，《考古学报》1979年第1期，80页。

⑥ 中国社会科学院考古研究所：《滕州前掌大墓地》，文物出版社，2005年，189页。

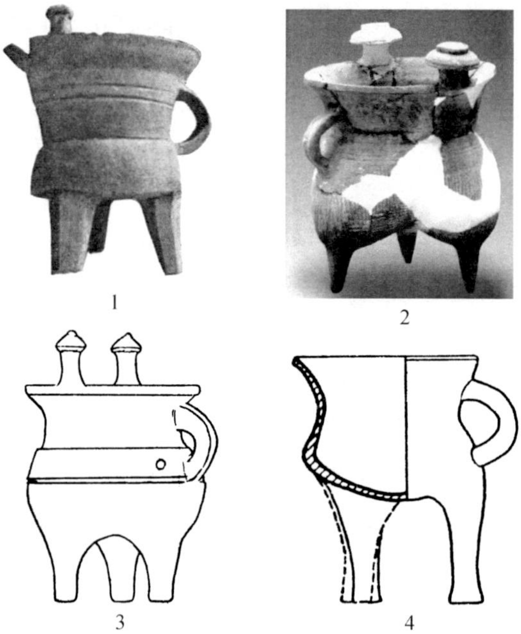

图7-4　D型陶斝

1. Da型Ⅰ式（郑州二里岗C5.1H103∶9）① 2. Db型Ⅰ式（安阳洹北花园庄M10∶8）② 3. Db型Ⅱ式（安阳殷墟GM233∶29）③ 4. Db型Ⅲ式（安阳殷墟西区 GM216∶34）④

流行于商代晚期和西周早期。

第三节　陶斝组合关系研究

客省庄二期文化、龙山文化直至二里头文化时期，陶斝主要见于居址，几乎不见于墓葬。商代早期至西周早期，陶斝除仍较多见于居址遗迹外，还作为随葬品发现于墓葬。

商代早期，出土陶斝的墓葬有4座，均为小型墓，墓室面积多在2平方米以下。随葬陶器组合形式有4种：斝；簋、斝；盆、罐、瓮、斝；爵、觚、斝。与陶斝同出的陶

① 邹衡：《试论郑州新发现的殷商文化遗址》，《考古学报》1956年第3期，图版肆：4。

② 中国社会科学院考古研究所安阳工作队：《1998年～1999年安阳洹北商城花园庄东地发掘报告》，《考古学集刊》15，图版6：4。

③ 中国社会科学院考古研究所：《殷墟发掘报告》，文物出版社，1987年，227页，图一七七：5。

④ 中国社会科学院考古研究所安阳工作队：《1969～1977年殷墟西区墓葬发掘报告》，《考古学报》1979年第1期，79页，图五六：12。

器器类并不固定，未看出明显的组合形式，且随葬的陶斝主要是C型陶斝。这一时期，陶斝作为陶酒礼器的属性开始显现，或许是受到了青铜斝的影响，如在郑州制陶遗址M146中即发现了陶爵、觚、斝的酒器组合，与本时期的墓葬青铜器组合一致，遗憾的是，M146出土陶斝形制不清。陶器与青铜器共同组成完整的一套随葬品组合，如M146的青铜鼎、陶爵、陶觚、陶斝即与商代早期流行的青铜器组合器类一致，我们推测，这或许是小贵族囿于经济实力，又为了满足礼制的需要而采取的办法，即用陶礼器来代替青铜器。

商代中期，出土陶斝的墓葬有4座，3座小型墓，墓室面积均在2平方米以上，1座墓室面积不详。随葬陶器组合形式有4种：爵、觚、斝；簋、爵、觚、斝；鬲、豆、爵、斝；簋、爵、觚、斝。具体组合形式虽各异，但形成了以爵、觚、斝为核心的陶礼器组合，陶斝的形式主要为C型和D型。

商代晚期，出土陶斝的墓葬有6座，大型墓1座、中型墓2座、小型墓3座，墓室面积均在2平方米以上。随葬陶斝墓葬等级升高，表明使用陶礼器的习俗开始由下层贵族向上层贵族蔓延。随葬陶器组合更加丰富，陶酒礼器延续了商代中期的以爵、觚、斝为中心的组合形式，陶尊、卣开始频繁地出现，形成了以爵、觚、斝、尊、卣为中心的组合形式，再与食器鼎、簋、鬲中的一种或数种组成完整的陶礼器组合，与商代晚期青铜礼器组合形式并无二致。

西周早期，出土陶斝的墓葬有4座，集中于滕州前掌大墓地，小型墓1座、中型墓3座。上述墓葬有3座均有青铜礼器组合，1座仅随葬陶器。陶斝在这一时期礼器的性质似乎并不明显，多与陶罍、壶、瓿、尊等大型实用盛酒器同出，表明陶斝作为陶礼器的功能逐渐丧失。

第四节 陶斝与青铜斝的渊源关系

通过对青铜斝器形演变的梳理和排序，结合出土单位的地层关系，我们认为最先出现的为Aa型青铜斝，最早见于偃师二里头遗址，时代为二里头文化四期，即1987年春出土于河南偃师二里头遗址Ⅴ区M1的素面斝（M1：2），该斝形制原始粗率，铸造较为简单[①]。该素面青铜斝与二里头遗址出土的二里头文化三期的夹砂红陶斝（ⅣH13：11）[②]从整体形制来看，极为接近，通高都在20余厘米，口径亦相差不大。故我们认为，Aa型青铜斝实为仿陶斝形制而来。

二里头文化四期，除了发现Aa型青铜斝之外，还有Ab型青铜斝，即1984年秋出土

① 中国社会科学院考古研究所二里头工作队：《河南偃师二里头遗址发现新的铜器》，《考古》1991年第12期，1138、1139页。

② 中国社会科学院考古研究所：《偃师二里头》，中国大百科全书出版社，1999年，210页。

于河南偃师二里头遗址Ⅴ区M9的素面斝（M9：1）[①]。该素面青铜斝与二里头文化三期的夹砂红陶斝（ⅣH13：11）腹部形制有一定差异，陶斝为中有折棱的扁圆腹，似两盆相合，青铜斝腹则似覆盆形，我们推测认为Ab型青铜斝也是仿陶斝形制而来，但略有改易，这或许是与青铜器铸造技术有关，中有折棱的扁圆腹较难铸造，覆盆形腹相对较易。

Aa、Ab型青铜斝仿自陶斝，模仿是青铜器新器形产生的必由之路。青铜斝在二里头文化四期出现之后很快便摆脱了陶斝形制的影响，有了自己独立的发展轨迹，演变出新的型式——Ac型青铜斝。

郑州南关外期时在南关外遗址出现了不同于二里头遗址陶斝的新型式——鬲形斝，又可分为分裆鬲形斝和联裆鬲形斝，并迅速流行开来。B型青铜斝出现于商代中期，从形制来看，应是仿陶斝形制而生。虽然目前对于南关外遗址的年代与性质，学术界还存在争论，或认为“是在商代洛达庙期的晚期时，从外地迁到郑州南关外一带居住的人们遗留下来的文化遗存……可能是从淮河中游一带而来的”[②]，或认为这是先商文化南关外类型，是商人初到郑州时留下的遗存[③]，还有学者认为郑州南关外遗址的年代在早商一、二期[④]，虽然还存在争议，但有一点是可以确定的，陶鬲形斝的时代出现要比B型Ⅰ式青铜斝早，所以，B型青铜斝也是仿制陶斝而来。

商代中期以后，青铜斝演变已经彻底摆脱了陶斝的束缚，在Aa型Ⅳ式青铜斝基础上，颈部变短、腹部加深形成了 C型罐形斝。商代晚期，随着青铜铸造技术的成熟，方形青铜器大为流行，D型方形青铜斝出现。C型和D型青铜斝都是自身演变的产物。

进入商代中期以后，陶斝开始衰落，数量减少，创新乏力，未见新器形，且大肆仿青铜斝造型，出现了D型仿铜陶斝，表明青铜斝和陶斝的地位发生了颠覆性变化。

夏末，青铜斝甫一出现，便在青铜器中扮演着重要角色，逐渐取代了陶盉与青铜爵搭配，成为酒器核心组合。夏代，墓葬中爵、盉多同出，且在墓葬中的空间距离较近，而到了商初，爵、斝多同出，且在墓葬中的空间距离较近。商代中期是青铜斝的高峰时期，出土的绝对数量多，在青铜器中尤其是酒器中所占比例较大。商代晚期早段，出土青铜斝的绝对数量仍然较多，制作也较精美，体量硕大，是商中期以来青铜斝发展高峰的延续。商代晚期晚段，青铜斝数量大减，体量小，纹饰简单，铸造粗糙，甚至出现明器化的趋势，青铜斝发展开始走上下坡路。四期，青铜斝数量较少。由此看来，青铜斝与陶斝之间有密切关系，青铜斝最早系仿制陶斝，在其形制成熟

① 中国社会科学院考古研究所二里头工作队：《1984年秋河南偃师二里头遗址发现的几座墓葬》，《考古》1986年第4期，319页。

② 安金槐：《关于郑州商代南关外期遗存的再认识》，《华夏考古》1989年第1期，48页。

③ 邹衡：《试论夏文化》，《夏商周考古学论文集》，文物出版社，1980年，120页。

④ 中国社会科学院考古研究所：《中国考古学·夏商卷》，中国社会科学出版社，2003年，165页。

后，又反过来影响陶斝的形制，出现了仿铜陶斝。

“两类不同的青铜器在发展演进过程中，由于组合关系，或者形态、用途、功能相近的缘故，相互吸引，互相影响”①，由于青铜斝与青铜爵在祭祀中经常搭配使用，而且都是作为酒器，故青铜爵形制对青铜斝有较大影响，而Ab型青铜斝也是Aa型青铜斝受青铜爵影响后产生的。Ac、Ad型青铜斝则是青铜斝自身演变的结晶。

① 张懋镕：《试论中国古代青铜器器类之间的关系》，《古文字与青铜器论集》第2辑，科学出版社，2006年，133～141页。

第八章　青铜斝消亡原因探析

斝是我国古文化中的一种特殊遗存，苏秉琦先生曾将其称为“中国文明的火花”①，对中国古文明、古文化的研究具有重要的指征意义。

就目前考古资料看，青铜斝早在二里头文化四期开始出现，商代早期迅速发展，商代中期持续发展，商代晚期开始衰落，西周早期几近衰亡，自西周中期不见。流行时间长，形制丰富，数量较多，在酒器中的地位较高。青铜斝经历了起源、发展、衰落和消亡的过程。

关于青铜斝消亡的原因，我们认为是多种因素叠加的结果，具体言之如下。

（1）青铜斝功能的演变直接导致其数量减少、地位下降。青铜斝出现之初，主要是作为滤酒器使用，商代中期，随着陶制澄滤器的使用和酿酒技术的提高，青铜斝的滤酒功能丧失，转而成为盛酒器。商代中期以前，青铜斝基本不超过30厘米，但从商代晚期开始，体量陡然增大，多在30厘米以上，甚至有超过60厘米者，这正是青铜斝成为大型盛酒器的表现。从其在墓葬中的位置来看，与青铜尊、卣等盛酒器位置较近、关系较密切，与青铜爵、觚的位置较远、关系疏远。西周早期，在鹿邑太清宫长子口墓中出土的长子口方斝（M1：222）腹内发现了挹酒器斗②。众所周知，斗是用来从盛酒器中舀酒的，通常和盛酒器搭配使用，如卣和斗，而青铜斝和斗同出，确证商代晚期以后，青铜斝已经演变为盛酒器。青铜斝成为盛酒器后，与尊、卣、壶、方彝等器类功能发生重叠，在礼器中的地位逐渐下降，数量也大为减少。

（2）随着时代发展，青铜斝使用阶层的地位越来越高，范围越来越小。一期早段，在全部出土青铜斝的墓葬中，小型墓占83.3%，中型墓占16.7%。一期晚段，在全部出土青铜斝的墓葬中，小型墓占93.7%，大、中型墓占6.3%。二期时，在全部出土青铜斝的墓葬中，小型墓占62.1%，中型墓占37.9%。三期早段，在全部出土青铜斝的墓葬中，小型墓占42.9%，大、中型墓占57.1%。三期晚段，在全部出土青铜斝的墓葬中，小型墓仅占13.6%，大、中型墓占86.4%。四期时，小型墓占12.5%，大、中型墓占87.5%。不难发现，时代越晚，出土青铜斝的小型墓比例越小，大、中型墓的比例则

---

① 苏秉琦：《纪念仰韶村遗址发现65周年》，《论仰韶文化》，文物出版社，1986年，1～6页。

② 河南省文物考古研究所、周口市文化局：《鹿邑太清宫长子口墓》，中州古籍出版社，2000年，93页。

在持续上升。如果小型墓代表的是小贵族，大、中型墓则代表高、中贵族，随着时代推移，使用青铜斝的阶层地位不断升高，使用范围越来越小，最后主要由高级贵族使用，这主要是由高级贵族在礼制方面的保守性决定的。

（3）青铜斝是殷人而非周人的传统器类。文献记载多言殷人用青铜斝，如《礼记·明堂位》载“灌尊，夏后氏以鸡夷，殷以斝，周以黄目”，就考古发现来看，青铜斝亦多见于殷人墓葬，先周和西周时期的周人墓葬中几乎不随葬青铜斝。武王克商后，殷人的政治地位大大衰落，原本流行于殷贵族间的青铜斝也随之式微，对周贵族来说，青铜斝并非传统器类，也未在周贵族间流行，这加速了青铜斝的消亡。

（4）从殷墟三期开始，青铜斝已经开始走下坡路，这是由于青铜斝多数时候只是用于祭祀，当商代晚期的统治者不再注重祭祀的时候，青铜斝的地位自然就衰落了。尤其到了商纣时期，不祭祀祖先，这从文献和甲骨卜辞中都可得到证据。《尚书·牧誓》：“今商王受，……昏弃厥肆祀弗答。”《尚书·微子》：“今殷民乃自攘窃神祇之牺牷牲，用以容，将食无灾。”《尚书·多士》：“自成汤至于帝乙，罔不明德恤祀。……在今后嗣王，诞罔显于天，罔顾于天显民祇，惟时上帝不保，降若兹大丧。……今惟我周王，丕灵承帝事，有命曰割殷，告敕于帝。”《墨子·非命上》：“于《太誓》曰：‘纣夷处，不肯事上帝鬼神，祸厥先神祇不祀，乃命吾民有命，无廖排漏。天亦纵弃之而弗葆。’”“在殷墟甲骨卜辞中，纣王抛弃了对先祖周祭、特祭之祀典，以至于从不见纣王祭祀其父帝乙或文武帝乙、其母及其祖父文丁的卜辞。”[①]青铜斝是用于宗庙祭祀的祭器，商纣疏于祭祀祖先，直接影响到了作为重要祭器的青铜斝的铸造质量，这一时期青铜斝数量减少、质量下降，甚至用作明器，都与此有关。

（5）西周初年，统治者吸取商人嗜酒亡国的教训，颁布《酒诰》，规定“祀兹酒”，“饮惟祀，德将无罪”，“厥或告曰：‘群饮。’汝勿饮，尽执拘以归于周，予其杀”。由于周初对饮酒的严格限制，酒器的数量和种类大大减少，这也断绝了青铜斝复兴的机遇。所以，西周早期，除了商遗民少量保留使用青铜斝外，在周人的墓葬中基本没有发现青铜斝出土，青铜斝在西周中期就退出了历史舞台。

---

① 王晖：《周原甲骨属性与商周之际祭礼的变化》，《历史研究》1998年第3期。

附录　本书引用著录简目

A

《安徽》	《安徽省博物馆藏青铜器》
《安青》	《安阳殷墟青铜器》

B

《柏景寒》	《柏景寒藏中国青铜器》
《保金》	《保利藏金——保利艺术博物馆精品选》
《宝蕴楼》	《宝蕴楼彝器图录》
《布伦戴齐》	《布伦戴齐藏中国古代青铜器》
《北图》	《北京图书馆藏青铜器铭文拓本选编》
《博古》	《博古图录》

C

《辞典》	《中国文物精华大辞典·青铜卷》
《从古》	《从古堂款识学》
《澂秋》	《澂秋馆吉金图》

D

《登封》	《登封王城岗与阳城》

F

《妇好墓》	《殷墟妇好墓》
《弗利尔》	《弗利尔美术馆藏中国青铜器》
《簠斋》	《簠斋吉金录》

G

《藁城》	《藁城台西商代遗址》
《郭家庄》	《安阳殷墟郭家庄商代墓葬》
《故宫》	《故宫青铜器》

《故图》	《故宫商代青铜礼器图录》
《冠斝》	《冠斝楼吉金图》

H

《河青》	《河南出土商周青铜器》（一）
《辉县》	《辉县发掘报告》
《获古》	《获古图录》
《汉中》	《汉中出土商代青铜器》

J

《集成》	《殷周金文集成》
《近出》	《近出殷周金文集录》
《铙斋》	《铙斋吉金录》
《积古》	《积古斋钟鼎彝器款识》
《敬吾》	《敬吾心室彝器款识》
《据古》	《据古录金文》
《斝形器》	《李济文集·卷四·殷墟出土青铜斝形器之研究》

K

《愙斋》	《愙斋集古录》

L

《流散》	《流散欧美殷周有铭青铜器集录》
《録遗》	《商周金文録遗》

M

《玫茵堂》	《玫茵堂藏中国铜器》

N

《宁寿》	《宁寿鉴古》

O

《欧精华》	《欧美蒐储支那古铜精华》

P

《皮斯柏》	《皮斯柏所藏中国青铜器图录》

Q

《奇觚》	《奇觚室吉金文述》
《青山庄》	《青山庄清赏》
《前掌大》	《滕州前掌大墓地》
《全集》	《中国青铜器全集》

R

《日精华》	《日本蒐储支那古铜精华》

S

《赛克勒》	《赛克勒藏商代铜礼器》
《三代》	《三代吉金文存》
《三代补》	《三代吉金文存补》
《山东存》	《山东金文集存》
《陕北》	《陕北出土青铜器》
《陕青》	《陕西出土商周青铜器》
《善彝》	《善斋彝器图录》
《善斋 》	《善斋吉金录》
《商周》	《商周青铜器铭文暨图像集成》
《賸稿》	《河南吉金图志賸稿》
《十二》	《十二家吉金图录》
《雙吉》	《雙剑誃吉金文选》

T

《陶斋》	《陶斋吉金录》

W

《皖南》	《皖南商周青铜器》
《沃森》	

X

《希古》	《希古斋钟鼎彝器款识法帖》

《西甲》	《西清续鉴·甲编》
《西乙》	《西清续鉴·乙编》
《西清》	《西清古鉴》
《夏商周》	《夏商周青铜器研究》
《小校》	《小校经阁金文拓本》
《啸堂》	《啸堂集古录》
《新收》	《新收殷周青铜器铭文暨器影汇编》
《续考》	《续考古图》
《续殷》	《续殷文存》
《续乙》	《西清续鉴·乙编》
《徐家桥》	《安阳殷墟徐家桥郭家庄商代墓葬》
《学步》	《青铜器学步集》
《薛氏》	《历代钟鼎彝器款识法帖》

Y

《移林》	《移林馆吉金图识》
《殷存》	《殷文存》
《鄴二》	《鄴中片羽》二集
《鄴三》	《鄴中片羽》三集
《岩窟》	《岩窟吉金图录》
《殷墟》	《殷墟青铜器》
《殷墟新》	《殷墟新发现青铜器》
《遗珠》	《欧洲所藏中国青铜器遗珠》

Z

《贞补》	《贞松堂集古遗文补遗》
《贞续》	《贞松堂集古遗文续编》
《总集》	《金文总集》
《综览》	《殷周青铜器综览》
《贞松》	《贞松堂集古遗文》
《中铜》	《中国古青铜器》
《缀遗》	《缀遗斋彝器款识考释》
《长子口》	《鹿邑太清宫长子口墓》
《周金》	《周金文存》
《周原》	《周原出土青铜器》

附　表

附表一　出土青铜斝统计表

序号	器名	分期	型式	纹饰	铭文	通高	口径	出土地点	现藏地点	著录情况	备注
1	素面斝 87YLVM1：2	一期早段	Aa型Ⅰ式	素面	无	26.8	14.5～14.8	河南偃师二里头遗址Ⅴ区M1	河南偃师商城博物馆	《考古》1991年第12期1138、1139页；《全集》1.13	
2	素面斝 WT245M49：1	一期早段	Aa型Ⅰ式	素面	无	23.2	15.6	河南登封王城岗WT245M49		《登封》155页	
3	素面斝 PCY：084	一期早段	Aa型Ⅰ式	素面	无	23.8	14.2	黄陂盘龙城城垣西北角坑K3	湖北省博物馆	《盘龙城》上411页	三角锥形组
4	乳钉纹斝 PWZ：040	一期早段	Aa型Ⅱ式	弦纹圆圈纹	无	21	13.8	湖北黄陂王家嘴	湖北省博物馆	《盘龙城》上411页	
5	弦纹斝 PYWM6：4	一期早段	Aa型Ⅱ式	弦纹斝	无			湖北黄陂杨家湾M6	湖北省博物馆	《盘龙城》上220页	口、颈部残
6	乳钉纹斝 M16：8	一期早段	Aa型Ⅱ式	乳钉纹、弦纹、圆圈纹	无	28.4	15.8	山西垣曲古城南关M16		《文物》1997年第10期12～29页	
7	网纹斝 采：6	一期早段	Aa型Ⅱ式	带状网纹半周	无	26	14.4	1979年春荥阳西史村	郑州市博物馆	《文物资料丛刊》第5辑84页	
8	菱纹斝（网格纹斝）	一期早段	Aa型Ⅱ式	菱形交叉纹	无	20.8	12.5	1975年新郑望京楼	新郑县文化馆	《河青》1.91	

续表

序号	器名	分期	型式	纹饰	铭文	通高	口径	出土地点	现藏地点	著录情况	备注
9	连珠纹斝	一期早段	Aa型Ⅱ式	弦纹连珠纹	无	25	14.8	1975年新郑望京楼	新郑县文化馆	《河青》1.92	
10	方格纹斝采集：66	一期早段	Aa型Ⅱ式	凸弦纹斜方格纹	无	26	14	1986年荥阳高寺村征集		《华夏考古》1991年第3期24页	
11	乳钉纹斝郑博0155	一期晚段	Aa型Ⅲ式	乳钉纹	无	残20.7	13	1964年郑州出土	郑州市博物馆	《全集》1.52	
12	乳钉纹斝	一期晚段	Aa型Ⅲ式	乳钉纹、弦纹、圆形鼓面纹	无	24.5	15.5	1955年郑州白家庄出土	中国国家博物馆	《全集》1.15	
13	乳钉纹斝C8M3：4	一期晚段	Aa型Ⅲ式	乳钉纹	无	25	15.5	郑州市白家庄M3	中国国家博物馆	《文物参考资料》1955年第10期24页；《河青》1.28	器表满附烟熏痕，器内有灰白水锈
14	兽面纹斝	二期	Aa型Ⅳ式	涡纹、兽面纹、连珠纹	无	23	15	湖北随县淅河公社三大队	随州市博物馆	《文物》1981年第8期46页	器底有烟炱，柱顶有涡纹
15	兽面纹斝	二期	Aa型Ⅳ式	兽面纹弦纹	无	20	14.5	武陟县大驾村商墓	武陟县博物馆	《中原文物》1980年第3期38页；《全集》1.93	
16	素面斝二里头M9：1	一期早段	Ab型Ⅰ式	素面	无	30.5	17～18	河南偃师二里头遗址	中国社会科学院考古研究所	《考古》1986年第4期319页；《全集》1.14	
17	弦纹斝V采M：66	一期早段	Ab型Ⅱ式	凸弦纹圆圈纹	无	22.5	15.6	河南偃师二里头遗址		《偃师二里头》342、343页	采集品

续表

序号	器名	分期	型式	纹饰	铭文	通高	口径	出土地点	现藏地点	著录情况	备注
18	纽柱形斝 辞典0006	一期 早段	Ab型 Ⅱ式	凸弦纹、连珠纹、圆形鼓面纹	无	21	13.4	1972年安徽肥西馆驿出土	安徽省博物馆	《辞典》0006	
19	网格纹斝 PWZT8H7：1	一期 早段	Ab型 Ⅱ式	弦纹 网格纹、连珠纹	无	28.8	19.2	湖北黄陂王家嘴H7	湖北省博物馆	《盘龙城》 上133页	
20	素面斝 M1：11	一期 晚段	Ab型 Ⅱ式	素面	无	19.2	13.5	山西垣曲商城M1		《垣曲商城》 244页	柱残
21	弦纹斝 99ZSCWT17 M2：1	一期 晚段	Ab型 Ⅲ式	弦纹	无	20.6	15.3	郑州人民路西侧 99ZSCWT17M2		《文物》 2003年第4期11页	
22	兽面纹斝 T61M1：1	一期 晚段	Ab型 Ⅲ式	兽面纹	无	22	15	郑州商城 2001T61M1		《文物》 2003年第4期9页	
23	兽面纹斝 豫0016	一期 晚段	Ab型 Ⅲ式	涡纹 兽面纹	无	24. 5	15	1959年郑州出土	河南省博物院	《河青》1.46； 《全集》1.82	柱顶饰涡纹
24	兽面纹斝 郑博0244	一期 晚段	Ab型 Ⅲ式	兽面纹	无	24	15.1	1968年郑州卷烟厂出土	郑州市博物馆	《河青》1.47	
25	云雷纹斝 郑博0056	一期 晚段	Ab型 Ⅲ式	云雷纹	无	20	16.5	1958年河南郑州出土	郑州市博物馆	《河青》1.48； 《全集》1.81	
26	弦纹斝 豫1625	一期 晚段	Ab型 Ⅲ式	弦纹	无	23.5	13.8	1973年荥阳张片庄出土	河南省博物院	《河青》1.81	同出残爵1

续表

序号	器名	分期	型式	纹饰	铭文	通高	口径	出土地点	现藏地点	著录情况	备注
27	弦纹斝	一期晚段	Ab型Ⅲ式	弦纹、圆形鼓面纹	无	23.6	16	1975年登封袁桥出土	河南省博物院	《河青》1.85	同出兽面纹爵1
28	兽面纹斝	一期晚段	Ab型Ⅲ式	涡纹 兽面纹	无	27.8	17	1975年新郑望京楼	新郑县文化馆	《河青》1.90；《全集》1.84	柱顶饰涡纹
29	兽面纹斝	一期晚段	Ab型Ⅲ式	兽面纹 夔纹	无	23.5	17	1976年新郑望京楼	河南省博新郑工作站	《河青》1.94	
30	兽面纹斝	一期晚段	Ab型Ⅲ式	兽面纹	无	22	15.5	山东长清县前平大队	济南市博物馆	《文物》1982年第1期86页	同出铜爵1、陶豆1
31	兽面纹斝	一期晚段	Ab型Ⅲ式	凸弦纹 兽面纹	无	28	18	河南项城石营大队毛冢遗址	项城县图书馆	《中原文物》1980年第1期9页；《文物》1982年第9期83页	出土时残破，经复原
32	兽面纹斝	一期晚段	Ab型Ⅲ式	兽面纹	无	29	22	临汝李楼村商墓	临汝县文化馆	《考古》1983年第9期839页	器底有烟炱，器内有水锈
33	弦纹斝 JSH1：2	一期晚段	Ab型Ⅲ式	弦纹	无	20.3	15.9	河南柘城孟庄村北心闷寺遗址		《考古》1983年第6期561页	出土时残缺一足
34	夔纹斝	一期晚段	Ab型Ⅲ式	涡纹 夔纹	无	39	18	湖北省黄州下窑嘴	黄州市博物馆	《文物》1993年第6期56页	腹内发现丝织品痕迹
35	兽面纹斝 楼M3：3	一期晚段	Ab型Ⅲ式	兽面纹	无	27.2	16.6	湖北黄陂楼子湾M3	湖北省博物馆	《盘龙城》上381页	
36	兽面纹斝 楼M4：2	一期晚段	Ab型Ⅲ式	兽面纹	无		18	湖北黄陂楼子湾M4	湖北省博物馆	《盘龙城》上363页	

续表

序号	器名	分期	型式	纹饰	铭文	通高	口径	出土地点	现藏地点	著录情况	备注
37	兽面纹斝 楼M5：3	一期 晚段	Ab型 Ⅲ式	云纹 兽面纹	无			湖北黄陂楼子湾M5	湖北省博物馆	《盘龙城》上381页	口残，底径13.4、足高9.7厘米
38	兽面纹斝 PYWH6:18	一期 晚段	Ab型 Ⅲ式	涡纹 兽面纹	无	26.4	17.2	湖北黄陂盘龙城杨家湾H6	湖北省博物馆	《盘龙城》上278页	
39	兽面纹斝 PYZM1：2	一期 晚段	Ab型 Ⅲ式	兽面纹	无	残20	15.8	湖北黄陂杨家嘴M1	湖北省博物馆	《盘龙城》上323页	
40	兽面纹斝 PYZM1：4	一期 晚段	Ab型 Ⅲ式	兽面纹	无	34.4	22.4	湖北黄陂杨家嘴M1	湖北省博物馆	《盘龙城》上323页	
41	兽面纹斝 PYZM2：1	一期 晚段	Ab型 Ⅲ式	兽面纹	无	26.8	17.6	湖北黄陂杨家嘴M2	湖北省博物馆	《盘龙城》上323页	
42	兽面纹斝 李家嘴M1：10	一期 晚段	Ab型 Ⅲ式	兽面纹	无			湖北黄陂李家嘴M1	湖北省博物馆	《盘龙城》上191页	口残，体量不明
43	兽面纹斝 李家嘴M1：11	一期 晚段	Ab型 Ⅲ式	兽面纹	无		17.8	湖北黄陂李家嘴M1	湖北省博物馆	《盘龙城》上191页	
44	兽面纹斝 李家嘴M1：12	一期 晚段	Ab型 Ⅲ式	兽面纹	无	25.4		湖北黄陂李家嘴M1	湖北省博物馆	《盘龙城》上191页	
45	兽面纹斝 李家嘴M2：10	一期 晚段	Ab型 Ⅲ式	兽面纹	无	31.6	21.2	湖北黄陂李家嘴M2	湖北省博物馆	《盘龙城》上163页	
46	兽面纹斝 李家嘴M2：19	一期 晚段	Ab型 Ⅲ式	兽面纹	无	25.6	17.2	湖北黄陂李家嘴M2	湖北省博物馆	《盘龙城》上163页	
47	兽面纹斝 李家嘴M2：22	一期 晚段	Ab型 Ⅲ式	兽面纹	无	24	17.8	湖北黄陂李家嘴M2	湖北省博物馆	《盘龙城》上163页	

续表

序号	器名	分期	型式	纹饰	铭文	通高	口径	出土地点	现藏地点	著录情况	备注
48	弦纹斝	一期晚段	Ab型Ⅲ式	弦纹	无	23.5	14	1975年潞城县废铜中拣选	长治博物馆	《文物》1982年第9期49页	一柱及两足残
49	兽面纹斝 M110：2	一期晚段	Ab型Ⅲ式	兽面纹、圆圈纹	无	24.3	17.5	河南辉县琉璃阁M110		《辉县》24页；《河青》1.105	柱顶饰涡纹
50	兽面纹斝 郑博0057	一期晚段	Ab型Ⅲ式	兽面纹、涡纹	无	25	17.4	1958年郑州出土	郑州市博物馆	《河青》1.49；《全集》1.85、86	柱顶饰涡纹
51	兽面纹斝 新博0185	一期晚段	Ab型Ⅲ式	兽面纹、夔纹、涡纹	无	18.2	8.9	1954年辉县出土	新乡市博物馆	《河青》1.116；《辞典》0176	柱顶饰涡纹
52	兽面纹斝	一期晚段	Ab型Ⅲ式	兽面纹	无	29	19	1979年河南郑州出土	河南省博物院	《辞典》0175	柱顶有涡纹
53	夔纹斝	一期晚段	Ab型Ⅲ式	夔纹、连珠纹、涡纹	无	26	17.9	1955年郑州白家庄出土	中国国家博物馆	《全集》1.87	
54	兽面纹斝 C8M39：1	一期晚段	Ab型Ⅲ式	涡纹 兽面纹	无	28.5	19.4	郑州东里路C8M39	河南省博物院	《中原文物》1981年第2期2页；《全集》1.83	
55	兽面纹斝 83YSⅢM1：5	一期晚段	Ab型Ⅲ式	涡纹 兽面纹	无	31	19.5	河南偃师商城83YSⅢM1		《考古》1984年第10期872～879页	柱顶有涡纹
56	兽面纹斝 P：042	一期晚段	Ab型Ⅲ式	兽面纹 涡纹	无	22.4	15	湖北黄陂盘龙城	湖北省博物馆	《盘龙城》上413页	
57	兽面纹斝 P：046	一期晚段	Ab型Ⅲ式	兽面纹 连珠纹	无	28	16.6	湖北黄陂盘龙城	湖北省博物馆	《盘龙城》上417页	

续表

序号	器名	分期	型式	纹饰	铭文	通高	口径	出土地点	现藏地点	著录情况	备注
58	兽面纹斝 P：041	一期晚段	Ab型Ⅲ式	兽面纹 连珠纹	无	27	18	湖北黄陂盘龙城	湖北省博物馆	《盘龙城》上417页	
59	兽面纹斝 P：047	一期晚段	Ab型Ⅲ式	兽面纹 涡纹	无			湖北黄陂盘龙城	湖北省博物馆	《盘龙城》上417页	口残，腹高4.5，足高10厘米
60	兽面纹斝 P：0134	一期晚段	Ab型Ⅲ式	兽面纹 涡纹	无	20	15.4	湖北黄陂盘龙城	湖北省博物馆	《盘龙城》上417页	
61	兽面纹斝 楼M7：1	一期晚段	Ab型Ⅲ式	凸弦纹 兽面纹	无			湖北黄陂楼子湾M7	湖北省博物馆	《盘龙城》上381页	口残，体量不明
62	兽面纹斝 楼M8：1	一期晚段	Ab型Ⅲ式	凸弦纹 兽面纹	无	20.4	14.2	湖北黄陂楼子湾M8	湖北省博物馆	《盘龙城》上381页	
63	兽面纹斝 李家嘴M3：1	一期晚段	Ab型Ⅲ式	兽面纹 涡纹	无	22	15.5	湖北黄陂李家嘴M3	湖北省博物馆	《盘龙城》上191页	
64	兽面纹斝 PYWH6：27	一期晚段	Ab型Ⅲ式	兽面纹	无	26.4	16.4	湖北黄陂盘龙城杨家湾H6	湖北省博物馆	《盘龙城》上278页	
65	兽面纹斝 楼M1：1	一期晚段	Ab型Ⅲ式	兽面纹斝	无			湖北黄陂楼子湾M1	湖北省博物馆	《盘龙城》上381页	口残，体量不明
66	弦纹斝 M2：7	一期晚段	Ab型Ⅲ式	弦纹	无	19.8	15.2	郑州市铭功路西侧M2	郑州市博物馆	《考古》1965年第10期500页	底、腹、颈部有烟炱痕迹，腹内水锈
67	弦纹斝 M2：20	一期晚段	Ab型Ⅲ式	弦纹	无	20	14.8	郑州市铭功路西侧M2	郑州市博物馆	《考古》1965年第10期500页；《河青》1.12	外有烟炱，内有水锈，发掘前取出残损

续表

序号	器名	分期	型式	纹饰	铭文	通高	口径	出土地点	现藏地点	著录情况	备注
68	兽面纹斝 C8M3：6	二期	Ab型 Ⅲ式	兽面纹 涡纹	无	26	17.9	郑州市白家庄M3	中国国家博物馆	《文物参考资料》1955年第10期29页；《河青》1.29	出土时残破
69	兽面纹斝 北二七路 M1：1	二期	Ab型 Ⅲ式	涡纹 兽面纹	无	33	19.8	郑州市北二七路M1	郑州市博物馆	《文物》1983年第3期69页	柱顶饰涡纹
70	连珠纹斝 北二七路 M1：2	二期	Ab型 Ⅲ式	连珠纹	无	23	14.3	郑州市北二七路M1	郑州市博物馆	《文物》1983年第3期69页	
71	兽面纹斝 北二七路 M1：4	二期	Ab型 Ⅲ式	兽面纹	无	27.5	17.2	郑州市北二七路M1	郑州市博物馆	《文物》1983年第3期69页	出土时已残二足
72	兽面纹斝 北二七路 M2：1	二期	Ab型 Ⅲ式	兽面纹 连珠纹	无	21.3	14	郑州市北二七路M2	郑州市博物馆	《文物》1983年第3期74页	
73	弦纹斝 北二七路 M2：12	二期	Ab型 Ⅲ式	弦纹	无	21		郑州市北二七路M2	郑州市博物馆	《文物》1983年第3期75页	口沿仅一柱，已扁凹残破
74	兽面纹斝 PYWM5：3	二期	Ab型 Ⅲ式	涡纹 兽面纹	无	25.2	14.4	湖北黄陂杨家湾M5	湖北省博物馆	《盘龙城》上250页	
75	兽面纹斝 89HPCYM1：2	二期	Ab型 Ⅲ式	兽面纹 连珠纹	无	24.7	16	89年盘龙城 HPCYM1	湖北省博物馆	《盘龙城》上72页	

续表

序号	器名	分期	型式	纹饰	铭文	通高	口径	出土地点	现藏地点	著录情况	备注
76	兽面纹斝 PYWM4：4	二期	Ab型 Ⅲ式	兽面纹	无		14.9	湖北黄陂杨家湾M4	湖北省博物馆	《盘龙城》上250页	
77	兽面纹斝 PYWM7：3	二期	Ab型 Ⅲ式	兽面纹 涡纹	无	26.8	18.1	湖北黄陂杨家湾M7	湖北省博物馆	《盘龙城》上250页	
78	弦纹斝 PYWM11：2	二期	Ab型 Ⅲ式	弦纹	无	22.4	14.6	湖北黄陂杨家湾 M11	湖北省博物馆	《盘龙城》上278页	
79	兽面纹斝 PYWM11：29	二期	Ab型 Ⅲ式	兽面纹	无	23.4	14.4	湖北黄陂杨家湾 M11	湖北省博物馆	《盘龙城》上278页	
80	兽面纹斝 PYWM11：30	二期	Ab型 Ⅲ式	兽面纹	无			湖北黄陂杨家湾 M11	湖北省博物馆	《盘龙城》上278页	口残，体量不明
81	兽面纹斝 PYWM11：31	二期	Ab型 Ⅲ式	兽面纹	无	21.2	14.4	湖北黄陂杨家湾 M11	湖北省博物馆	《盘龙城》上278页	
82	斝 M106：4	二期	Ab型 Ⅲ式	勾连云纹、连珠纹、涡纹	无	23.4	15.5	济南东郊大辛庄 M106	山东省文物考古研究所	《考古》 2004年第7期29页	
83	兽面纹斝	二期	Ab型 Ⅳ式	涡纹 兽面纹	无	24.5	14.5	山东滕州官桥镇轩辕村南	滕州市博物馆	《文物》 1993年第6期95页	
84	兽面纹斝 豫0895	二期	Ab型 Ⅳ式	涡纹、兽面纹、连珠纹	无	28.5	17.2	1954年郑州白家庄出土	河南省博物院	《河青》1.54；《全集》1.95	
85	兽面纹斝	二期	Ab型 Ⅳ式	涡纹、兽面纹、连珠纹	无	25.2	15.5	1973年郑州二里岗出土	河南省博物院	《河青》1.55	柱顶饰涡纹
86	兽面纹斝 铜陵童墩村	二期	Ab型 Ⅳ式	涡纹 兽面纹	无	33	18.2	1983年12月铜陵县童墩村出土	铜陵市文物管理所	《皖南》第10页	同出1爵

续表

序号	器名	分期	型式	纹饰	铭文	通高	口径	出土地点	现藏地点	著录情况	备注
87	兽面纹斝	二期	Ab型Ⅴ式	兽面纹	无	29	22	临汝李楼村商墓	临汝县文化馆	《中原文物》1983年第2期85页；《考古》1983年第9期839页	无柱，器底有烟炱，器内有水锈
88	兽面纹斝	二期	Ab型Ⅴ式	兽面纹	无	23.3		济南东郊大辛庄		《文物》1972年第5期3页	
89	兽面纹斝	二期	Ab型Ⅴ式	涡纹 兽面纹	无	残18	13	北京平谷刘家河村		《文物》1977年第11期2页	已残，外有烟炱痕迹
90	兽面纹斝 YM333：R2044	二期	Ab型Ⅴ式	涡纹、兽面纹、连珠纹	无	28.9	17～21.2	安阳殷墟YM333	“中央”研究院历史语言研究所	《斝形器》221页	
91	兽面纹斝 YM333：R2045	二期	Ab型Ⅴ式	涡纹、兽面纹、连珠纹	无	34	16.3	安阳殷墟YM333	“中央”研究院历史语言研究所	《斝形器》221页	
92	目雷纹斝	二期	Ab型Ⅴ式	目雷纹、连珠纹	无	19	16	山西长子北高庙坡		《文物资料丛刊》第3辑198页	一柱已残缺
93	兽面纹斝 YM388：R2047	二期	Ab型Ⅴ式	涡纹、兽面纹、连珠纹	无	27.8	13.7～14.8	安阳殷墟YM388	“中央”研究院历史语言研究所	《斝形器》223页	
94	亚貘斝	二期	Ab型Ⅴ式	兽面纹	鋬内 亚貘			1940年河南安阳出土	梁上椿旧藏	《岩窟》上24；《集成》9164；《总集》4325；《商周》10951	

续表

序号	器名	分期	型式	纹饰	铭文	通高	口径	出土地点	现藏地点	著录情况	备注
95	斝 新博0183	三期 早段	Ab型 Ⅵ式	涡纹、云雷纹、蕉叶纹、兽面纹		44.7	22.5	1952年安阳市郊区出土	新乡市博物馆	《中原文物》1985年第1期30页；《河青》1.329；《总集》4272；《集成》9132；《商周》10898	柱顶饰云雷纹、涡纹
96	兽面纹斝	三期 早段	Ab型 Ⅵ式	蕉叶纹、兽面纹，蝉纹	无	50	22.2	山西石楼二郎坡		《文物参考资料》1958年第1期36页	斝、卣叠压在一起，柱高11.3厘米
97	兽面纹斝 M5：781	三期 早段	Ab型 Ⅵ式	涡纹、三角纹、兽面纹、蕉叶纹	无	48.4	22.3	河南安阳小屯M5	社科院考古研究所安阳工作站	《妇好墓》70页	
98	爰斝	三期 早段	Ab型 Ⅵ式	兽面纹	爰	48.6	23.1	传安阳侯家庄殷墟大墓	日本东京出光美术馆	《日菁华》3.243；《中铜》98；《出光》395；《集成》9126；《汇编》1391；《总集》4273；《新收》1783；《商周》10891	神户广海二三郎旧藏

续表

序号	器名	分期	型式	纹饰	铭文	通高	口径	出土地点	现藏地点	著录情况	备注
99	[illegible]斝	三期 早段	Ab型 Ⅵ式	蕉叶纹 云雷纹 兽面纹	[illegible]	24		传河南安阳出土	日本京都川合定治郎旧藏	《日菁华》3.241；《汇编》1577；《集成》9142；《总集》4268；《综览》斝40；《商周》10903	
100	弦纹斝 C8M32：2	一期 早段	Ac型 Ⅰ式	弦纹	无	24.5	17.2	郑州东里路黄河医院C8M32		《中原文物》1981年第2期1页	器底外部有烟炱，器内有水垢
101	兽面纹斝 C8M2：7	二期	Ac型 Ⅱ式	弦纹 兽面纹	无	22	16	郑州市白家庄M2	郑州市博物馆	《文物参考资料》1955年第10期29页；《全集》1.91；《河青》1.21	出土时粘附白色编织物和木质痕
102	兽面纹斝 96ZSNH1上：5	二期	Ac型 Ⅱ式	涡纹 兽面纹	无	40.4	19.6	郑州南顺城街窖藏	郑州市博物馆	《郑州商代青铜器窖藏》17页	一足近足尖处有大块修补痕迹，内壁有较厚的水垢
103	兽面纹斝 96ZSNH1上：6	二期	Ac型 Ⅱ式	涡纹 兽面纹	无	26.6	15.2	郑州南顺城街窖藏	郑州市博物馆	《郑州商代青铜器窖藏》17页	内壁有较厚的水垢
104	夔纹斝	二期	Ac型 Ⅱ式	涡纹 变形夔纹	无	23	14.8	河南郾城县孟庙乡拦河潘村	郾城县许慎纪念馆	《考古》1987年第8期765、766页；《全集》1.94	柱顶饰涡纹

续表

序号	器名	分期	型式	纹饰	铭文	通高	口径	出土地点	现藏地点	著录情况	备注
105	兽面纹斝 郑博0156	二期	Ac型 Ⅱ式	涡纹、兽面纹、连珠纹	无	31	15.4	1969年郑州卷烟厂出土	郑州市博物馆	《河青》1.53	
106	兽面纹斝 G1：6	二期	Ac型 Ⅱ式	涡纹、兽面纹、圆圈纹	无	20.4	14.2	河南安阳三家庄窖藏	社科院考古所安阳工作队	《考古》1985年第12期1135，1139、1140页	缺一柱，一足残半，腹缺三分之一
107	兽面纹斝 YM232：R2038	二期	Ac型 Ⅱ式	兽面纹	无	30.1	19～19.3	安阳殷墟YM232	“中央”研究院历史语言研究所	《斝形器》223页	
108	兽面纹斝 GM907：4	二期	Ac型 Ⅱ式	涡纹 兽面纹	无	33	17.3	河南安阳殷墟西区GM907	社科院考古所安阳工作队	《考古学报》1979年第1期82页；《河青》1.241	柱顶饰涡纹
109	子父辛斝	二期	Ac型 Ⅱ式	兽面纹	左柱子父辛	33.5	24.3	安徽嘉山县泊岗引河工地	南京博物院	《文物》1965年第7期23页；《东南文化》1991年第2期269页；《新收》1324；《商周》11014	斝柱为后期复原
110	兽面纹斝 铜陵市a4	二期	Ac型 Ⅱ式	兽面纹、涡纹		33	18.2	铜陵市西湖乡童墩村		《考古》 2010年第6期85页	
111	兽面纹斝	二期	Ac型 Ⅱ式	兽面纹 圆圈纹	无	残23	16	1975年潞城县废铜中拣选	长治博物馆	《文物》 1982年第9期49页	斝柱及鋬均残
112	兽面纹斝 M14：1	二期	Ac型 Ⅲ式	涡纹、兽面纹、目雷纹	无	23.6		藁城台西M14	河北省博物馆	《藁城》 119页	柱颈扁方形

续表

序号	器名	分期	型式	纹饰	铭文	通高	口径	出土地点	现藏地点	著录情况	备注
113	兽面纹斝 M112：5	二期	Ac型 Ⅲ式	兽面纹 目雷纹	无	34.6		藁城台西M112	河北省博物馆	《藁城》123页	
114	弦纹斝 M22：5	二期	Ac型 Ⅲ式	弦纹	无	24.3		藁城台西M22	河北省博物馆	《藁城》127页	
115	兽面纹斝 M36：4	二期	Ac型 Ⅲ式	兽面纹 雷纹	无	27.8		藁城台西M36	河北省博物馆	《藁城》123页	
116	兽面纹斝 M35：2	二期	Ac型 Ⅲ式	兽面纹 目雷纹	无	29		藁城台西M35	河北省博物馆	《藁城》126页	
117	兽面纹斝 M85：2	二期	Ac型 Ⅲ式	兽面纹 雷纹	无	24.8		藁城台西M85	河北省博物馆	《藁城》126页	
118	兽面纹斝 标本C：3	二期	Ac型 Ⅲ式	兽面纹	无	25.8		藁城台西商代遗址	河北省博物馆	《藁城》123页	
119	兽面纹斝 标本C：13	二期	Ac型 Ⅲ式	蝉纹 兽面纹	无	21		藁城台西商代遗址	河北省博物馆	《藁城》123页	
120	兽面纹斝	二期	Ac型 Ⅲ式	兽面纹	无	46	22..7	安徽阜南常庙乡火星农业社	安徽省博物馆	《文物》1959年第1期封二；《辞典》0182；《安徽》四	
121	兽面纹斝	二期	Ac型 Ⅲ式	兽面纹	无	26.5	17.5	山西长子北高庙坡		《文物资料丛刊》第3辑198页	足部及一柱残破
122	兽面纹斝 M60：8	二期	Ac型 Ⅲ式	兽面纹 云雷纹	无	37.7	21.4	安阳殷墟花园庄东地M60		《考古》2006年第1期13页；《殷墟新》8	腹壁厚0.57

续表

序号	器名	分期	型式	纹饰	铭文	通高	口径	出土地点	现藏地点	著录情况	备注
123	兽面纹斝 YM232：R2039	二期	Ac型 Ⅲ式	兽面纹	无	23.5	15.7～16.8	安阳殷墟YM232	“中央”研究院历史语言研究所	《斝形器》224页	足、底有烟炱痕迹，柱向内倾斜
124	兽面纹斝 YM388：R2046	二期	Ac型 Ⅲ式	涡纹 兽面纹	无	27.9	16.5～17	安阳殷墟YM388	“中央”研究院历史语言研究所	《斝形器》229页	
125	兽面纹斝 三家庄M3：3	二期	Ac型 Ⅲ式	涡纹 兽面纹	无	26.6	17.6	河南安阳三家庄M3		《考古》1983年第2期130页；《殷墟》86	
126	兽面纹斝 岐10	二期	Ac型 Ⅲ式	兽面纹 雷纹	无	22.3	16.6	1972年岐山京当出土	岐山县文化馆	《文物》1977年第12期86页；《陕青》1.8；《辞典》52页	窖穴，同出铜鬲爵觚戈各1
127	兽面纹斝 七一543	二期	Ac型 Ⅲ式	涡纹 目云纹	无	22	16.5	1971年户县侯家庙出土	陕西历史博物馆	《陕青》1.5	
128	兽面纹斝 延安366	二期	Ac型 Ⅲ式	兽面纹	无	33.8	17.5	陕西省延川县马家河乡用斗村	延安市文物研究所	《陕北》129页	
129	兽面纹斝 CHBSXT：1	三期 早段	Ac型 Ⅲ式	鸟纹 兽面纹	无	56.2	27.3	陕西城固宝山镇苏村小冢铜器点	陕西历史博物馆	《城洋青铜器》77页；《汉中》92页	
130	兽面纹斝	三期 早段	Ac型 Ⅲ式	圆圈纹 云雷纹 兽面纹	无	20	15	江西清江吴城正矿山M3	江西省博物馆	《文物》1977年第9期58页；《辞典》0183	残损严重，后修复
131	兽面纹斝 0181	三期 早段	Ac型 Ⅲ式	兽面纹	无	65.4	25.7	安徽肥西	安徽省博物馆	《辞典》52页	

续表

序号	器名	分期	型式	纹饰	铭文	通高	口径	出土地点	现藏地点	著录情况	备注
132	兽面纹斝 YM188：R2037	三期早段	Ac型Ⅲ式	兽面纹	无	31.1	17.2～17.6	安阳殷墟YM188	“中央”研究院历史语言研究所	《斝形器》227页	
133	兽面纹斝 YM331：R2041	三期早段	Ac型Ⅲ式	兽面纹	无	38.6	23.4～24.9	安阳殷墟YM331	“中央”研究院历史语言研究所	《斝形器》228页	
134	兽面纹斝 YM331：R2043	三期早段	Ac型Ⅲ式	兽面纹	无	38.5	24.1～24.5	安阳殷墟YM331	“中央”研究院历史语言研究所	《斝形器》229页	
135	兽面纹斝 77AXTM18：15	三期早段	Ac型Ⅲ式	涡纹 兽面纹	无	28.2	17	河南安阳小屯77AXTM18		《考古学报》1981年第4期491页；《殷墟》155	
136	兽面纹斝 天湖M8：7	三期早段	Ac型Ⅲ式	涡纹 兽面纹	无	33.4	20.6	河南罗山县蟒张公社后李M8		《考古学报》1986年第2期153页；《中原文物》1981年第4期4页	
137	夔纹斝 M44：7	三期早段	Ac型Ⅲ式	夔纹 圆圈纹	无	23	15	西安老牛坡商代墓地M44		《文物》1988年第6期1～22页	
138	兽面纹斝	三期早段	Ac型Ⅲ式	涡纹 兽面纹	无	27.5	16	山西长治西白兔村	长治博物馆	《文物》1982年第9期49页	
139	马危斝 M303：118	三期早段	Ac型Ⅲ式	涡纹、弦纹、兽面纹、云雷纹	内底 马危	36.7	21.7	安阳大司空AST1418M303	中国社会科学院考古研究所安阳工作队	《考古学报》2008年第3期368页；《殷墟新》181；《商周》10963	腹内有一玉夔龙

续表

序号	器名	分期	型式	纹饰	铭文	通高	口径	出土地点	现藏地点	著录情况	备注
140	兽面纹斝 0970	三期早段	Ac型 Ⅲ式	云雷纹 兽面纹	无	24	14.9	安阳武官	安阳市博物馆	《中原文物》1986年第3期118页	
141	兽面纹斝 YM188：R2036	三期 早段	Ac型 Ⅳ式	兽面纹	无	32.7	20.1 ~ 20.2	安阳殷墟YM188	“中央”研究院历史语言研究所	《斝形器》226页	
142	兽面纹斝 YM331：R2042	三期 早段	Ac型 Ⅳ式	兽面纹	无	30.8	19.2 ~ 19.5	安阳殷墟YM331	“中央”研究院历史语言研究所	《斝形器》225页	
143	妇好大圆斝 M5：751	三期 早段	Ac型 Ⅳ式	涡纹 三角纹 兽面纹	内底妇好	64	28.2	河南安阳小屯M5	中国社会科学院考古研究所安阳工作站	《妇好墓》69页；《集成》9180；《总集》4302；《商周》10958	腹一侧和一足内侧有丝织品残迹，鋬下有粗纺织品残迹
144	兽面纹斝	三期 早段	Ac型 Ⅳ式	涡纹 兽面纹	无	36	23	山西石楼后兰家沟		《文物》1962年第4、5期33页	
145	兽面纹斝	三期 早段	Ac型 Ⅳ式	涡纹 兽面纹	无	39.5	17.7	山西隰县城南乡庞村	小西天文管所	《文物》1991年第7期95页	墓葬被扰，形制不明
146	兽面纹斝 陕历博 二〇〇二29	三期 早段	Ac型 Ⅳ式	兽面纹 蕉叶纹		42.5	21.8	陕西省延川县马家河乡华家塬	陕西历史博物馆	《陕北》131页	
147	司巧母大圆斝 M5：857	三期 早段	Ac型 Ⅳ式	涡纹 兽面纹 蕉叶纹	口内壁司巧母	65.7	30.7	河南安阳小屯M5	中国社会科学院考古研究所安阳工作站	《妇好墓》69页；《辞典》0187；《集成》9223；《总集》4323；《商周》11019	

续表

序号	器名	分期	型式	纹饰	铭文	通高	口径	出土地点	现藏地点	著录情况	备注
148	司巧母大圆斝 M5：860	三期早段	Ac型Ⅳ式	涡纹、三角纹、兽面纹、蕉叶纹	口内壁司巧母	66.5	30.7	河南安阳小屯M5	中国社会科学院考古研究所安阳工作站	《妇好墓》70页；《河青》1.159；《集成》9222；《总集》4322；《商周》11018	
149	亚其斝 M5：1197	三期早段	Ac型Ⅳ式	三角纹、兽面纹、蕉叶纹	内底亚其	61.2	29.3	河南安阳小屯M5	中国社会科学院考古研究所安阳工作站	《妇好墓》70页；《集成》9163；《总集》4305；《商周》10950	腹部有纺织品残迹
150	其斝 M5：861	三期早段	Ac型Ⅳ式	涡纹、三角纹、兽面纹、蕉叶纹	底里中部其	61.8	29.2	河南安阳小屯M5	中国社会科学院考古研究所安阳工作站	《妇好墓》70页；《殷墟》52；《集成》9127；《总集》4304；《商周》10893	与亚其斝成对
151	子束泉斝 M5：317	三期早段	Ac型Ⅳ式	涡纹、三角纹、兽面纹、弦纹	内底子束泉	残25.5	19	河南安阳小屯M5	中国社会科学院考古研究所安阳工作站	《妇好墓》70页；《集成》9224；《商周》11020	
152	兽面纹斝 M5：782	三期早段	Ac型Ⅳ式	涡纹、三角纹、兽面纹、蕉叶纹	无	42.1	19.3	河南安阳小屯M5	中国社会科学院考古研究所安阳工作站	《妇好墓》70页	
153	兽面纹斝	三期早段	Ac型Ⅳ式	涡纹、兽面纹、圆圈纹	无	24.5	14.5	山东滕州官桥镇轩辕村南		《文物》1993年第6期95-96页	

续表

序号	器名	分期	型式	纹饰	铭文	通高	口径	出土地点	现藏地点	著录情况	备注
154	爰斝 M269：42	三期早段	Ac型Ⅳ式	夔纹、兽面纹、云纹	口沿内侧爰	34.7	19.9	河南安阳戚家庄东M269	安阳市博物馆	《考古学报》1991年第3期325～352页；《安青》33；《近出》915；《新收》155；《商周》10892	颈腹部有竹席朽迹，腹足另一侧有丝织品痕迹
155	兽面纹斝 M220：5	三期早段	Ac型Ⅳ式	兽面纹		23.8		安阳殷墟刘家庄北地M220		《考古》2012年第12期39页	口沿残
156	兽面纹斝 GM907：1	三期早段	Ac型Ⅳ式	兽面纹		33	17.3	殷墟西区M907		《殷墟》73	
157	亚㠱斝	三期早段	Ac型Ⅳ式	蕉叶纹、云雷纹、兽面纹	内底亚㠱	75.3		安阳市武官北地出土	美国旧金山亚洲艺术博物馆	《赛克勒》（1987）103页；《布伦戴齐》26；《集成》9158；《商周》10947	布伦戴奇藏品
158	[illegible]斝	三期早段	Ac型Ⅳ式	蕉叶纹、云雷纹、兽面纹	[illegible]			传安阳出土	德国科隆东洋博物馆	《鄴三》1.35；《铙斋》19；《集成》9144；《综览》斝63；《商周》10932	
159	亚㠱斝	三期早段	Ac型Ⅳ式	蕉叶纹、云雷纹、兽面纹	内壁亚㠱	74.6		安阳市侯家庄西北冈大墓	日本东京根津美术馆	《青山庄》9；《汇编》8.1036；《综览》斝62；《集成》9157；《总集》4281；《商周》10946	

续表

序号	器名	分期	型式	纹饰	铭文	通高	口径	出土地点	现藏地点	著录情况	备注
160	凤柱斝	三期早段	Ac型Ⅳ式	兽面纹	无	41	19.5	1973年岐山县贺家村一号墓	陕西历史博物馆	《考古》1976年第1期31页；《陕青》1.22；《辞典》0186；《周原》1242页	
161	兽面纹斝	二期	B型Ⅰ式	涡纹、兽面纹、弦纹	无	21.4	13.5	1979年郑州二里岗出土	郑州市博物馆	《中原文物》1982年第4期29页	明器
162	兽面纹斝	二期	B型Ⅰ式	兽面纹、连珠纹、人形弦纹	无	21.5	15.1	1974年新郑望京楼	新郑县文化馆	《河青》1.93	同出鼎鬲爵觚各1，玉器4件
163	弦纹斝M106：9	二期	B型Ⅰ式	弦纹	无	21.2	13.6	济南东郊大辛庄M106		《考古》2004年第7期37页	
164	兽面纹斝P：02	二期	B型Ⅰ式	兽面纹、连珠纹	无			湖北黄陂盘龙城	湖北省博物馆	《盘龙城》上418页	口残，体量不明
165	三角雷纹斝汴博11014	二期	B型Ⅰ式	连珠纹、三角雷纹	无	21.3	14.3	1973年郑州出土	开封市博物馆	《河青》1.56；《全集》1.90	柱顶饰涡纹
166	弦纹斝M12：2	三期早段	B型Ⅱ式	弦纹、涡纹	无	28	20.9	河南罗山蟒张天湖商周墓地M12		《考古学报》1986年第2期166页；《中原文物》1981年第4期8页	器壁砂眼较多
167	兽面纹斝陕历博A九二476	三期早段	B型Ⅱ式	云雷纹兽面纹	无	残19.6	14.9	陕西延长县油矿职工朱焕明交	陕西历史博物馆	《陕北》133页	

续表

序号	器名	分期	型式	纹饰	铭文	通高	口径	出土地点	现藏地点	著录情况	备注
168	戈斝	三期晚段	B型Ⅱ式	弦纹	戈	34.2	20.7	1952年辉县褚邱出土	新乡市博物馆	《集成》9140；《商周》10901；《中原文物》1985年第1期27页	
169	弦纹斝	三期晚段	B型Ⅱ式	弦纹	无	32.3	17.1	1979年3月林县姚村公社下陶村	林县文化馆	《文物》1982年第9期33页；《河南文博通讯》1980年第2期62页	
170	亚宎址斝 M160：174	三期晚段	B型Ⅱ式	凸弦纹、目雷纹	鋬内亚宎址	27.5	20.1	安阳殷墟郭家庄M160	中国社会科学院考古研究所安阳工作站	《郭家庄》83页图60.1；《近出》924；《新收》221；《殷墟新》133；《商周》11023	无柱
171	弦纹斝 GM875：5	三期晚段	B型Ⅱ式	涡纹、弦纹	无	33	19	安阳殷墟GM875	中国社会科学院考古研究所安阳工作站	《殷墟》191	
172	弦纹斝 M41：8	三期晚段	B型Ⅱ式	涡纹、兽面纹	无		13.4	河南罗山蟒张天湖商周墓地M41		《考古学报》1986年第2期166页；《中原文物》1981年第4期4页	残

续表

序号	器名	分期	型式	纹饰	铭文	通高	口径	出土地点	现藏地点	著录情况	备注
173	亚□□斝 99ALM1046：20	三期晚段	B型Ⅱ式	涡纹、凸弦纹	盩内亚□□	24.3	16.2	河南安阳殷墟刘家庄北M1046	中国社会科学院考古研究所安阳工作站	《考古学集刊·15》359页；《新收》260；《殷墟新》217；《商周》11024	裆高9.4壁厚0.2-0.3厘米
174	素面斝 M213：69	三期晚段	B型Ⅱ式	素面	无	34.4	21.2	山东滕州前掌大墓地M213	中国社会科学院考古研究所	《前掌大》222页	器底和足上有烟炱痕迹
175	兽面纹斝	三期晚段	B型Ⅱ式	兽面纹	无	35	21	山东滕县井亭煤矿		《文物》1959年第12期67页	
176	素面斝	三期晚段	B型Ⅱ式	素面	无	27.5	19.7	湖北浠水十月区星光大队		《考古》1965年第7期369页	有烟炱痕迹，出土时一足断，口缺一块
177	云纹斝 81YZHCT：4	三期晚段	B型Ⅱ式	涡纹 、弦纹	无	31.9	18.9	陕西洋县小江乡张村北之汉江南岸	洋县文博馆	《城洋青铜器》176页；《汉中》95页	器残
178	雷纹斝	三期晚段	B型Ⅱ式	涡纹对角雷纹	无	34	19.5	山东寿光市益都侯故城遗址		《文物》1985年第3期1-11页	挖井扰动严重，坑边不明晰
179	斝 M1:27	三期晚段	B型Ⅱ式	凸弦纹、兽面纹、三角云纹	无	27	18.8	山西灵石旌介商墓M1		《灵石旌介商墓》48页	无柱
180	弦纹分裆斝 2007RSW M1：14	三期晚段	B型Ⅱ式	弦纹		26.5	16.5	安阳榕树湾一号商墓	安阳市文物考古研究所	《考古》2009年第5期30页	足高8、重2500克

续表

序号	器名	分期	型式	纹饰	铭文	通高	口径	出土地点	现藏地点	著录情况	备注
181	□父戊斝 H2498：2	三期 晚段	B型 Ⅱ式	夔纹、兽面纹、弦纹	□父戊	31	18.6	殷墟刘家庄北地H2498	中国社会科学院考古研究所安阳工作站	《考古》 2012年第12期33页	3字铭文
182	弦纹斝 徐M1：2	三期 晚段	B型 Ⅱ式	弦纹 涡纹	无	31.2	20.8	安阳殷墟徐家桥M1	安阳市文物考古研究所	《徐家桥》8页； 《殷墟新》227	裆内有烟炱痕迹
183	祖己斝	三期 晚段	B型 Ⅱ式	弦纹	鋬内 祖己	31	20	1981年河南武陟县宁郭村	武陟县博物馆	《文物》1989年第12期91页；《近出》917；《商周》10979	
184	婦十未斝 M7：33	三期 晚段	B型 Ⅱ式	弦纹	婦十未	28		安阳殷墟大司空东地商墓M7	中国社会科学院考古研究所	《殷墟新》160； 《商周》11021	
185	亚必其斝	三期 晚段	B型 Ⅱ式	勾连雷纹 弦纹	鋬内亚 必其	25.2	13.2	陕西岐山北郭乡樊村	岐山县博物馆	《文物》1992年第6期72页；《近出》925；《新收》650；《商周》11025	
186	田父甲斝	三期 晚段	B型 Ⅱ式	弦纹	器盖同铭 田父甲	39.1		传1918年山东长清县崮山驿出土	日本大阪斋藤悦藏氏旧藏	《三代》13.50.7；《贞松》8.34.3；《日菁华》3.427；《汇编》9.1700；《综览》斝106；《集成》9205；《总集》4310；《商周》11004	同出鼎簋罍卣爵觚

续表

序号	器名	分期	型式	纹饰	铭文	通高	口径	出土地点	现藏地点	著录情况	备注
187	匕田丫斝	三期晚段	B型Ⅱ式	弦纹	鋬内匕田丫			河南安阳市薛家庄	浙江省博物馆	《賸稿》44；《综览》斝87；《集成》9227；《总集》4321；《商周》11026	
188	马危斝 M303：108	三期晚段	B型Ⅱ式	涡纹弦纹	鋬下马危	34.3	18.4	安阳大司空AST1418M303	社科院考古所安阳工作队	《考古学报》2008年第3期368页；《殷墟新》182；《商周》10964	
189	何斝	三期	B型Ⅱ式	弦纹	鋬内何			传河南安阳郭家湾北地出土	加拿大多伦多安大略博物馆	《三代补》569；《集成》9117；《商周》10915	怀履光旧藏图像未见
190	弦纹斝 赛格金地M13:7	三期晚段	B型Ⅲ式	弦纹	鋬内保父癸	27	16.7	安阳殷墟赛格金地M13	安阳市考古研究所	《徐家桥》72页；《殷墟新》106；《商周》11015	
191	[illegible]斝	三期晚段	B型Ⅲ式	弦纹	鋬内[illegible]	17	13	传山东费县出土	北京文物研究所	《文物》1982年第9期40页；《集成》9176；《商周》10954	无柱
192	素面斝 M9：29	三期晚段	B型Ⅲ式	素面	无	22	16	河南安阳刘家庄M9		《华夏考古》1997年第2期8页	明器

续表

序号	器名	分期	型式	纹饰	铭文	通高	口径	出土地点	现藏地点	著录情况	备注
193	弦纹斝 GM198：6	二期晚段	B型Ⅲ式	涡纹、凸弦纹	嬖内父己	20.6	13.4	安阳殷墟西区孝民屯GM198	中国社会科学院考古研究所安阳工作站	《考古学报》1979年第1期83页；《河青》1.205；《全集》3.50；《总集》4277；《综览》斝94；《商周》10982	柱顶饰涡纹
194	素面斝 75AGG M269：9	二期晚段	B型Ⅲ式	素面	无	20	13.2	河南安阳殷墟西区GM269		《考古学报》1979年第1期83页；《河青》1.209	明器
195	素面斝 GM1713：51	二期晚段	B型Ⅲ式	素面	无	19.6	11.6	安阳殷墟GM1713		《考古》1986年第8期703页	
196	素面斝 M6：27	二期晚段	B型Ⅲ式	素面	无	17.9	14.5	河南安阳郭庄北M6		《考古》1991年第10期902～909页	
197	宁箙斝 戚家庄东 M63：15	二期晚段	B型Ⅲ式	弦纹	口内宁箙	18.2	11.6	安阳殷墟戚家庄东M63	安阳市文物工作队	《安青》59；《商周》10971	
198	素面斝 M53：54	二期晚段	B型Ⅲ式	素面	无	17.7	13.1	安阳殷墟郭庄M53		《郭家庄》44页	
199	素面斝 GM2579：9	二期晚段	B型Ⅲ式	素面	无	18.5	11.5	安阳殷墟GM2579		《殷墟》228	明器
200	弦纹分裆斝 H326：3	二期晚段	B型Ⅲ式	弦纹	祖丁	25.4	16.2	殷墟刘家庄北地铜器窖藏H326	社科院考古所安阳工作站	《考古》2009年第7期24页	

续表

序号	器名	分期	型式	纹饰	铭文	通高	口径	出土地点	现藏地点	著录情况	备注
201	戈丁斝 M1：196	四期	B型 Ⅳ式	凸弦纹 云纹	戈丁	27.8	16.4	河南鹿邑太清宫长子口墓	河南省文物考古研究所	《中原文物》2000年第1期4页；《长子口》92页；《新收》562；《商周》10996	器底外侧和足部有烟炱
202	[illegible]父辛斝 M1：20	四期	B型 Ⅳ式	涡纹 弦纹	鋬内[illegible] 父辛	32.5	19.5	甘肃灵台白草坡M1	甘肃省博物馆	《文物》1972年第12期2页；《考古学报》1977年第2期109页；《总集》4324；《综览》斝107；《集成》9218；《商周》11033	底部有烟炱痕迹
203	父丁冉斝 M1：015	四期	B型 Ⅳ式	弦纹	鋬父丁 冉	34.9	19.2	湖北随州市淅河镇蒋家寨叶家山M1	湖北省文物考古研究所	《文物》2011年第11期28页；《商周》11005	腹深17.9
204	宁斝 M9：8	四期	B型 Ⅳ式	弦纹	鋬内 宁	31	17.8	陕西扶风县法门镇庄李村西周墓M9	周原考古队	《考古》2008年第12期12页；《商周》10942	外底有烟炱痕迹
205	弦纹斝 91SJGM4：6	四期	B型 Ⅳ式	涡纹 弦纹	无	29.9	18.3	陕西泾阳高家堡M4		《高家堡戈国墓》	
206	弦纹斝 M21：43	四期	B型 Ⅳ式	涡纹 弦纹	无	32.4	20	山东滕州前掌大墓地M21	中国社会科学院考古研究所	《前掌大》222页	

续表

序号	器名	分期	型式	纹饰	铭文	通高	口径	出土地点	现藏地点	著录情况	备注
207	未斝 M38：52	四期	B型Ⅳ式	涡纹、弦纹、云纹	鋬内未	35	19	山东滕州前掌大墓地M38	中国社会科学院考古研究所	《前掌大》222页；《商周》10941	器底和足上有烟炱痕迹
208	史斝 M11：95	四期	B型Ⅳ式	弦纹	鋬内史	31.2	17.6	山东滕州前掌大墓地M11	中国社会科学院考古研究所	《前掌大》222页；《商周》10940	器底和足上有烟炱痕迹
209	折斝 76FZH1：23	四期	B型Ⅳ式	斜角雷纹、目雷纹、弦纹	器盖同铭折作父乙宝尊彝，木羊册	34.1	18.6	陕西扶风庄白一号窖藏	周原博物馆	《文物》1978年第3期3页；《陕青》2.17；《辞典》0540；《集成》9248；《总集》4341；《综览》斝104；《周原》573页；《商周》11062	
210	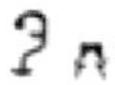斝	四期	B型Ⅳ式	弦纹	鋬内			传河南安阳郭家湾北地出土	加拿大多伦多安大略博物馆	《怀履光》（1956）99页；《集成》9189；《三代补》580；《商周》10993	怀履光旧藏
211	爻父乙斝	四期	B型Ⅳ式	弦纹	鋬内爻父乙	8.5寸	6寸	宝鸡市戴家湾J1A1		《考古与文物》1991年第1期3页；《近出》926；《新收》837；《商周》11028	

续表

序号	器名	分期	型式	纹饰	铭文	通高	口径	出土地点	现藏地点	著录情况	备注
212	宁斝 M9：8	四期	B型 Ⅳ式	弦纹	鋬内 宁	31	17.8	陕西扶风县法门镇庄李村西周墓M9	周原考古队	《考古》2008年第12期12页；《商周》10942	外底有烟炱痕迹
213	斝	四期	B型 Ⅳ式	弦纹	鋬内 	32.2	26.5	1901年陕西宝鸡斗鸡台出土	美国纽约大都会美术博物馆	《三代》13.49.3；《陶斋》1.9；《续殷》下64.1；《欧菁华》1.8；《美集录》A322；《小校》6.84；《集成》9191；《总集》4284；《商周》11036	端方旧藏
214	宁斝 M9：8	四期	B型 Ⅳ式	弦纹	鋬内 宁	31	17.8	陕西扶风县法门镇庄李村西周墓M9	周原考古队	《考古》2008年第12期12页；《商周》10942	外底有烟炱痕迹
215	目雷纹斝	二期	C型 Ⅰ式	涡纹 目雷纹	无	17.9	12.1	河南灵宝东桥	灵宝县文化馆	《考古》1979年第1期20页；《全集》1.99；《河青》1.123	柱顶饰涡纹
216	母亚斝 0185	三期 早段	C型 Ⅱ式	雷纹、三角纹、兽面纹	腹内底部 母亚	30.8	16.9	河南安阳	河南省博物院	《辞典》0185	

续表

序号	器名	分期	型式	纹饰	铭文	通高	口径	出土地点	现藏地点	著录情况	备注
217	兽面纹斝 59武官M1：2	三期 早段	C型 Ⅱ式	涡纹、三角雷纹、兽面纹	无	26.3	15.3	河南安阳武官M1	中国社会科学院考古研究所安阳工作队	《考古》1979年第3期223页；《河青》1.263	柱顶饰涡纹 柱饰三角雷纹
218	子渔斝 77AXTM18：17	三期 早段	C型 Ⅱ式	三角纹、雷纹、兽面纹、蕉叶纹	内底 子渔	26.8	20	河南安阳小屯 77AXTM18	中国社会科学院考古研究所安阳工作队	《考古学报》1981年第4期491页；《殷墟》156；《总集》4293；《集成》9174；《商周》10966	无柱
219	斝 M229：5	三期早段	C型 Ⅱ式	蕉叶纹 兽面纹		22.6	14.6	1999年安阳殷墟苗圃北地M229	社科院考古研究所安阳工作站	《殷墟新》41；《商周》10926	
220	徙斝 豫1606	三期 早段	C型 Ⅱ式	云雷纹、蕉叶纹、鸮纹	器内 壁徙	37.3	20	河南温县城关公社小南张	河南省博物院	《文物》1972年第1期75页；《河青》1.338；《辞典》0184；《总集》4275；《集成》9133；《综览》斝93；《商周》10900	

续表

序号	器名	分期	型式	纹饰	铭文	通高	口径	出土地点	现藏地点	著录情况	备注
221	亚斝 M539：35	三期 早段	C型 Ⅱ式	兽面纹	亚	29.3	16	河南安阳大司空M539	社科院考古研究所安阳工作站	《考古》1992年第6期509页；《殷墟》177；《新收》99；《近出》921；《集成》9143；《商周》10904	
222	女亚斝	三期 早段	C型 Ⅱ式	蕉叶纹 云雷纹 兽面纹	鋬内 女亚	30.8	13	传河南安阳		《赛克勒》（1987）265页；《综览》斝72；《集成》9177；《商周》10955	
223	斝 57高楼庄 M8：7	三期 晚段	C型 Ⅱ式	雷纹	无	23.3	16	1957年河南安阳高楼庄M8	河南省博物院	《考古》1963年第4期216页；《河青》1.283	亦有学者称为薛家庄M8
224	兽面纹斝 天湖M1：13	三期 晚段	C型 Ⅲ式	涡纹 回首鸟纹	无	27.2	15.3	河南罗山县蟒张公社后李M1	罗山县文化馆	《考古》1981年第2期111页；《中原文物》1981年第4期4页；《考古学报》1986年第2期153页	
225	父己斝 GM198：6	三期 晚段	C型 Ⅲ式	弦纹	父己	20.6	13.4	河南安阳殷墟西区M198		《殷墟》70	

续表

序号	器名	分期	型式	纹饰	铭文	通高	口径	出土地点	现藏地点	著录情况	备注
226	襄斝 M1400：R1115	三期 晚段	C型 Ⅲ式	涡纹、夔纹、三角纹、兽面纹	襄	30.5	17.3～17.4	河南安阳西北冈M1400	“中央”研究院历史语言研究所	《斝形器》233页；《集成》9110；《综览》斝67；《商周》10884	
227	登作尊彝斝	四期	C型 Ⅳ式	涡纹 弦纹	鋬内登作尊彝	19.5	13.6	河南洛阳北窑西周墓地	洛阳博物馆	《考古》1972年第2期35页；《新收》363；《集成》9236；《商周》11047	
228	弦纹斝 张家坡征集	四期	C型 Ⅳ式	弦纹	无	23.1	14.8	陕西西安长安区张家坡		《文物》2002年第12期14页	征集 一柱残
229	亚长方斝 M54：53	三期 早段	Da型 Ⅰ式	兽面纹、三角纹、夔龙纹	口内壁亚长	66.6	26.5×28.2	安阳殷墟花园庄M54	中国社会科学院考古研究所	《考古》2004年第1期7页；《新收》125；《殷墟新》68；《商周》10962	
230	妇好大方斝 M5：855	三期 早段	Da型 Ⅰ式	蕉叶纹、对夔纹、兽面纹、云雷纹	内底妇好	68.8	25.1×24	河南安阳小屯M5	社科院考古所安阳工作站	《妇好墓》67页；《河青》1.158；《辞典》0189；《总集》4299；《全集》9179；《商周》10957	鋬面有细纺织品残迹。口部稍残缺，经复原

续表

序号	器名	分期	型式	纹饰	铭文	通高	口径	出土地点	现藏地点	著录情况	备注
231	妇好大方斝 M5：752	三期早段	Da型Ⅰ式	三角形纹、云雷纹、对夔蕉叶纹	内底妇好	67	25×23.4	河南安阳小屯M5	社科院考古所安阳工作站	《妇好墓》67页；《殷墟》33；《总集》4301；《综览》斝66；《集成》9178；《商周》10956	口下两侧稍残缺，经复原
232	妇好大方斝 M5：854	三期早段	Da型Ⅰ式	云雷纹、对夔蕉叶纹	内底妇好	67.6	25.6×23.2	河南安阳小屯M5	社科院考古所安阳工作站	《妇好墓》67页；《综览》斝65；《总集》4300；《集成》9181；《商周》10959	三足残损，经复原
233	亚址方斝 M160：111	三期晚段	Da型Ⅰ式	三角纹、兽面纹、云雷纹、蝉纹	内底亚址	43.5	19.1×20.5	安阳殷墟郭家庄M160	中国社会科学院考古研究所	《郭家庄》80页；《全集》3.56；《近出》919；《新收》219；《殷墟新》130；《商周》10960	方斝腹内底部有铜锈2件，柱高11.9
234	亚址方斝 M160：173	三期晚段	Da型Ⅰ式	三角纹、兽面纹、云雷纹	内底亚址	43.4	19×20.6	安阳殷墟郭家庄M160	中国社会科学院考古研究所	《郭家庄》80页；《近出》220；《新收》220；《殷墟新》131；《商周》10961	壁厚0.5～0.6厘米

续表

序号	器名	分期	型式	纹饰	铭文	通高	口径	出土地点	现藏地点	著录情况	备注
235	长子口方斝 M1：130	四期	Da型 Ⅱ式	蕉叶纹、夔龙纹、兽面纹、云雷纹	长子口	38	18.9×18.8	河南鹿邑太清宫长子口墓		《中原文物》2000年第1期4页；《长子口》95页，彩版四三	
236	长子口方斝 M1：222	四期	Da型 Ⅱ式	蕉叶纹、夔龙纹、兽面纹、云雷纹	长子口	39	19.1×19.2	河南鹿邑太清宫长子口墓		《中原文物》2000年第1期4页；《长子口》93页，彩版四二	一足根部与器底接处有补铸痕，腹中有斗
237	带盖小方斝 M5：845	三期早段	Db型 Ⅰ式	三角纹、倒夔纹、兽面纹、兽面纹	无	21	14.4×12.3	河南安阳小屯M5	中国社会科学院考古研究所	《妇好墓》68页；《辞典》0188	
238	兽面纹斝 YM238：R2040	三期早段	Db型 Ⅰ式	三角纹、兽面纹 夔纹？	无	19.1	13.1×15	安阳殷墟YM238	“中央”研究院历史语言研究所	《斝形器》230页	
239	兽面纹斝 M1022：R1114	三期晚段	Db型 Ⅱ式	涡纹、三角纹、兽面纹	无	19.2	12.8×15.4	安阳西北冈M1022	“中央”研究院历史语言研究所	《斝形器》231页	
240	鄉宁斝	三期晚段	Db型 Ⅱ式	鸟纹、连山纹、兽面纹、夔纹	鍪内 鄉宁	40.6		大约1930年左右安阳出土（据三代补）	美国华盛顿弗利尔美术馆	《弗利尔》（1967）13页；《三代补》31；《汇编》1292；《美集录》A315；《集成》9195；《总集》4279；《综览》斝79；《商周》10970	

续表

序号	器名	分期	型式	纹饰	铭文	通高	口径	出土地点	现藏地点	著录情况	备注
241	兽面纹斝 M1022：R1113	三期晚段	Db型Ⅱ式	涡纹、三角纹、兽面纹	无	31.4	14.2×17.4	安阳西北冈M1022	“中央”研究院历史语言研究所	《斝形器》232页	
242	铜斝		不明	兽面纹	无			偃师商城M13		《中国考古学年鉴（1990）》245页	二里岗上层无图像
243	兽面纹斝		不明	涡纹、兽面纹	无	28.3	18.9	河南辉县	河南新乡博物馆	《文物资料丛刊》第3辑 33页	出土情况不明，无图像
244	兽面纹斝		不明	涡纹 兽面纹	无	24	16	河南郾城县孟庙乡拦河潘村		《考古》1987年第8期765、766页	无图
245	斝楼 M6：2		不明					湖北黄陂楼子湾M6		《盘龙城》上363页	口、颈残，体量报告未著录
246	斝		不明					郑州白家庄C8M7	河南省博物院	《河青》1 图版说明4页	资料不详
247	斝		不明					郑州铭功路M150		《华夏考古》1991年第4期6页	无照片，资料不明
248	兽面纹斝		不明	兽面纹	无			河南郑州岔河商代遗址		《考古》1988年第5期408～412页	仅存残片，不能复原
249	兽面纹斝		不明	兽面纹	无			河南许昌大路陈		《华夏考古》1988年第1期23～26页	未见图像
250	兽面纹斝 86采集：4		不明	兽面纹	无	20.2	16.4	河南许昌大路陈		《华夏考古》1988年第1期23～26页	未见图像

续表

序号	器名	分期	型式	纹饰	铭文	通高	口径	出土地点	现藏地点	著录情况	备注
251	兽面纹斝 李家嘴M1：13		不明	兽面纹、连珠纹	无			湖北黄陂李家嘴M1	湖北省博物馆	《盘龙城》上191页	口、柱、颈均残
252	兽面纹斝 PYWM4：13		不明					湖北黄陂杨家湾M4	湖北省博物馆	《盘龙城》上250页	口、颈、錾皆残，足高8厘米
253	兽面纹斝 楼M10：5		不明	凸弦纹 兽面纹	无	20.2	14.4	湖北黄陂楼子湾M10	湖北省博物馆	《盘龙城》上250页	未见图像
254	斝 楼M9：6		不明					湖北黄陂楼子湾M9	湖北省博物馆	《盘龙城》上250页	仅有斝柱和足
255	斝 01HPYW M13：16		不明	圆圈纹				湖北黄陂杨家湾M13	湖北省博物馆	《江汉考古》2005年第1期19页	残片
256	斝足		不明					河南灵宝赵家沟	灵宝县文化馆	《考古》1979年第1期20页	两件，仅存圆锥状足
257	兽面纹斝		不明	涡纹、兽面纹	无	23.9	15.5	山西石楼贺家坪		《文物》1959年第2期36页	未见图像
258	斝		不明					山东青州苏埠屯M1		《考古学报》1977年第2期23、34页	仅剩一足
259	斝		不明					山东济南大辛庄M139		《考古》2010年第10期3～6页	相关资料简报未发表

续表

序号	器名	分期	型式	纹饰	铭文	通高	口径	出土地点	现藏地点	著录情况	备注
260	微作康公斝		不明	兽面纹	微作康公宝尊彝			传1933年河南浚县，1946年傅斯年登购自北平	“中央”研究院历史语言研究所	《考古学报》1956年第1期95页；《集成》9244；《三代补》690；《商周》11061	仅存盖
261	兽面纹斝		不明	兽面纹		30	18.3	山西永和下辛角商墓	石楼县文化馆	《考古》1977年第5期355页	未见图像

一、说明：

1. 本表收录有出土地点（含有传出地点）的铜斝。

2. 表格按本文所划分铜斝型式排列，型式不明者列于表末。

二、勘误：

1.《中国文物精华大辞典·青铜卷》0179弦纹斝与《中国青铜器全集》八零弦纹斝为同一器，但图片不一致，系《精华》误将0006纽柱形斝的图片用为0179弦纹斝的图片。

2.《商周青铜器铭文暨图像集成》所录弦纹斝（11015，赛格金地M13:7）误口径15.3厘米为重量15.3千克。

附表二　传世青铜斝统计表

序号	器名	分期	型式	纹饰	铭文	通高	口径	现藏地点	著录情况	备注
1	网纹斝	一期早段	Aa型Ⅱ式	乳钉纹、弦纹网格纹	无	25.8	17.1	故宫博物院	《故宫》12页	1957年收购
2	乳钉纹斝	一期早段	Aa型Ⅱ式	凸弦纹乳钉纹	无	23.5	15.5	上海博物馆	《夏商周》005.1	上海冶炼厂废铜中拣选
3	乳钉纹斝	一期早段	Aa型Ⅱ式	凸弦纹乳钉纹	无	27.2	17	上海博物馆	《夏商周》005.2；《全集》1.18	上海冶炼厂废铜中拣选
4	乳钉纹斝	一期早段	Aa型Ⅱ式	乳钉纹	无	27.2	16.4	上海博物馆	《夏商周》006	斝底部及三足旧补较多，曾入火使用
5	连珠纹斝48068	一期早段	Aa型Ⅱ式	弦纹连珠纹	无	24	14.5	上海博物馆	《学步》第1页	
6	乳钉纹斝豫0262	一期晚段	Aa型Ⅲ式	乳钉纹、弦纹圆形鼓面纹	无	45	26	河南省博物馆	《河青》1.50；《全集》1.16	1952年开封市收购
7	乳钉纹斝豫0263	一期晚段	Aa型Ⅲ式	乳钉纹、弦纹圆形鼓面纹	无	45	26	河南省博物馆	《河青》1.51	1952年开封市收购
8	兽面纹斝	二期	Aa型Ⅳ式	兽面纹	无	21.2		东京大学教养学部美术博物馆	《综览》斝2	
9	弦纹斝	一期早段	Ab型Ⅱ式	弦纹	无	20.3	15.2	安徽省博物馆	《辞典》0179	1965年安徽六安征集
10	联珠纹斝	一期早段	Ab型Ⅱ式	联珠纹	无	23.1	15.8	巴黎雅各布氏	《遗珠》2	

续表

序号	器名	分期	型式	纹饰	铭文	通高	口径	现藏地点	著录情况	备注
11	弦纹斝	一期晚段	Ab型Ⅲ式	弦纹	无	26.5	16	林县文化馆	《文物》1986年第3期92页	有厚烟炱，腹内有水锈
12	兽面纹斝	一期晚段	Ab型Ⅲ式	兽面纹 长鼻兽纹	无	24.8	16	上海博物馆	《夏商周》022	
13	兽面纹斝	一期晚段	Ab型Ⅲ式	兽面纹 连珠纹	无	27.3	15.8	上海博物馆	《夏商周》036.1；《全集》1.96	
14	兽面纹斝	一期晚段	Ab型Ⅲ式	兽面纹 连珠纹	无	26.4	15.4	上海博物馆	《夏商周》036.2	
15	兽面纹斝	一期晚段	Ab型Ⅲ式	兽面纹 连珠纹	无	26.7	15.6	上海博物馆	《夏商周》036.3	
16	兽面纹斝	一期晚段	Ab型Ⅲ式	兽面纹 连珠纹	无	32.4	19.4	上海博物馆	《夏商周》036.4	
17	兽面纹斝	一期晚段	Ab型Ⅲ式	兽面纹 连珠纹	无	35.2	18.2	上海博物馆	《夏商周》037	
18	兽面纹斝	一期晚段	Ab型Ⅲ式	涡纹、连珠纹、兽面纹	无	25.4	15.2	上海博物馆	《夏商周》038	
19	兽面火纹斝	一期晚段	Ab型Ⅲ式	兽面纹 涡纹	无	23.5	16.6	上海博物馆	《夏商周》040；《全集》1.17	
20	兽面纹斝 台购09165	一期晚段	Ab型Ⅲ式	兽面纹	无	21.1	18.6	台北故宫博物院	《故商》149页	

续表

序号	器名	分期	型式	纹饰	铭文	通高	口径	现藏地点	著录情况	备注
21	云雷纹斝一	二期	Ab型Ⅳ式	连珠纹 兽面纹		一尺二寸二分	七寸四分		《博古》15.16	
22	云雷纹斝四	二期	Ab型Ⅴ式	连珠纹 兽面纹		七寸八分	五寸一分		《博古》15.17	
23	兽面纹斝	一期早段	Ac型Ⅰ式	涡纹、兽面纹 夔龙纹	无	27.8	16.6	上海博物馆	《夏商周》021	
24	兽面纹斝	二期	Ac型Ⅱ式	兽面纹	无	29.8	18.9	上海博物馆	《夏商周》023	
25	饕餮纹斝0563	二期	Ac型Ⅱ式	饕餮纹	无	30.5	17.3	安阳市博物馆	《安青》90	
26	亘斝	二期	Ac型Ⅱ式	兽面纹 圆圈纹	亘			瑞士玫茵堂	《玫茵堂》9; 《商周》10882	
27	兽面纹斝	二期	Ac型Ⅱ式	涡纹、连珠纹 兽面纹	无	30	17.8	美国波士顿美术馆	《美集录》A313	上部破裂，曾经修复。一足破。
28	饕餮纹斝	二期	Ac型Ⅱ式	连珠纹 兽面纹		八寸五分	四寸七分		《博古》15.14	
29	云雷纹斝五	二期	Ac型Ⅱ式	连珠纹 兽面纹		六寸一分	四寸一分		《博古》15.18	

续表

序号	器名	分期	型式	纹饰	铭文	通高	口径	现藏地点	著录情况	备注
30	耳斝	二期	Ac型Ⅱ式	兽面纹、圆圈纹	耳	31	17	北京保利艺术博物馆	《保金》12页；《新收》1582；《商周》10881	商周称亘斝
31	盘夔斝	二期	Ac型Ⅱ式	连珠纹 兽面纹		七寸三分	五寸		《博古》15.11	
32	雷纹斝二	三期早段	Ac型Ⅱ式	涡纹 兽面纹		七寸八分	五寸一分		《博古》15.13	
33	匿斝	三期早段	Ac型Ⅱ式	涡纹、弦纹 兽面纹	匿	38	20.5	清华大学图书馆	《考古》1986年第9期835页；《集成》9115；《商周》10887	陈梦家先生搜集
34	酋乙斝	三期早段	Ac型Ⅱ式	涡纹 兽面纹	鋬内 酋乙	33.9	19.9	美国圣路易市美术博物馆	《汇编》9.1605；《集成》9183；《综览》斝21；《总集》4290；《三代》补547；《商周》10987	
35	雷纹斝一	二期	Ac型Ⅲ式	涡纹 兽面纹		一尺一寸	六寸二分		《博古》15.12	
36	云雷纹斝二	二期	Ac型Ⅲ式	连珠纹 兽面纹		九寸四分	五寸		《博古》15.16	
37	饕餮纹斝二	二期	Ac型Ⅲ式	兽面纹		九寸二分	六寸		《西清》23.12	
38	饕餮纹斝三	二期	Ac型Ⅲ式	兽面纹		六寸五分	五寸二分		《西清》23.13	

续表

序号	器名	分期	型式	纹饰	铭文	通高	口径	现藏地点	著录情况	备注
39	饕餮纹斝一	二期	Ac型Ⅲ式	连珠纹 兽面纹		九寸九分	六寸四分		《宁寿》10.8	
40	饕餮纹斝二	二期	Ac型Ⅲ式	兽面纹		八寸二分	六寸二分		《宁寿》10.9	
41	兽面纹斝	二期	Ac型Ⅲ式	涡纹 兽面纹	无	36.9	21.3	美国奥尔勃来特美术陈列馆	《美集录》A312	
42	饕餮纹斝0211	二期	Ac型Ⅲ式	涡纹 饕餮纹	无	24	14.9	安阳市博物馆	《安青》103	
43	兽面纹斝	三期早段	Ac型Ⅲ式	兽面纹	无	35.2	21.1～21.9	台北故宫博物院	《续乙》11.7；《宝蕴楼》116页；《故商》153页；《故图》上下217页	原名周夔纹斝
44	[illegible]斝	三期早段	Ac型Ⅲ式	弦纹、云雷纹 兽面纹	[illegible]			美国纽约萨克勒收藏	《赛克勒》（1987）167页； 《汇编》9.1515；《集成》9139；商周10931	
45	亚[illegible]斝	三期早段	Ac型Ⅳ式	弦纹、云雷纹 兽面纹	口上 亚[illegible]	30	23.9	故宫博物院	《宁寿》10.6；《集成》9159； 《故宫》84；《商周》10948	清宫旧藏
46	饕餮纹斝	三期早段	Ac型Ⅳ式	涡纹 饕餮纹	无	37.6	21.5	首都博物馆	《文物》1985年第8期82页	张效彬先生捐赠

续表

序号	器名	分期	型式	纹饰	铭文	通高	口径	现藏地点	著录情况	备注
47	先斝	三期早段	Ac型Ⅳ式	蕉叶纹、兽面纹、蝉纹	先			北京保利艺术博物馆	《商周》10912	
48	兽面纹斝	三期早段	Ac型Ⅳ式	兽面纹	无	27.8	18.2	旅顺博物馆	未见著录	旅顺博物馆官网
49	伩丁斝	三期早段	Ac型Ⅳ式	涡纹 兽面纹	腹内底伩丁	34	20.8	上海博物馆	《夏商周》130	
50	兽面纹斝	三期早段	Ac型Ⅳ式	涡纹、兽面纹蝉纹、鸟纹	无	32.4	19	上海博物馆	《夏商周》131	
51	兽面纹斝	三期早段	Ac型Ⅳ式	兽面纹、雷纹	无	48.2	22.6	上海博物馆	《夏商周》132	
52	兽面纹斝	三期早段	Ac型Ⅳ式	兽面纹 云雷纹	无	50	23.2	上海博物馆	《夏商周》133	
53	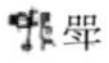斝	三期早段	Ac型Ⅳ式	兽面纹	鋬内	34	20.8	上海博物馆	《三代》13.47.8；《窓斋》7.14.2；《缀遗》24.23.1；《希古》5.18.2；《小校》7.54.4；《集成》9118；《总集》4251；《商周》10969	潘祖荫旧藏
54	兽面纹斝	三期早段	Ac型Ⅳ式	兽面纹		37		东京国立博物馆	《综览》斝42	
55	斝	三期早段	Ac型Ⅳ式	蕉叶纹 兽面纹				日本奈良宁乐美术馆	《日精华》3.240；《汇编》9.1615；《集成》9137；《三代》补665；《商周》10929	

续表

序号	器名	分期	型式	纹饰	铭文	通高	口径	现藏地点	著录情况	备注
56	兽面纹斝	三期早段	Ac型Ⅳ式	弦纹、连山纹兽面纹	无	51.5	23.5	美国芝加哥美术馆	《美集录》A308	
57	兽面纹斝	三期早段	Ac型Ⅳ式	兽面纹	无	47.5		伦敦戴迪野行	《遗珠》22	
58	臣斝 综览：斝56	三期早段	Ac型Ⅳ式	三角云纹、兽面纹、蕉叶纹、蝉纹	臣	50		瑞典斯德哥尔摩远东古物馆	《综览》斝56；《集成》9122； 《商周》10889	
59	[illegible]斝	三期早段	Ac型Ⅳ式	蕉叶纹 兽面纹 云雷纹	[illegible]			美国旧金山亚洲艺术博物馆	《布伦戴齐》Fig105；《汇编》9.1624；《集成》9138； 《商周》10930	布伦戴齐藏品
60	兽面纹斝	三期早段	Ac型Ⅳ式	弦纹、连山纹兽面纹	无	51.5	23.5	美国芝加哥美术馆	《美集录》A308	
61	戊斝	三期早段	Ac型Ⅳ式	弦纹、连山纹兽面纹	戊	52.8	24.5	美国华盛顿弗利尔美术馆	《三代》2.3.8；《续殷》下64.6；《美集录》A304；弗利尔124页；《综览》斝46；《总集》4243；《集成》9152； 《商周》10908	

续表

序号	器名	分期	型式	纹饰	铭文	通高	口径	现藏地点	著录情况	备注
62	[illegible]斝	三期早段	Ac型Ⅳ式	弦纹、连山纹兽面纹、蕉叶纹、蝉纹	[illegible]	42.2	24.8	美国波士顿美术博物馆	《汇编》9.1418；《美集录》A306；《集成》9123；《总集》4254；《商周》10890	传安阳出土
63	元斝	三期早段	Ac型Ⅳ式	弦纹、连山纹兽面纹	元	32		美国夏威夷火奴鲁鲁美术学院	《三代》13.47.2；《长安》1.30；《缀遗》24.22.2；《殷存》下30.6；《集成》9108；《美集录》A305；《商周》10883	刘喜海旧藏
64	车[illegible]斝	三期早段	Ac型Ⅳ式	弦纹、连山纹兽面纹	鋬内车[illegible]	50.8	24.1	美国堪萨斯纳尔逊美术陈列馆	《美集录》A307；《汇编》9.1598；《集成》9197；《总集》4298；《商周》10972	
65	興斝	三期早段	Ac型Ⅳ式	涡纹、兽面纹、云雷纹	興	44.5		美国华盛顿萨克勒美术馆	《赛克勒》（1987）165页；《集成》9129；《流散》311；《商周》10895	1968年5月出现在伦敦富士比拍卖行

续表

序号	器名	分期	型式	纹饰	铭文	通高	口径	现藏地点	著录情况	备注
66	匿斝	三期早段	Ac型 Ⅳ式	涡纹 弦纹、兽面纹	匿	35.5		美国纽约萨克勒收藏	《赛克勒》（1987）171页；《録遗》282；《美集录》A309；《集成》9114；《流散》310；《商周》10886	甘浦斯旧藏 与清华藏匿斝为一对，形制、纹饰、铭文一致
67	兽面纹斝	三期早段	Ac型 Ⅳ式	涡纹 兽面纹	无	30.5	18.3	美国魏格氏旧藏	《美集录》A311	
68	⊛斝	三期早段	Ac型 Ⅳ式	涡纹 兽面纹	⊛	37.3	21	美国魏格氏旧藏	《美集录》A310；《集成》9148；《总集》4266；《综览》斝37；《商周》10927	
69	兽面纹斝	三期早段	Ac型 Ⅳ式	兽面纹	无	24			《综览》斝34	
70	兽面纹斝	三期早段	Ac型 Ⅳ式	兽面纹	无	24			《综览》斝19	
71	兽面纹斝	三期早段	Ac型 Ⅳ式	兽面纹		24			《综览》斝39	
72	兽面纹斝	三期早段	Ac型 Ⅳ式	兽面纹	族徽1，不明	37.3			《综览》斝37	

续表

序号	器名	分期	型式	纹饰	铭文	通高	口径	现藏地点	著录情况	备注
73	兽面纹斝	三期早段	Ac型 Ⅳ式	兽面纹		48.8			《综览》斝44	
74	兽面纹斝	三期早段	Ac型 Ⅳ式	三角纹、兽面纹	族徽1，不明				《综览》斝63	
75	戊斝	三期早段	Ac型 Ⅳ式	蕉叶纹、兽面纹、云雷纹	戊	57.7		不明	《北图》167；《集成》9153； 《商周》10909	未见图像
76	子乙斝一	三期早段	Ac型 Ⅳ式	蕉叶纹 兽面纹	子乙	一尺三寸九分	六寸五分		《博古》15.7	
77	子乙斝二	三期早段	Ac型 Ⅳ式	蕉叶纹 兽面纹	子乙	六寸五分	六寸二分		《博古》15.7	
78	凤纹斝	三期早段	Ac型 Ⅳ式	涡纹 兽面纹		一尺一寸	九寸		《博古》15.15	
79	饕餮纹斝一	三期早段	Ac型 Ⅳ式	蕉叶纹 兽面纹		一尺一寸七分	七寸		《西清》23.11	
80	元斝	三期早段	Ac型 Ⅳ式	兽面纹 蕉叶纹					《获古》1.30；商周10883	

续表

序号	器名	分期	型式	纹饰	铭文	通高	口径	现藏地点	著录情况	备注
81	[illegible]田斝	三期晚段	Ac型Ⅳ式	蕉叶纹 兽面纹 云雷纹	鋬内 [illegible]田	45.3		日本京都藤井有邻馆	《三代》13.49.4；《澂秋》44；《殷存》下30.10；《日精华》3.242；《集成》9190； 《总集》4285；《综览》斝64；《商周》10994	陈承裘旧藏
82	兽面纹斝	二期	B型Ⅰ式	涡纹 兽面纹	无	34	27.5	故宫博物院	《故宫》67页	1954年国家《文物》局调拨
83	兽面纹斝	二期	B型Ⅰ式	涡纹 连珠纹、兽面纹	无	31.1	18.4	上海博物馆	《夏商周》039；《辞典》0177； 《全集》1.97、98	
84	兽面纹斝	二期	B型Ⅰ式	兽面纹		49.8		泉屋博物馆	《综览》斝113	
85	弦纹斝 新博0184	二期	B型Ⅱ式	弦纹	无	31.2	20.7	新乡市博物馆	《河青》1.357	柱顶饰涡纹
86	兽面纹斝	三期早段	B型Ⅱ式	连山纹、兽面纹	无	39.5	24	德国科隆东亚艺术博物馆	《遗珠》23	
87	兽面纹斝	三期早段	B型Ⅱ式	弦纹、兽面纹	无			美国罗比尔氏旧藏	《美集录》A320	

续表

序号	器名	分期	型式	纹饰	铭文	通高	口径	现藏地点	著录情况	备注
88	□父癸斝	三期早段	B型Ⅱ式	三角雷纹	鋬内□父癸	20.7		1986年6月出现在伦敦富士比拍卖行	《近出》927；《流散》316；《商周》11034	小臣辰组器之一
89	亚□虎斝	三期晚段	B型Ⅱ式	弦纹	鋬内亚□虎	28		2003年出现在美国纽约苏富比拍卖行	《商周》11035	无柱
90	⋇父乙斝	三期晚段	B型Ⅱ式	弦纹	鋬内⋇父乙	26.7	18.5	美国鲁本斯旧藏	《美集录》A323；《三代》补203；《总集》4313；《集成》9206；《商周》11032	无柱
91	牺鋬斝	三期晚段	B型Ⅱ式	涡纹弦纹		九寸一分	六寸三分		《西清》23.14	
92	父辛斝	三期晚段	B型Ⅱ式	涡纹弦纹	父辛	一尺二分	五寸五分		《西甲》11.10	
93	单父丁斝	三期晚段	B型Ⅱ式	弦纹云纹	内壁单父丁	一尺五分	六寸三分		《西甲》11.11；《集成》9212；《商周》11006	清宫旧藏
94	小臣邑斝	三期晚段	B型Ⅱ式	兽面纹弦纹	内壁26字	45.9	16	美国圣路易市美术博物馆	《三代》13.53.6；《陶斋》3.32；《续殷》下66.5；《山东存》纪7.2；《小校》6.87.3；《汇编》5.253；《冠斝》上39；《总集》4343；《综览》斝85；《集成》9249；《商周》11065	端方、王辰、容厚旧藏

续表

序号	器名	分期	型式	纹饰	铭文	通高	口径	现藏地点	著录情况	备注
95	[illegible]斝	三期晚段	B型 Ⅱ式	弦纹	[illegible]	32.2	26.5	美国纽约市美术博物馆	《美集录》A322	
96	串斝	三期 晚段	B型 Ⅱ式	弦纹	串	七寸五分	五寸五分	故宫博物院	《三代》13.48.4；《西清》23.5；《续殷》下64.6；《集成》9150；《总集》4252；《商周》10907	清宫旧藏
97	奚斝	三期 晚段	B型 Ⅱ式	素面	奚	37	25	旅顺博物馆	《三代》13.47.4；《集成》9113；《总集》4246；《商周》10885	原藏罗振玉
98	举虘斝	三期 晚段	B型 Ⅱ式	弦纹 人字形纹	鋬内 举虘	17	13	首都博物馆	《文物》1982年第9期 34页	北京市铜厂拣选
99	[illegible]父癸斝	三期 晚段	B型 Ⅱ式	弦纹	内壁 [illegible]父癸	33.4	18	台北故宫博物院	《三代》13.51.7；《西乙》11.3；《宝蕴楼》114；《贞松》8.35.4；《续殷》下65.8；《故图》下下351；《集成》9220；《总集》4316；《综览》斝99；《商周》11017	沈阳故宫旧藏
100	弦纹斝	三期 晚段	B型 Ⅱ式	弦纹	无			重庆三峡博物馆	未见著录	见于馆内展览

续表

序号	器名	分期	型式	纹饰	铭文	通高	口径	现藏地点	著录情况	备注
101	亚[illegible]斝	三期晚段	B型 Ⅲ式	素面	鋬内 亚[illegible]	20.4	12.8	旅顺博物馆	《三代》13.50.1；《十二》契13；《续殷》下64.10；《集成》9225；《总集》4303；《综览》斝102；《商周》11022	商承祚旧藏
102	聿父戊斝	三期晚段	B型 Ⅳ式	涡纹 弦纹	鋬内 聿父戊	7.5寸	5.5寸	故宫博物院	《三代》13.51.4；《宁寿》10.7；《贞补》中13.2；《故宫》21册；《集成》9213；《总集》4315；《商周》11010	清宫旧藏
103	丫且己斝	三期晚段	B型 Ⅳ式	素面	鋬内 丫且己	12.5寸	7.5寸	中国国家博物馆	《三代》13.50.5；《贞松》8.34.2；《善斋》7.64；《续殷》下65.3；《小校》6.85.1；《集成》9203；《总集》4306；《商周》11003	刘体智旧藏

续表

序号	器名	分期	型式	纹饰	铭文	通高	口径	现藏地点	著录情况	备注
104	宁狈父丁斝	四期	B型Ⅳ式	弦纹	鋬内 宁狈作父丁彝	12.8寸	8.3寸	故宫博物院	《三代》13.53.1；《雙吉》上30；《从古》14.22.1；《捃古》2.1.17.4；《窸斋》21.12.1；《簠斋》2斝1；《缀遗》24.27.1；《奇觚》7.31.2；《敬吾》下58.3；《殷存》下31.4；《小校》6.85.8；《集成》9242；《商周》11057	陈介祺、于省吾旧藏
105	[illegible]斝	四期	B型Ⅳ式	弦纹	[illegible]	15.8 ~ 15.5	15 × 15.3	旅顺博物馆	《三代》13.49.7；《续殷》下66.1；《十二》居28；《集成》9194；《总集》4295；《综览》斝97；《商周》11037	周季木旧藏
106	[illegible]父乙斝	四期	B型Ⅳ式	弦纹	鋬内 [illegible]父乙	34.6	19.7	上海博物馆	《三代》15.52.3；《西清》23.10；《窸斋》21.11.3；《缀遗》24.26.1；《殷存》下31.1；《小校》6.85.3；《夏商周》135；《总集》4326；《集成》9209；《商周》11040	清宫旧藏，后归潘祖荫

续表

序号	器名	分期	型式	纹饰	铭文	通高	口径	现藏地点	著录情况	备注
107	亚其罍	四期	B型 Ⅳ式	人字形弦纹	鋬内 亚其疑 [illegible]作 母癸	29.5	16.5	上海博物馆	《夏商周》253	
108	析子孙罍	四期	B型 Ⅳ式	涡纹 弦纹	[illegible]	33.8	23.8	台北故宫博物院	《三代》13.52.2；《贞松》8.36.2；《续殷》下64.2；《故宫》12期；《故图》下上180；《集成》9175；《总集》4320；《商周》10910	清宫旧藏
109	W父口罍	四期	B型 Ⅳ式	弦纹	内壁 W父 口	32.7	17	台北故宫博物院	《三代》13.51.1；《西乙》11.4；《宝蕴》115；《贞松》8.36.1；《续殷》下65.6；《故图》下下352；《集成》9221；《总集》4317；《商周》11009	沈阳故宫旧藏
110	[illegible]父乙罍	四期	B型 Ⅳ式	弦纹	鋬内 [illegible]父乙	34		日本东京出光美术馆	《三代》13.51.1；《贞松》8.35.1；《缀遗》24.25.2；《续殷》下65.4；《小校》6.85.2；《集成》9208；《总集》4311；《综览》罍98；《商周》11029	徐乃昌旧藏

续表

序号	器名	分期	型式	纹饰	铭文	通高	口径	现藏地点	著录情况	备注
111	弦纹斝	四期	B型Ⅳ式	弦纹	无	34.7	19	盧芹斋	《美集录》A321	伪刻铭
112	矢宁父丁斝	四期	B型Ⅳ式	素面	鋬内矢宁父丁	9.9寸	5.7寸		《博古》15.9；《薛氏》109.4；《啸堂》48.1；《集成》9229；《商周》11048	
113	西单父丁斝	四期	B型Ⅳ式	弦纹	鋬内西单父丁	33.2			《综览》斝100；《集成》9230；《商周》11049	
114	𦫳斝	四期	B型Ⅳ式	弦纹	鋬内𦫳作宝尊彝	11.9寸	6.6寸		《三代》13.52.7；《贞松》8.36.4；《雙吉》上31；《希古》3.2.1；《集成》9239；《总集》4334；《商周》11053	王锡棨、于省吾旧藏
115	劦[illegible]父丁斝	四期	B型Ⅳ式	弦纹	鋬内劦[illegible]作父丁彝				《三代》13.52.8；《贞补》中14.1；《尊古》3.12；《冠斝》上38；《总集》4319；《集成》9241；《综览》斝105；《商周》11056	荣厚旧藏

续表

序号	器名	分期	型式	纹饰	铭文	通高	口径	现藏地点	著录情况	备注
116	斝	四期	B型 Ⅳ式	涡纹 弦纹	鋬内 	28.5		2001年出现在美国 纽约苏富比拍卖行	《商周》10944	
117	冉辛斝	四期	B型 Ⅳ式	涡纹 兽面纹	鋬内 冉辛	33	19	京郊玩索斋	《跨越》16页；《商周》 10997	
118	祖斝	四期	B型 Ⅳ式	弦纹	鋬内 祖	33.4		1980年12月出现在 伦敦富士比拍卖行	《近出》918；《流散》 313； 《商周》10943	
119	祖丁斝	四期	B型 Ⅳ式	弦纹	鋬内 祖丁	33		1995年6月出现在 伦敦富士比拍卖行	《流散》314；《商周》 10995	
120	戊斝	四期	B型 Ⅳ式	弦纹 云纹	内壁 且戊	八寸三分	四寸九分		《西甲》11.12；《集成》 9165；《商周》10978	清宫旧藏
121	兽面纹斝	三期早段	C型 Ⅱ式	三角纹 兽面纹		33			《综览》斝73	
122	兽面纹斝	三期早段	C型 Ⅱ式	连珠纹 兽面纹		19.5			《综览》斝75	
123	斝	三期 早段	C型 Ⅱ式	涡纹、弦纹蕉 叶纹、兽面纹	口沿 	26.1	19	故宫博物院	《故宫》66页；《总集》 4271； 《新收》1634；《商周》 10899	1958年上海文管会调拨

续表

序号	器名	分期	型式	纹饰	铭文	通高	口径	现藏地点	著录情况	备注
124	兽面纹斝	三期早段	C型Ⅱ式	弦纹、连山纹兽面纹	无	37.2	16.4×15.9	美国米里阿波里斯美术馆	《盧目》（1939）图版一；《美集录》A300	皮斯百藏品
125	兽面纹斝	三期早段	C型Ⅱ式	兽面纹	无	30	17.3	辽宁省博物馆	未见著录	辽宁省博物馆官网
126	兽面纹斝	三期早段	C型Ⅱ式	涡纹夔纹、兽面纹		22.2		白鹤美术馆	《综览》斝49	
127	[illegible]斝	三期早段	C型Ⅱ式	弦纹、连山纹兽面纹、夔纹	[illegible]	27.8	15.1	美国旧金山亚洲艺术博物馆	《鄴三》1.37a；《美集录》A298；《集成》9121；《汇编》8.1305；《总集》4260；《三代》补174；《综览》斝68；《商周》10935	布伦戴奇藏品
128	亚[illegible]马豢斝	三期早段	C型Ⅱ式	兽面纹、云雷纹	内底亚[illegible]马豢	25.4		荷兰某氏藏	《汇编》8.1020；《综览》斝50；《集成》9234；《流散》317；《商周》11051	1978年3月出现在伦敦富士比拍卖行
129	亚[illegible]马豢斝	三期早段	C型Ⅱ式	兽面纹、云雷纹	内底亚[illegible]马豢	25.4		海外某收藏家	《商周》11052	

续表

序号	器名	分期	型式	纹饰	铭文	通高	口径	现藏地点	著录情况	备注
130	子蝠斝	三期早段	C型Ⅱ式	三角云雷纹兽面纹	器盖同铭子蝠			美国旧金山亚洲艺术博物馆	《布伦戴齐》139页Fig28；《汇编》8.1210；《集成》9172；《商周》10965	布伦戴奇藏品
131	北斝	三期早段	C型Ⅱ式	兽面纹、蕉叶纹、蝉纹	北	27.3	15.9	美国辛辛那提艺术博物馆	《美集录》A299；《总集》42651；《综览》斝71；《三代》补178；《集成》9120；《商周》10888	
132	[illegible]斝	三期早段	C型Ⅱ式	涡纹、兽面纹	[illegible]	27.2	17	美国芝加哥美术馆	《赛克勒》（1987）92页94；《録遗》284；《柏景寒》148.1；《三代》补187；《美集录》A302；《集成》9146；《总集》4258；《综览》斝90；《商周》10905	
133	[illegible]斝	三期早段	C型Ⅱ式	三角云雷纹、兽面纹、蕉叶纹	[illegible]	25.2		美国纽约萨克勒收藏	《赛克勒》（1987）159页；《汇编》9.1400；《集成》9130；《汇编》1400；《商周》10896	

续表

序号	器名	分期	型式	纹饰	铭文	通高	口径	现藏地点	著录情况	备注
134	亚吴罍	三期 早段	C型 Ⅱ式	涡纹 云雷纹 兽面纹	内壁 亚吴	36.9		美国华盛顿萨克勒美术馆	《三代》13.47.6；《澂秋》43；《贞松》8.33.2；萨克勒（1987）163页；《集成》9156；《总集》4280；《商周》10945	陈承裘旧藏
135	兽面纹罍	三期 早段	C型 Ⅱ式	连山纹、兽面纹、连珠纹	无	33	17	美国魏格氏旧藏	《美集录》A301	此器断一足
136	旅罍	三期 早段	C型 Ⅱ式	蕉叶纹、兽面纹、云雷纹	鋬内 旅	33.5		1986年6月出现在伦敦富士比拍卖行	《近出》923；《流散》315； 《商周》10911	
137	爻罍	三期 早段	C型 Ⅱ式	兽面纹 云雷纹	内底 爻			某收藏家	《商周》10913	
138	鼎罍	三期 早段	C型 Ⅱ式	兽面纹、蕉叶纹、云雷纹	鼎	30.2		2001年出现在美国纽约苏富比拍卖行	《商周》10914	
139	西单罍	三期 早段	C型 Ⅱ式	素面	鋬内 西单	23.5		中国国家博物馆	《三代》13.48.5；《贞松》8.33.1；《希古》5.18.1；《善斋》7.63；《小校》6.84.3；《续殷》下64.3；《善彝》167；《综览》罍74；《总集》4253；《集成》9200；《商周》10973	刘体智旧藏

续表

序号	器名	分期	型式	纹饰	铭文	通高	口径	现藏地点	著录情况	备注
140	◇斝	三期早段	C型 Ⅲ式	兽面纹	◇	26.5	15.4	新乡市博物馆	《中原文物》1985年第1期30页；《集成》9149；《商周》10928	
141	围斝	三期晚段	C型 Ⅲ式	蕉叶纹、兽面纹、云雷纹	[illegible]	五寸九分	四寸八分		《西清》23.7；《集成》9131； 《商周》10897	清宫旧藏
142	□斝	三期晚段	C型 Ⅲ式	蕉叶纹、云雷纹、兽面纹	□	26			《近出》916；《流散》312； 《商周》10934	
143	亚𣪘斝	三期晚段	C型 Ⅲ式	三角云雷纹 兽面纹	亚𣪘	24.9	15.4	美国哈佛大学福格美术馆	《美集录》A303；《汇编》8.1064；《集成》9161；《总集》4278；《三代》补145； 《商周》10949	
144	尊彝斝 88～00415	四期	C型 Ⅲ式	兽面纹	鋆内 尊彝	32	17.5	台北历史博物馆	《新收》1685；《商周》10998	
145	兽面纹斝	四期	C型 Ⅳ式	涡纹、三角纹雷纹、兽面纹	无	30.5	18	上海博物馆	《夏商周》134	
146	兽面纹斝	三期早段	Db型 Ⅰ式	鸟纹 兽面纹					《综览》斝83	

续表

序号	器名	分期	型式	纹饰	铭文	通高	口径	现藏地点	著录情况	备注
147	册方斝	三期 早段	Db型 Ⅱ式	蕉叶纹 兽面纹 云雷纹	册	28.3	13.3×11	故宫博物院	《文物》1966年第5期68页；《故宫》65页；《辞典》0190；《集成》9147；《商周》10906	1957年国家《文物》局调拨
148	兽面纹斝	三期早段	Db型 Ⅱ式	夔纹 兽面纹		25.4		大英博物馆	《综览》斝77	
149	兽面纹斝	三期晚段	Db型 Ⅱ式	鸟纹、连山纹 兽面纹、夔纹	无	35.5		美国华盛顿萨克勒美术馆	《鄴二》19、20； 《美集录》A314	两柱两足折断，修复。
150	须斝	三期晚段	Db型 Ⅱ式	弦纹、连山纹 夔纹、兽面纹	须	22	14.5×10.6	美国米里阿波里斯美术馆	《皮斯柏》Fig12；《美集录》A316；《总集》4249；《综览》斝78；《三代》补167；《集成》9106；《商周》10936	此器失盖 皮斯柏藏品
151	興斝	三期晚段	Db型 Ⅱ式	连山纹 兽面纹、夔纹	興	34.9	19.4×14.3	美国米里阿波里斯美术馆	《鄴三》1.37b；《美集录》A317；《皮斯柏》Fig17；《集成》9128；《总集》4267；《商周》10894	皮斯百藏品
152	 斝	三期晚段	Db型 Ⅱ式	鸮纹、云雷纹 兽面纹、夔纹 涡纹		30.5	17.1×13.6	美国奥尔勃来特美术陈列馆	《洛尔》（1968）177页No31； 《美集录》A318；《集成》9141；《综览》斝82；《商周》10902	此器曾经修理，布恰德旧藏

续表

序号	器名	分期	型式	纹饰	铭文	通高	口径	现藏地点	著录情况	备注
153	斝	三期晚段	Db型 Ⅱ式	涡纹 云雷纹		21.6	15×11.6	美国罗比尔氏旧藏	《赛克勒》（1987）392页；《美集录》A319；《集成》9145；《综览》斝53；《总集》4270；《商周》10933	
154	兽面纹斝			兽面纹	无			天津博物馆	《文物》1960年第2期75页	未见图像
155	雷纹斝			雷纹					《文物》1960年第2期59页	未见图像
156	斝				鋬内			中国国家博物馆	《錄遺》279；《集成》9136；《总集》4265；《商周》10923	未见图像
157	何斝				何			故宫博物院	《錄遺》285；《总集》4259；《集成》9116；《商周》10916	未见图像
158	聿斝				聿			辽宁省博物馆	《三代》13.48.2；《集成》9124；《总集》4263；《商周》10920	未见图像
159	斝				鋬内			辽宁省博物馆	《三代》13.48.3；《集成》9155；《总集》4264；《商周》10925	未见图像

续表

序号	器名	分期	型式	纹饰	铭文	通高	口径	现藏地点	著录情况	备注
160	史斝				史			故宫博物院	《集成》9125；《商周》10921	未见图像
161	斝							澳大利亚国立维多利亚美术馆	《錄遺》280；《汇编》8.1265；《集成》9112；《总集》4255；《商周》10918	未见图像
162	斝				鋬内 			美国布伦戴奇旧藏	《錄遺》283；《汇编》9.1570；《总集》4257；《集成》9151；《商周》10939	未见图像
163	斝								《三代》13.47.5；《总集》4248；《集成》9107；《商周》10937	未见图像
164	斝								《三代》13.47.3；《总集》4245；《集成》9109；《商周》0938	未见图像
165	斝								《三代》13.47.7；《窓斋》21.12.3；《缀遗》24.27.2；《小校》6.84.2；《集成》9111；《总集》4250；《商周》10917	潘祖荫旧藏 未见图像

续表

序号	器名	分期	型式	纹饰	铭文	通高	口径	现藏地点	著录情况	备注
166	奄斝				鋬内 奄				《缀遗》24.24.1；《沃森》70页图5：9；《集成》9134；《商周》10974	未见图像
167	並斝			兽面纹	並				《三代》13.47.1；《集成》9119；《缀遗》24.23.2；《殷存》下30.7；《总集》4244； 《商周》10919	潘祖荫旧藏 未见图像
168	鸟斝				鸟				《三代》13.48.1；《续殷》下64.7；《集成》9135；《总集》4262；《商周》10922	未见图像
169	亚酉斝				鋬内 亚酉			故宫博物院	《錄遗》281；《集成》9160； 《总集》4282；《商周》10952	未见图像
170	父乙斝				柱上 父乙			故宫博物院	《集成》9167；《商周》10981	未见图像
171	且己斝				鋬内 且己			武陟县博物馆	《集成》9166；《商周》10980	宁郭乡拣选 未见图像

续表

序号	器名	分期	型式	纹饰	铭文	通高	口径	现藏地点	著录情况	备注
172	父庚罍				父庚			旅顺博物馆	《三代》13.48.7；《总集》4284；《集成》9169；《商周》10983	未见图像
173	父癸罍				鋬内 父癸			上海博物馆	《缀遗》24.25.1；《殷存》下30.8；《三代》13.48.6；《集成》9171；《总集》4283；商周10985	潘祖荫、方濬益旧藏 未见图像
174	庚戈罍				鋬内 庚戈			故宫博物院	《续殷》下64.11；《集成》9187；《商周》10991	
175	[illegible]罍				[illegible]			台北故宫博物院	未见著录	未见图像
176	酉乙罍				器盖同 铭 酉乙			日本斋藤氏旧藏	《三代》13.49.1～2；《集成》9184；《贞松》8.33.3、4；《希古》5.18.3、4；《山东存》16.3、4；《总集》4288；《商周》10989	未见图像
177	亚[illegible]罍				亚[illegible]			美国旧金山亚洲艺术博物馆	《布伦戴齐》Fig26；《集成》9158	未见图像
178	酉乙罍				鋬内 酉乙			美国达谋学院	《汇编》9.1604；《集成》9182；《总集》4289；《商周》10988	未见图像

续表

序号	器名	分期	型式	纹饰	铭文	通高	口径	现藏地点	著录情况	备注
179	亚□斝				鋬内 亚□			美国波士顿美术馆	《三代》13.52.6；《续殷》下64.4；《汇编》8.1096；《集成》9162；《总集》4318；《商周》10953	未见图像
180	乙鱼斝				鋬内 乙鱼			美国米里阿波里斯美术馆	《汇编》9.1641；《集成》9186；《总集》4294；《商周》10986	未见图像
181	父辛斝				鋬内 父辛				《薛氏》42.3；《集成》9170；《商周》10984	未见图像
182	子□斝				鋬内 子□				《三代》13.49.6；《总集》4292；《集成》9173；《商周》10967	未见图像
183	辛□斝				鋬内 辛□				《薛氏》42.2；《集成》9188；《商周》10992	未见图像
184	隹□斝				鋬内 隹□				《三代》13.49.5；《总集》4291；《集成》9192；《商周》10999	未见图像
185	□□斝				鋬内 □□				《三代》13.49.8；《总集》4296；《集成》9193；《商周》10968	未见图像

续表

序号	器名	分期	型式	纹饰	铭文	通高	口径	现藏地点	著录情况	备注
186	[illegible]乙斝			兽面纹 云雷纹	鋬内 [illegible]乙				《三代》13.48.8；《奇觚》7.31.1；《从古》14.23.2；《殷存》下30.8；《缀遗》24.28.1；《小校》6.84.4；《捃古》1.1.45.4；《愙斋》21.12.2；《敬吾》下58.2；《簠斋》二斝2；《集成》9185；《总集》4286；《商周》10990	陈介祺旧藏 未见图像
187	買車斝				鋬内 買車			故宫博物院	《集成》9196；《商周》10975	未见图像
188	[illegible]册斝				鋬内 [illegible]册			故宫博物院	《集成》9198；《商周》10976	未见图像
189	[illegible]册斝				鋬内 [illegible]册			故宫博物院	《集成》9199；《商周》10977	未见图像
190	[illegible]父乙斝				鋬内 [illegible]父乙			故宫博物院	《三代》13.50.2；《续殷》下65.5；《总集》4297；《集成》9207；《商周》11030	未见图像

续表

序号	器名	分期	型式	纹饰	铭文	通高	口径	现藏地点	著录情况	备注
191	山父乙斝				鋬内 山父乙			故宫博物院	《三代》13.51.2；《殷存》下30.11；《集成》9210；《总集》4312；《商周》11007	未见图像
192	[illegible]且丁斝				鋬内 [illegible]且丁			上海博物馆	《三代》13.50.3；《贞松》8.34.1；《续殷》下65.1；《集成》9202；《总集》4307；《商周》11001	未见图像
193	作父乙斝				鋬内 作父乙			上海博物馆	《集成》9211；《商周》11031	未见图像
194	[illegible]斝				[illegible]			故宫博物院	《集成》9226；《商周》11027	未见图像
195	[illegible]作父戊斝				鋬内 [illegible]作父戊			故宫博物院	《錄遺》287；《集成》9231；《总集》4333；《商周》11050	未见图像
196	山[illegible]父辛斝				鋬内 山[illegible]父辛			故宫博物院	《集成》9232；《商周》11041	未见图像

续表

序号	器名	分期	型式	纹饰	铭文	通高	口径	现藏地点	著录情况	备注
197	⿰衤弓父丁斝				鋬内 ⿰衤弓作 父丁彝			上海博物馆	《集成》9240；《商周》11055	未见图像
198	亚㠱矣母 癸斝			弦纹	鋬内 亚㠱矣 作母癸	29.5	16.5	上海博物馆	《鄴三》1.36；《錄遺》288； 《总集》4340；《综览》斝95；《集成》9245；《商周》11060	未见图像
199	癸斝				癸				《薛氏》42.1；《集成》9154； 《商周》10924	未见图像
200	爻祖丁斝				鋬内 爻祖丁				《三代》13.50.4；《从古》7.18.1；《捃古》1.2.41.4；《敬吾》下56.1；《缀遗》24.24.2；《续殷》下65.2；《小校》6.84.7；《集成》9201；《总集》4308；《商周》11000	瞿颖山旧藏 未见图像

续表

序号	器名	分期	型式	纹饰	铭文	通高	口径	现藏地点	著录情况	备注
201	[illegible]父甲斝				鋬内 [illegible]父甲				《三代》13.50.6；《缀遗》23.28.1；《贞松》8.34.5；《总集》4309；《集成》9204；《商周》11038	未见图像
202	保父已斝				鋬内 保父已				《三代》13.51.5；《贞松》8.35.3；《续殷》下65.7；《集成》9214；《总集》4314；《商周》11011	未见图像
203	[illegible]父辛斝				鋬内 [illegible]父辛				《薛氏》42.4；《集成》9216；《商周》11012	未见图像
204	[illegible]父辛斝				鋬内 [illegible]父辛				《薛氏》42.5；《集成》9217；《商周》11013	未见图像
205	[illegible]父乙斝				鋬内 [illegible]父乙				《薛氏》42.6；《集成》9215；《商周》11008	未见图像

续表

序号	器名	分期	型式	纹饰	铭文	通高	口径	现藏地点	著录情况	备注
206	[illegible]父癸斝				鋬内 [illegible]父癸				《三代》13.51.6；《奇觚》7.32.2；《缀遗》24.26.2；《殷存》下31.2；《集成》9219；《商周》11016	丁筱農旧藏 未见图像
207	□祖辛斝				内底 祖辛， □				《续殷》上52.6；《商周》11002	无图
208	亚弜父丁斝				鋬内 亚弜 父丁				《三代》13.51.3；《贞松》8.35.2；《小校》6.81.1；《集成》9228；《总集》4327；《商周》11039	未见图像
209	何父癸□斝				鋬内 何父癸 □				《三代》13.52.4；《贞松》8.36.3；《总集》4329；《集成》9233；《商周》11042	清宫旧藏 未见图像
210	[illegible]作彝斝				鋬内 [illegible] 作彝				《三代》11.41.3；《殷存》下31.6；《总集》5550；《集成》9235；《商周》11046	未见图像

续表

序号	器名	分期	型式	纹饰	铭文	通高	口径	现藏地点	著录情况	备注
211	光作从彝斝				鋬内 光作从彝				《三代》13.42.4；《贞续中》24.1；《总集》4330；《集成》9237；《商周》11045	未见图像
212	戈□甲宁斝				内底 戈□甲宁				《续殷》下65.9；《国史金》852.2；《商周》11044	未见图像
213	辛亚鸟斝				内壁 辛亚鸟斝			天津市艺术博物馆	《錄遗》286；《北图》168；《总集》4332；《集成》9238；《商周》11043	未见图像
214	作父辛斝				鋬内 作父辛尊彝			Van Heusden 收藏	《三代》补706；《商周》11054	未见图像
215	黽作妇姑斝			兽面纹	鋬内 黽作妇姑尊彝				《三代》13.53.4；《贞松》8.37.1；《希古》5.19.1；《集成》9243；《总集》4339；《商周》11059	潘祖荫旧藏 未见图像
216	□斝				内壁 □作父乙尊彝			Van Heusden 收藏	《小校》9.50；《三代》补705；《商周》11058	未见图像

续表

序号	器名	分期	型式	纹饰	铭文	通高	口径	现藏地点	著录情况	备注
217	妇□日癸斝				鋬内妇□作文姑日癸宝尊彝，□				《三代》13.53.5；《周金》5.30.1；《贞续》中24.2；《小校》4.78.3；《总集》4342；《集成》9246；《商周》11064	未见图像
218	妇□日癸斝			弦纹	鋬内妇□作文姑日癸宝尊彝，□			南京市博物馆	《善斋》6.68；《小校》6.87.3；《集成》9247；《商周》11063	未见图像

一、说明：

本表收集传世（含出土地点不明确）铜斝。

表格按本文所划分铜斝型式排列，型式不明者列于表末。

未说明铭文位置的因铭文位置不清。

二、勘误：

《商周青铜器铭文暨图像集成》所录10894興斝应与《美帝国主义劫掠的我国殷周铜器集録》A317興斝为同一器，而非A316。

附表三　出土青铜斝墓铜器组合表

期段	等级	出土单位	墓室面积（平方米）	鼎	鬲	簋	甗	盂	瓿	爵	觚	斝	觯	角	尊	卣	壶	罍	彝	觥	斗	盘	盉	箕器	备注
一期早段	小型	河南偃师二里头M9	2.16							1		1													陶盉2、簋1、大口尊2、圆腹罐1、器盖1，圆陶片3
		河南偃师二里头87YLVM1	不详	1							1	1													文物被私藏，后追回
	小型	河南登封王城岗T245M49	1.7							1		1													
	小型	湖北黄陂杨家湾PYWM6	2.67		1					1		1													玉戈1，陶罐2、鬲1、盉1
	小型	河南偃师商城M13	2.16							1		1													陶鬲1、盆1、尊、簋1，圆陶片1，石匕1
	中型	山西垣曲商城M16	残4.78							1		1													陶罐，骨笄，玉柄形饰，圆陶片1，北部被打破
	小型	河南郑州铭功路M150	1.26									1													陶鬲1、斝1、圆饼1、纺轮1，玉柄形饰1
一期晚段	小型	河南偃师商城83YSⅢM1	2.57							1		1													戈、刀、镞
	小型	河南郑州东里路C8M32	0.9							1		1													陶鬲1、斝1、簋1，器盖1
		河南郑州白家庄C8M7	不详							2		1													凿1、戈1，圆陶片
	小型	河南郑州商城T61M1	1.58							1		1													铜戈、锯、钁？各1，玉蝉1、璜1，圆陶片2，卜骨2

续表

期段	等级	出土单位	墓室面积（平方米）	鼎	鬲	簋	甗	盂	瓿	爵	觚	斝	觯	角	尊	卣	壶	罍	彝	觥	斗	盘	盉	箕器	备注
一期晚段	小型	河南郑州99ZSCWT17M2	1.04							1	1	1													铜簪1，玉饰1
	小型	河南郑州东里路C8M39	0.75	1								1													残玉戈2件
	小型	山西垣曲商城M1	2.65	1						1		1													陶鬲1、盆1，圆陶片1
	大型	湖北黄陂李家嘴M2	12.82	4	1	1	1			4	1	3	1									6	1		扰乱，戈5、矛2、刀7、钺2、镞18等
	小型	湖北黄陂盘龙城PYZM1	3.48	1						1		2													陶鬲1、盆1、缸1、瓮1，玉柄形器1，铜戈1
	小型	湖北黄陂盘龙城PYZM2	3.22							2	2	2													铜戈1、刀1，玉柄形器2
	小型	湖北黄陂楼子湾PLWM1	2	1						1		1													戈1、镞4、锛2，鼎为残片
	小型	湖北黄陂楼子湾PLWM3	1.62	1						1	1	1													刀、戈、矛各1，锛2，镞8
	小型	湖北黄陂楼子湾PLWM4	3.05	1	1					1		1													戈1、钺1
	小型	湖北黄陂楼子湾PLWM5	3.83							1	1	1													玉柄形器1，陶缸1、饼1
	小型	湖北黄陂楼子湾PLWM6	0.56							1	1	1													

续表

期段	等级	出土单位	墓室面积（平方米）	鼎	鬲	簋	甗	盂	瓿	爵	觚	斝	觯	角	尊	卣	壶	罍	彝	觥	斗	盘	盉	箕器	备注
一期晚段		湖北黄陂楼子湾PLWM7	不详									1													墓葬形制不明，铜戈1，玉戈1，玉柄形器1，陶爵1、鬲1、壶1
		湖北黄陂李家嘴PLZM1	残	2	2	1				5	3	5	2			1						1			扰乱
		湖北黄陂李家嘴PLZM3	残									1													扰乱
	小型	河南辉县琉璃阁M110	1.68		1					1	1	1													铜戈1、镞1，玉柄形饰1
	小型	河南郑州二里冈商墓	1.13							1		1													扰乱，玉柄形器1
一期		河南许昌大路陈商墓	不详	3						2		2													扰乱，铜戈2、刀1、钺1
		河南临汝李楼村墓	不详							1	1	1													扰乱
		河南登封袁桥墓	不详							1		1													扰乱
	小型	湖北黄陂盘龙城YWM13	2.2	2						1	1	1			1										锛1、锸1
	小型	湖北黄陂盘龙城HPCYM1	3.57	1						1	1	1						1							戈1、镞6，玉柄形器1
		湖北黄陂杨家湾PYWM3	残，长约2							1	2	2													铜刀1，玉笄1，釉陶尊1

续表

期段	等级	出土单位	墓室面积（平方米）	鼎	鬲	簋	甗	盂	瓿	爵	觚	斝	觯	角	尊	卣	壶	罍	彝	觥	斗	盘	盉	箕器	备注
二期	小型	湖北黄陂杨家湾PYWM4	2.06		1					2	2	2			1										戈1、锛1，陶鬲1、尊1、瓮1、饼1
	小型	湖北黄陂杨家湾PYWM5	0.73							1	1	2													陶鬲1、罐1，玉柄形器1
	小型	湖北黄陂杨家湾PYWM7	2.46		1					1		1			1										铜刀2，玉笄4、柄形器1，陶盆1、瓮1、鬲1
	小型	湖北黄陂杨家湾PYWM9	0.91							1	1	1													陶鬲2、罐1、杯1
	小型	湖北黄陂杨家湾PYWM11	3.5	1		1				4	4	4			3										
	小型	湖北黄陂楼子湾PLWM9	2.59							1	1	1													陶尊1、饼1，玉柄形器1
	小型	湖北黄陂楼子湾PLWM10	2.46							1		1													陶尊、缸、罐、鬲，玉柄形器
		湖北黄陂PTZM1	残	1						1	1	1	1												
	中型	山东济南大辛庄M106	7.04							2	3	2			2	1									
	小型	河南郑州白家庄M2	残1.58	1						1		1	1									1			扰乱绿松石饰物2、玉器1、象牙容器1、圆陶片2件
	中型	河南郑州白家庄M3	残3.39	3						1	2	2	1												扰乱

续表

期段	等级	出土单位	墓室面积（平方米）	鼎	鬲	簋	甗	盂	瓿	爵	觚	斝	觯	角	尊	卣	壶	罍	彝	觥	斗	盘	盉	箕器	备注
二期	小型	河南郑州铭功路M2	2.57	1						2	1	2													铜刀1、戈1，玉戈1、璜1、柄形器1，釉陶尊1，圆陶片1，绿松石3，山字形骨器3、匕形骨器1
	中型	河南郑州北二七路M1	4.05	1						1	2	3													铜刀1、铜片1，玉戈3、铲3、柄形器3、璧1
	小型	河南郑州北二七路M2	2.97							1	1	2													铜刀1，玉柄形饰2
	小型	河南武陟大驾村商墓	残1.2	1						1	1	1													铜刀2、镞30余件
	小型	山东滕州市轩辕庄村南商墓	2.76		1					1		1													戈1、镞2，玉柄形器1
	小型	湖北黄州下窑嘴商墓	3.51		1				1	1	1	1													戈1、镞6，斧、刀、凿各1，镢1
	中型	山东济南大辛庄M139	7.21	2						1		1	1			1		1			1		2		铜钺1、镢1、矛2，遭盗扰
	小型	河北藁城台西M14	2.86							1	1	1													铜锯1、镞4、钺1、鑺1、刀1，陶鬲1、簋1
	中型	河北藁城台西M112	6	1					1		1	1			1										扰乱，铜刀1、泡12、矛1、匕1、戈1
	小型	河北藁城台西M22	3.24	1						1	1	1													铜刀1、钺1，陶簋1、罍1

续表

期段	等级	出土单位	墓室面积（平方米）	鼎	鬲	簋	甗	盂	瓿	爵	觚	斝	觯	角	尊	卣	壶	罍	彝	觥	斗	盘	盉	箕器	备注
二期	小型	河北藁城台西M35	2.44							1	1	1													陶大口罐1，玉笄形器1
	中型	河北藁城台西M36	4.35							1	1	1													陶盆1
	中型	河北藁城台西M85	4.5							1	1	1													陶簋1，戈1
	中型	河南安阳殷墟YM232	7.82	1					1	2	2	2			1							1			
	中型	河南安阳殷墟YM333	4.8	2						2	2	2			2										木豆
	中型	河南安阳殷墟YM388	8.64	1					1	2	2	2			1		1					1			白陶豆
	中型	河南安阳三家庄M3	4.35	1						1	1	1													圜底盆
		北京平谷刘家河商墓	不详	5	1		1		1	1		1	1			1						1	1		破坏
		山西长子北高庙坡M1	不详	2			1			2	1	1	1												扰乱
		山西长子北高庙坡墓M2	不详		1					1	1	1													
		安徽阜南商墓	不详							2	2	2			2										扰乱
		山西隰县庞村墓	不详	1						1	1	1													破坏，戈1

续表

期段	等级	出土单位	墓室面积（平方米）	鼎	鬲	簋	甗	盂	瓿	爵	觚	斝	觯	角	尊	卣	壶	罍	彝	觥	斗	盘	盉	箕器	备注
三期早段	小型	河南安阳花园庄东地M60	1.56	1			1		1	√	3	1			1										青铜容器全部被打碎后铺于墓底东部，有些无法复原。铜斧1、刻刀1
	小型	河南安阳殷墟YM188	1.93	1		1	1		1	1	1	2													
	中型	河南安阳殷墟YM331	6.08	2			1			3	3	3			3	1					1		1		铜锅形器，硬陶尊、器盖
	中型	河南安阳武官M1	7.5	2		1			1	2	2	1													陶盂、鬲、罐、簋，兵器
	大型	河南安阳小屯M5	22.4	32		5	5		3	40	53	12	2		10	2	6	2	5	8	8	2	4	1	陶爵、硬陶罐、筒形器、圆饼
	大型	河南安阳小屯M18	10.58	3		1	2			5	5	2			2	1	1					1		1	
	中型	河南安阳大司空M539	5.97	1		1	1			2	2	1	1			1		1			1	1		1	盘、豆
	小型	河南安阳殷墟YM238	2.45							3	3	1				1		1	2						
	大型	河南安阳殷墟花园庄M54	26.53	7		1	1	1		9	9	1			2			1	1	1	1				铙3件
	中型	河南罗山天湖M8	4.16	1						2	2	1				1									铜戈1、矛2、锛1
	中型	河南罗山天湖M12	6.39	1			1			2	2	1													戈3、镞3、矛3、镞1、斧1、锛2、铃1

续表

期段	等级	出土单位	墓室面积（平方米）	鼎	鬲	簋	甗	盂	瓿	爵	觚	斝	觯	角	尊	卣	壶	罍	彝	觥	斗	盘	盉	箕器	备注
三期早段		江西吴城正矿山M3	不详									1													扰乱
	小型	陕西西安老牛坡M44	2.28							1	1	1													铜戈2、镞5
	小型	山东滕州轩辕村墓	2.76		1					1		1													戈1、镞2
	小型	河南安阳刘家庄北地M220	3.32	1					1		1	1													
三期晚段	小型	河南安阳殷墟GM907	2.53	1		1				1	2	1	2				1			2	3				陶爵、觚、豆、盘、尊
	中型	河南安阳高楼庄M8	6.9	3		1				2	2	1	1			1	1				1				铜铙3、削2、矛3、戈8、刀1、铃4、镬2
	大型	山东青州苏埠屯M1	55.76	√						√		√													盗掘
	中型	河南安阳戚家庄M269	6.46	4		1	1			2	3	1	1		2	1		1	1		1				
	大型	河南安阳郭家庄M160	12.95	6		1	1			10	10	3	1		3	1		1			1	1	1		铜铙，陶爵、觚、簋、豆、罐
	小型	河南安阳殷墟GM198	2.24							1	1	1													陶爵、觚，玉鱼1，石片1
	中型	河南安阳殷墟GM875	5.44	1		1				1	1	1				1					1				陶爵、觚、簋、豆

续表

期段	等级	出土单位	墓室面积（平方米）	鼎	鬲	簋	甗	盂	瓿	爵	觚	斝	觶	角	尊	卣	壶	罍	彝	觥	斗	盘	盉	箕器	备注
三期晚段	大型	河南罗山天湖M1	15.98	3			1			5	5	1				1					1				扰乱
	大型	河南罗山天湖M41	10.92	2						2	2	1				1	1								戈1，凿1、锛2
	中型	河南安阳殷墟赛格金地M13	4.29	1		1				2	2	1	1			1									铜锛2、凿1、削1
	中型	河南安阳殷墟99ALM1046	8.3	6		2	1			5	3	1	2		3	3		1	1		1	1	1		陶盘、罍、罐，硬陶尊
	中型	河南安阳小屯M1	4.65	5		3	1			3	3	1	1			1	1								陶爵、觚、盘、簋、罍
	中型	河南安阳殷墟GM1713	4.68	4		2	1			3	2	1													陶爵、觚、盘、罐、罍
	中型	河南安阳殷墟郭庄北M6	5.53	4		1	1			3	3	1	1				1								陶爵、觚、盘、簋、罐、壶
	中型	河南安阳殷墟刘家庄北M9	6.05	3		1	1			3	3	1	2		1	1									陶爵、觚、簋、盘、罐
	小型	河南安阳郭家庄M53	2.88	1		1	1			2	2	1	1		1	1				1					陶爵、觚、簋、盘、罍、罐
	中型	河南安阳殷墟GM2579	4.76	1		1	1			2	2	1	1		1	1									陶鬲、罐
	中型	河南安阳殷墟徐家桥M1	4.5	1					1			1													被盗，铜铃2件
	中型	河南安阳殷墟戚家庄东M63	5.44	2		1				2	2	1			1	1									陶爵、觚、盘、觶、罐

续表

期段	等级	出土单位	墓室面积（平方米）	鼎	鬲	簋	甗	盂	瓿	爵	觚	斝	觯	角	尊	卣	壶	罍	彝	觥	斗	盘	盉	箕器	备注
三期晚段	中型	山东滕州前掌大M213	4.39	√		√	1			1	1	1						√							觚、簋残片1，罍残片2，鼎残片6、耳1，斝残片1
	中型	河南安阳殷墟GM269	4.08			1				1	1	1			1	1									陶觚、盘、盂
	中型	河南安阳殷墟大司空M303	9.56	7		2	1			10	6	2	1		2	2	1	1			1	1	1		陶爵1、觚1、簋1、罐5、罍6、觯4、瓿2
	中型	河南安阳榕树湾M1	5.92	2			1			2	2	1	1		1	1		1							锛3、凿1、削1、钺1、矛5、戈9、镞44，陶罍6、
	大型	山西灵石旌介M1	10.13	2		1				5	4	1	1		1	2		1							
三期		永和下辛角村商墓	不详							1	1	1													扰乱，戈2，金质珥形器2
		山西长治西白兔村商墓	不详							1	1	1													扰乱
		河南林县下陶村墓	不详									1													扰乱
		山西石楼后兰家沟墓	不详						1	1	1	1													
四期	中型	陕西泾阳高家堡M4	8.89	3		1	1		1	2	2	1	2		1	2		1				1	1		
	中型	甘肃灵台白草坡西周墓M1	8.25	7		2	1			1		1	1	1	2	3							1		
	小型	河南洛阳北窑西周墓	3.94	1		1				2	1	1	1		1	1									铜锛1，陶罐1，蚌饰1，玉饰1

续表

期段	等级	出土单位	墓室面积（平方米）	鼎	鬲	簋	甗	盂	瓿	爵	觚	斝	觯	角	尊	卣	壶	罍	彝	觥	斗	盘	盉	箕器	备注
四期	中型	山东滕州前掌大M38	8.16	3	2	1				4	4	1	1		1	2		1			1				刀2、戈1、锛1、斧1、铃2，器盖1
	中型	山东滕州前掌大M21	5.89	1		1				3	3	1	2	1	1	1									陶罍2、罐2、尊1、斝1
	中型	山东滕州前掌大M11	6.33	8		1	1			5	4	1	2	2	1	2	1	1					1		陶盉1、罐2、纺轮1
	大型	河南鹿邑太清宫长子口墓	67.5	22	2	3	2			8	8	3	5	2	5	6	2	2		4	3	1	1		
	大型	陕西岐山贺家村一号墓	11.89	1		1			1			1				2		1			1				盗掘，斧1、凿1、戈3、戣1、镞1
	中型	扶风庄李M9	8.35	3	1	2	1			2		1			1	1		1					1		

注：√ 表示墓葬中有此种器类，但是数量不明

附表四 陶罩统计表

序号	标本号	出土地点	型式	陶质	通高（厘米）	口径（厘米）	腹径（厘米）	纹饰	文化性质	资料来源	备注
1	H8：4	武功浒西庄	A型 Ⅰ式		27.5	20	21.5		案板三期文化	《武功发掘报告》42页	
2	H33：16	武功浒西庄	A型 Ⅲ式		25	16.6	17		案板三期文化	《武功发掘报告》42页	
3	H33：4	武功浒西庄	B型 Ⅰ式		23.8	18	18.4		案板三期文化	《武功发掘报告》42页	
4	H33：21	武功浒西庄	B型 Ⅱ式		28.6	19	19		案板三期文化	《武功发掘报告》42页	
5	H29：13	武功浒西庄	B型 Ⅱ式		26	19.4	19		案板三期文化	《武功发掘报告》42页	
6	H33：17	武功浒西庄	B型 Ⅱ式		38	34			案板三期文化	《武功发掘报告》42页	
7	H7：29	扶风案板	不明		26.3	18.4	21.5		案板三期文化	《扶风案板遗址发掘报告》177页	
8	H20：37	扶风案板	不明		23.2	14.8			案板三期文化	《扶风案板遗址发掘报告》177页	
9	ⅠH216：25	垣曲古城东关	不明	灰褐陶		18.8	26	斜篮纹	庙底沟二期文化早期	《垣曲古城东关》187页	残
10	ⅠH239：17	垣曲古城东关	A型 Ⅱ式	灰陶	27	19.2	24.3	素面	庙底沟二期文化早期	《垣曲古城东关》187页	
11	ⅠH251：71	垣曲古城东关	A型 Ⅱ式	灰褐陶		20.6	22.2	篮纹	庙底沟二期文化早期	《垣曲古城东关》187页	

续表

序号	标本号	出土地点	型式	陶质	通高（厘米）	口径（厘米）	腹径（厘米）	纹饰	文化性质	资料来源	备注
12	Ⅰ H101：19	垣曲古城东关	A型Ⅲ式	灰陶	23.4	18.5	21.5	横篮纹	庙底沟二期文化早期	《垣曲古城东关》187页	
13	Ⅰ H251：62	垣曲古城东关	A型Ⅱ式	灰褐陶	25	17.6	21.5	横篮纹	庙底沟二期文化早期	《垣曲古城东关》187页	
14	Ⅰ H101：20	垣曲古城东关	A型Ⅲ式	灰褐陶	25.6	20.4	21.6	横篮纹	庙底沟二期文化早期	《垣曲古城东关》189页	
15	Ⅰ H262：16	垣曲古城东关	A型Ⅲ式	灰红褐相间		19.5	23.2		庙底沟二期文化早期	《垣曲古城东关》190页	残
16	Ⅰ H159：3	垣曲古城东关	A型Ⅲ式	灰褐陶		17.6	21.8		庙底沟二期文化早期	《垣曲古城东关》190页	残
17	Ⅰ H101：21	垣曲古城东关	A型Ⅱ式	灰陶	22	14	16.5	篮纹	庙底沟二期文化早期	《垣曲古城东关》190页	残
18	Ⅰ H239：5	垣曲古城东关	A型Ⅱ式	灰陶	残28	19.5	23.5	篮纹	庙底沟二期文化早期	《垣曲古城东关》190页	残
19	Ⅰ H218：54	垣曲古城东关	A型Ⅳ式	夹砂灰陶			20	横斜篮纹	庙底沟二期文化中期	《垣曲古城东关》248页	口及足尖残
20	Ⅰ F6：25	垣曲古城东关	A型Ⅳ式	夹砂灰褐陶		18.4	17.6	篮纹	庙底沟二期文化中期	《垣曲古城东关》248页	足尖残
21	Ⅰ H112：28	垣曲古城东关	不明	夹砂灰陶		17.8		篮纹	庙底沟二期文化中期	《垣曲古城东关》250页	足残
22	Ⅰ F7：14	垣曲古城东关	A型Ⅳ式	夹砂灰褐陶	18.8	19.5		篮纹	庙底沟二期文化中期	《垣曲古城东关》251页	袋足残

续表

序号	标本号	出土地点	型式	陶质	通高（厘米）	口径（厘米）	腹径（厘米）	纹饰	文化性质	资料来源	备注
23	Ⅰ H38：8	垣曲古城东关	A型Ⅳ式	夹砂黄褐陶	18.2	17		篮纹	庙底沟二期文化中期	《垣曲古城东关》251页	足尖残
24	Ⅰ F7：27	垣曲古城东关	不明	夹砂灰褐陶				绳纹	庙底沟二期文化中期	《垣曲古城东关》251页	残
25	Ⅰ H275：1	垣曲古城东关	A型Ⅳ式	夹砂灰褐陶	19.3	17		篮纹	庙底沟二期文化中期	《垣曲古城东关》251页	足尖残
26	Ⅰ H63：6	垣曲古城东关	A型Ⅳ式	夹砂红褐陶	17	15		素面	庙底沟二期文化中期	《垣曲古城东关》251页	足残
27	Ⅰ H252：124	垣曲古城东关	A型Ⅳ式	灰夹砂褐陶	残15.2	14	14.4	篮纹、堆纹	庙底沟二期文化晚期	《垣曲古城东关》299页	口沿足尖略残
28	Ⅰ H260：37	垣曲古城东关	A型Ⅴ式	夹砂红褐陶	残13	16.4	15.5	竖篮纹	庙底沟二期文化晚期	《垣曲古城东关》299页	足残
29	Ⅰ H163：1	垣曲古城东关	不明	夹砂灰陶	残12	17.4	17.5	横斜篮纹	庙底沟二期文化晚期	《垣曲古城东关》299页	足残
30	Ⅰ H145：48	垣曲古城东关	不明	夹砂灰陶	残12	17	15.5	竖篮纹	庙底沟二期文化晚期	《垣曲古城东关》299页	
31	Ⅰ H91：1	垣曲古城东关	A型Ⅴ式	夹砂灰褐陶	17.6	19.2	15.4	篮纹、堆纹	庙底沟二期文化晚期	《垣曲古城东关》299页	足尖略残
32	Ⅰ H61：73	垣曲古城东关	A型Ⅴ式	上泥质下夹砂	残10.8	24	23.2	绳纹	庙底沟二期文化晚期	《垣曲古城东关》299页	足残
33	T212：3：059	垣曲丰村	A型Ⅳ式	夹砂灰陶	残8.5	14		素面	庙底沟二期文化	《考古学集刊》第5辑，35页	袋足残

续表

序号	标本号	出土地点	型式	陶质	通高（厘米）	口径（厘米）	腹径（厘米）	纹饰	文化性质	资料来源	备注
34	T212：3：060	垣曲丰村	不明	夹砂褐陶				篮纹	庙底沟二期文化	《考古学集刊》第5辑，35页	腹上部残缺
35	H1：29	偃师二里头	A型Ⅲ式	褐陶				横篮纹	庙底沟二期文化	《考古》1982年5期，460页	
36	H558：52	陕县庙底沟	A型Ⅳ式	夹砂灰陶				篮纹	庙底沟二期文化	《庙底沟与三里桥》70页	
37	H564：20	陕县庙底沟	A型Ⅳ式	夹砂灰陶				绳纹	庙底沟二期文化	《庙底沟与三里桥》70页	
38	H35：92	陕县庙底沟	A型Ⅳ式	夹砂灰陶				篮纹	庙底沟二期文化	《庙底沟与三里桥》70页	
39	F2：30	太谷白燕遗址	A型Ⅴ式	泥质灰陶				素面	庙底沟二期文化	《文物》1989年3期，5页	
40	02ⅠH26：10	襄汾陶寺遗址	B型Ⅱ式	夹砂灰陶	16.7	12.5		绳纹	陶寺文化早期	《考古学报》2005年3期，326页	
41	ⅡH102：29	襄汾陶寺遗址	A型Ⅴ式		15.6	10.5		绳纹、划弦纹	陶寺文化早期	《考古》1980年1期，22页	器表有烟熏痕
42	ⅡT1：3B：10	襄汾陶寺遗址	A型Ⅴ式	黄褐陶	残15	18.6		绳纹	陶寺文化早期	《考古》1980年1期，22页	
43	ⅢH303：13	襄汾陶寺遗址	B型Ⅱ式	夹砂	28	27.5		弦纹、方格纹	陶寺文化早期	《考古》1980年1期，26页	
44	M3015：30	襄汾陶寺遗址	B型Ⅱ式	夹砂灰陶	24	18.4		绳纹	陶寺文化早期	《考古》1983年1期，36页	

续表

序号	标本号	出土地点	型式	陶质	通高（厘米）	口径（厘米）	腹径（厘米）	纹饰	文化性质	资料来源	备注
45	M3015：36	襄汾陶寺遗址	A型 V式	夹砂灰陶	20	20.8		绳纹	陶寺文化早期	《考古》1983年1期，36页	
46	M1111：4	襄汾陶寺遗址	B型 Ⅰ式	夹砂褐陶	19.5	12	16	绳纹	陶寺文化早期	《考古》1983年1期，36页	
47	H6：3	离石乔家沟	B型 Ⅰ式	夹砂灰陶	14.1	11.2			离石、柳林四期	《晋中考古》136页	
48	H1：17	离石乔家沟	B型 Ⅰ式	夹砂灰陶	20.3	16.8			离石、柳林四期	《晋中考古》136页	
49	H5：10	离石乔家沟	B型 Ⅰ式	夹砂灰陶	残14.8	20.4			离石、柳林四期	《晋中考古》136页	
50	H257（下）：4	汾阳杏花村	不明	夹砂灰陶	残16.7	14.5		绳纹	杏花村四期	《晋中考古》136页	
51	H9：3	汾阳杏花村	不明	夹砂灰陶	17	12.7		弦纹、绳纹	杏花村四期	《晋中考古》136页	
52	H123：3	汾阳杏花村	B型 Ⅰ式	夹砂灰陶	16.6	14.8		绳纹	杏花村四期	《晋中考古》136页	
53	H20：1	汾阳杏花村	B型 Ⅰ式	夹砂灰陶	28.3	25	22.6	绳纹	杏花村四期	《晋中考古》136页	
54	T103②A：14	武功赵家来	B型 Ⅲ式	夹砂红陶	32.7	24	21.6	弦纹、篮纹	客省庄二期文化	《武功发掘报告》124页	
55	H2：1	武功赵家来	B型 Ⅲ式	夹砂灰陶	34.2	24	22.6	篮纹	客省庄二期文化	《武功发掘报告》124页	

续表

序号	标本号	出土地点	型式	陶质	通高（厘米）	口径（厘米）	腹径（厘米）	纹饰	文化性质	资料来源	备注
56	T112②A：5	武功赵家来	B型Ⅲ式	夹砂红陶	21.7	14.7		绳纹	客省庄二期文化	《武功发掘报告》124页	
57	H4：6	武功赵家来	B型Ⅲ式	夹砂红陶	19	25.8	19.8	篮纹	客省庄二期文化	《武功发掘报告》124页	
58	ⅣT0312 H154：37	新乡李大召	A型Ⅴ式	泥质夹砂灰陶	残5.1			磨光	龙山文化	《新乡李大召》133页	腹部上下皆残
59	ⅣT0412 H202：12	新乡李大召	A型Ⅴ式	夹砂泥质灰陶			20	绳纹、磨光	龙山文化	《新乡李大召》133页	器腹及袋足残
60	ⅣT0312 H79：10	新乡李大召	A型Ⅴ式	泥质灰黑陶	残3.8		22	绳纹、磨光	龙山文化	《新乡李大召》135页	残
61	ⅡT2507 H319①：1	新乡李大召	A型Ⅴ式	泥质夹砂灰陶	21	20.4		篮纹、绳纹	龙山文化	《新乡李大召》135页	
62	ⅡT2401 H336：51	新乡李大召	A型Ⅴ式	泥质灰黑陶	残9			绳纹、磨光	龙山文化	《新乡李大召》135页	袋足及口残
63	ⅢT2501 H138：6	新乡李大召	A型Ⅴ式	泥质黑陶	残3.8		18.5	磨光	龙山文化	《新乡李大召》135页	残
64	ⅣT0409 H345：2	新乡李大召	A型Ⅴ式	泥质夹砂灰陶	残26.7	21		凹弦纹、绳纹	龙山文化	《新乡李大召》135页	残
65	ⅣT0408 H359：11	新乡李大召	A型Ⅴ式	泥质灰陶	残11.1	19.6		凹弦纹	龙山文化	《新乡李大召》135页	袋足残

续表

序号	标本号	出土地点	型式	陶质	通高（厘米）	口径（厘米）	腹径（厘米）	纹饰	文化性质	资料来源	备注
66	Ⅰ H198：11	垣曲古城东关	A型 V式	夹砂黑陶	21	22.8		篮纹、凸弦纹	龙山文化早期	《垣曲古城东关》360页	
67	Ⅰ H103：1	垣曲古城东关	A型 V式	上泥质下夹砂	22	24.5		绳纹、凸弦纹	龙山文化早期	《垣曲古城东关》360页	
68	Ⅰ H109：49	垣曲古城东关	A型 V式	夹砂黑陶	残4.8	23.6		绳纹	龙山文化早期	《垣曲古城东关》361页	袋足残
69	Ⅰ H109：24	垣曲古城东关	A型 V式	泥质灰黑陶	残11.8	20		篮纹、阴弦纹	龙山文化早期	《垣曲古城东关》362页	口、袋足残
70	Ⅰ H96：1	垣曲古城东关	B型 Ⅰ式	夹砂灰陶	残16.7	14.8		绳纹	龙山文化早期	《垣曲古城东关》362页	圜底及袋足残
71	Ⅰ H121：36	垣曲古城东关	B型 Ⅰ式	夹砂灰陶	残12.4	14		绳纹、阴弦纹	龙山文化早期	《垣曲古城东关》362页	袋足残
72	Ⅰ H21：54	垣曲古城东关	不明	夹砂灰陶	残10	16.8		绳纹	龙山文化早期	《垣曲古城东关》362页	袋足下部残
73	Ⅰ H21：60	垣曲古城东关	不明	夹砂黑陶	残12		18.4	篮纹	龙山文化早期	《垣曲古城东关》362页	袋足下部残
74	Ⅰ H158：105	垣曲古城东关	A型 V式	泥质黑陶磨光	残12.8	20.4		凹弦纹	龙山文化早期	《垣曲古城东关》362页	口沿及袋足残
75	Ⅳ H116：9	垣曲古城东关	不明	夹砂黑陶	残7.4	21		阴弦纹	龙山文化晚期	《垣曲古城东关》403页	袋足残
76	Ⅰ H141：5	垣曲古城东关	A型 V式	夹砂黑陶	残12	19.6		篮纹	龙山文化晚期	《垣曲古城东关》403页	底及袋足残

续表

序号	标本号	出土地点	型式	陶质	通高（厘米）	口径（厘米）	腹径（厘米）	纹饰	文化性质	资料来源	备注
77	ⅣH111：81	垣曲古城东关	不明	夹砂灰陶	残20	34		方格纹	龙山文化晚期	《垣曲古城东关》403页	下腹及袋足残
78	ⅣH178：23	垣曲古城东关	不明	夹砂灰陶	残11.5			方格纹、绳纹	龙山文化晚期	《垣曲古城东关》403页	残
79	T102：3B：32	垣曲丰村	不明	夹砂灰陶	13.2	17.6		绳纹	龙山文化时期	《考古学集刊》第5辑，35页	
80	H496：25	洛阳王湾	A型Ⅴ式	上泥质下夹砂	19	21		绳纹	王湾三期文化	《洛阳王湾》83页	
81	T58④：1	洛阳王湾	A型Ⅴ式	上泥质下夹砂	20	21.5			王湾三期文化	《洛阳王湾》83页	
82	H490：26	洛阳王湾	A型Ⅳ式	夹砂	16	21.5		素面	王湾三期文化	《洛阳王湾》83页	
83	H490：28	洛阳王湾	A型Ⅳ式	上泥质下夹砂	16	21		弦纹	王湾三期文化	《洛阳王湾》83页	
84	WT153H402：7	登封王城岗	不明	泥质黑陶				素面、磨光	龙山文化	《登封王城岗与阳城》25页	口、颈、袋足残
85	WT86H179：2	登封王城岗	不明		残14	18.2		方格纹、弦纹	龙山文化	《登封王城岗与阳城》53页	袋状足
86	WT35②：5	登封王城岗	A型Ⅴ式	泥质黑陶			17.2		龙山文化	《登封王城岗与阳城》53页	残

续表

序号	标本号	出土地点	型式	陶质	通高（厘米）	口径（厘米）	腹径（厘米）	纹饰	文化性质	资料来源	备注
87	WT252H664：9	登封王城岗	不明	细砂质灰陶					龙山文化	《登封王城岗与阳城》75页	残片
88	WT152H406：2	登封王城岗	不明	细砂质棕红陶					龙山文化	《登封王城岗与阳城》75页	残片
89	WT109H249：9	登封王城岗	不明						龙山文化	《登封王城岗与阳城》75页	残片
90	WT26③：9	登封王城岗	不明						龙山文化	《登封王城岗与阳城》75页	残片
91	T209③：19	夏县东下冯	A型Ⅵ式	夹砂灰陶					三里桥二期文化	《夏县东下冯》	
92	T202③：12	夏县东下冯	A型Ⅵ式	夹砂褐陶					三里桥二期文化	《夏县东下冯》	
93	T213③：6	夏县东下冯	A型Ⅵ式	夹砂灰陶					三里桥二期文化	《夏县东下冯》	
94	T30：24	郑州认训王	A型Ⅴ式	泥质黑陶	残10.5	19			龙山文化时期	《考古学报》1958年3期，46页	
95	C20H69	郑州认训王	A型Ⅴ式	泥质黑陶					龙山文化时期	《考古学报》1958年3期，46页	
96	C20H19	郑州认训王		泥质黑陶					龙山文化时期	《考古学报》1958年3期，46页	
97	T62③：18	汤阴白营	A型Ⅴ式						后岗二期文化	《考古》1980年3期，200页	

续表

序号	标本号	出土地点	型式	陶质	通高（厘米）	口径（厘米）	腹径（厘米）	纹饰	文化性质	资料来源	备注
98	F55（一）	汤阴白营	A型 V式						后岗二期文化	《考古》1980年3期，200页	
99	采：20	孟县西后津	A型 V式		23	20		绳纹	龙山文化	《中原文物》1984年4期，5页	
100	H32：4	孟县西后津	A型 V式	夹砂黑陶				绳纹、弦纹	龙山文化	《中原文物》1984年4期，5页	
101	T201③：1	安阳大寒南岗	A型 V式	夹砂黑陶	19	20		弦纹、绳纹	龙山文化	《考古学报》1990年1期，51页	
102	J1②：20	安阳大寒南岗	不明	夹砂灰陶	残12.6	12.3		绳纹、弦纹	龙山文化	《考古学报》1990年1期，51页	
103	ⅦT88J1：3	辉县孟庄	A型 V式	泥质灰陶	19.5	20.3		凹弦纹	龙山文化	《考古》2000年3期，17页	
104	XXT28H42：4	辉县孟庄	不明	泥质黑陶	残14.6		16.4		龙山文化	《考古》2000年3期，17页	
105	ⅦT133 H427：1	辉县孟庄	A型 V式	泥质黑陶	20.8	20	18.6	凸弦纹	龙山文化	《考古》2000年3期，17页	
106	ⅦT172 H277：6	辉县孟庄	不明	泥质黑陶	残10		24	粗绳纹	龙山文化	《考古》2000年3期，17页	
107	ⅧT134 H398：3	辉县孟庄	不明	泥质灰陶	残12		18	绳纹	龙山文化	《考古》2000年3期，17页	
108	ⅧT87H71：11	辉县孟庄	不明	泥质黑陶	残10		17	绳纹	龙山文化	《考古》2000年3期，17页	

续表

序号	标本号	出土地点	型式	陶质	通高（厘米）	口径（厘米）	腹径（厘米）	纹饰	文化性质	资料来源	备注
109	XT258H27：1	辉县孟庄	不明	泥质灰陶	残16.6	19.2		绳纹	龙山文化	《考古》2000年3期，17页	
110	ⅧT152 H303：3	辉县孟庄	不明	夹砂黑陶	残4.8			绳纹	龙山文化	《考古》2000年3期，17页	
111	H1：8	登封告成北沟	A型Ⅴ式	夹砂灰陶	21	19		横篮纹	龙山文化	《中原文物》1984年4期，11页	
112	H1：9	登封告成北沟	A型Ⅴ式	夹砂灰陶	26	19		绳纹	龙山文化	《中原文物》1984年4期，11页	
113	T3②：44	郑州马庄	A型Ⅴ式	夹砂灰陶				篮纹	龙山文化	《中原文物》1982年4期	
114	T5F6：34	孟津小潘沟	不明	夹砂灰陶					龙山文化	《考古》1978年4期，247页	腹内有米黄色水锈
115	ⅢT26④：6	商洛东龙山遗址	B型Ⅲ式	夹砂灰陶	复原18	18.4		蓝纹、附加堆纹	龙山文化	《考古》2009年12期	
116	ⅢT11180：4	商洛东龙山H180	B型Ⅲ式	夹砂灰陶	残12	22.5		戳刺纹	龙山文化	《考古》2009年12期	
117	ⅢT1H148：8	商洛东龙山H148	B型Ⅲ式	夹砂灰陶	35.2	23		附加堆纹	龙山文化	《考古》2009年12期	足与腹连接处贴泥饼
118	ⅢT23F18：2	商洛东龙山F18	B型Ⅲ式	泥质灰褐陶	24	13		弦纹、篮纹	龙山文化	《考古》2009年12期	流长4厘米，报告称盉

续表

序号	标本号	出土地点	型式	陶质	通高（厘米）	口径（厘米）	腹径（厘米）	纹饰	文化性质	资料来源	备注
119	T27②：82	郑州大河村	不明	夹砂灰陶	残5	18			龙山文化中期	《郑州大河村》468页	
120	T27②：83	郑州大河村	不明	夹砂灰陶	残8	30			龙山文化中期	《郑州大河村》468页	
121	H225：13	郑州大河村	不明	夹砂灰陶	残14	19			龙山文化中期	《郑州大河村》468页	
122	T7②：16	郑州大河村	不明	夹砂红陶	残7.5			素面	龙山文化晚期	《郑州大河村》515页	
123	H2112：01	陕县三里桥	不明	夹砂灰陶				篮纹	三里桥二期文化	《庙底沟与三里桥》93页	
124	T1H12：13	洛阳吉利东杨	A型V式	夹砂黑陶	残12.8	22		磨光、篮纹	龙山文化中期	《考古》1983年2期，104页	足残
125	T1⑤：307	洛阳吉利东杨	A型V式	夹砂黑陶	残17.2	22.8		方格纹	龙山文化晚期	《考古》1983年2期，107页	足残
126	H22：41	洛阳矬李	A型V式	夹砂灰陶	20	23		方格纹	龙山文化晚期	《考古》1978年1期，12页	
127	H22：42	洛阳矬李	A型V式	橙黄陶	残13	23		绳纹	龙山文化晚期	《考古》1978年1期，12页	
128	F15：6	山西岢岚县乔家湾	不明	褐陶				素面	龙山文化晚期	《考古》2011年9期	口沿残片
129	F7：1 斝足	山西岢岚县乔家湾	不明	褐陶					龙山文化晚期	《考古》2011年9期	单把斝

续表

序号	标本号	出土地点	型式	陶质	通高（厘米）	口径（厘米）	腹径（厘米）	纹饰	文化性质	资料来源	备注
130	2004XXF1：7	陕西旬邑下魏洛遗址	B型Ⅲ式	夹砂灰陶	24	19.2	21.2	竖绳纹	客省庄二期文化	《文物》2006年9期，22页	
131	2004XXF5h1：2	陕西旬邑下魏洛遗址	B型Ⅰ式	夹砂灰陶	11.4	7.4	9.3	刻划纹	客省庄二期文化	《文物》2006年9期，24页	
132	2004XXH55：9	陕西旬邑下魏洛遗址		夹砂灰陶	41	18.4		篮纹、绳纹	客省庄二期文化	《文物》2006年9期，28页	
133	2004XXH55：8	陕西旬邑下魏洛遗址	B型Ⅲ式	夹砂灰陶	39.4	26×21.2	33.2	方格纹、绳纹	客省庄二期文化	《文物》2006年9期，28页	
134	02ⅠH6：31	山西襄汾陶寺遗址	不明		残8.2	28		弦纹、堆纹	陶寺文化晚期	《考古学报》2005年3期，332页	
135	02ⅠH9：12	山西襄汾陶寺遗址	不明		残6.8	15		弦纹、绳纹	陶寺文化晚期	《考古学报》2005年3期，332页	
136	02ⅠHG8：66	山西襄汾陶寺遗址	不明					绳纹	陶寺文化晚期	《考古学报》2005年3期，332页	
137	02ⅠHG8：77	山西襄汾陶寺遗址	不明		10	29		堆纹、戳印纹	陶寺文化晚期	《考古学报》2005年3期，332页	
138	W2003：1	内蒙古伊金霍洛旗朱开沟遗址	Ca型Ⅰ式	夹砂灰陶	29.5	24.5		粗绳纹	朱开沟文化三段	《朱开沟》100页	
139	ⅣH13：11	偃师二里头	Ca型Ⅰ式	夹砂红陶	23.3	16		蓖梳形花纹	二里头文化三期	《偃师二里头》210页	

续表

序号	标本号	出土地点	型式	陶质	通高（厘米）	口径（厘米）	腹径（厘米）	纹饰	文化性质	资料来源	备注
140	H505：3	夏县东下冯	Ca型Ⅰ式	夹砂褐陶	35.2	20.5		索状、堆纹	二里头文化三期	《夏县东下冯》94页	
141	H535：15	夏县东下冯	Ca型Ⅰ式	夹砂褐陶	48.7	28		索状堆纹	二里头文化三期	《夏县东下冯》94页	
142	T87：137	郑州南关外	Ca型Ⅱ式		残9	残7		绳纹	二里头文化三期	《考古学报》1973年1期，69页	
143	M24：1	郑州洛达庙遗址	Ca型Ⅲ式	夹砂灰陶	残17.4	14.6		绳纹	商代早期偏早	《华夏考古》1989年4期	
144	T86：52	郑州南关外	Ca型Ⅱ式	夹砂褐陶	残17.1	15.5		划纹	商代早期偏早	《考古学报》1973年1期，75页	
145	T1082：4：66	夏县东下冯		夹砂灰陶				索状堆纹	商代早期偏早	《夏县东下冯》141页	
146	PYZM8：1	黄陂盘龙城	Cb型Ⅱ式	砂质灰陶	20.4	14		凹弦纹	商代早期偏早	《盘龙城》	
147	PWZT86⑧：23	黄陂盘龙城	Ca型Ⅲ式	砂质黑陶			10.8		商代早期偏早	《盘龙城》	口残
148	PWZT25⑧：15	黄陂盘龙城		砂质黑陶					商代早期偏早	《盘龙城》	
149	PWZT12⑦：13	黄陂盘龙城	Cb型Ⅱ式	夹砂红陶	17	13.2		划纹	商代早期偏早	《盘龙城》	
150	PWZT17⑤：2	黄陂盘龙城		夹砂灰陶		11.6		凹弦纹乳钉纹	商代早期偏晚	《盘龙城》	

续表

序号	标本号	出土地点	型式	陶质	通高（厘米）	口径（厘米）	腹径（厘米）	纹饰	文化性质	资料来源	备注
151	PWZT33⑤：1	黄陂盘龙城		夹砂灰黄陶	11.6				商代早期偏晚	《盘龙城》	鋬残
152	H62：21	郑州南关外		夹砂褐陶	残22.5	16.8		绳纹	商代早期	《考古学报》1973年1期，75页	
153	T95：117	郑州南关外	Ca型Ⅲ式	夹砂灰陶	19.8	15.3			商代早期	《考古学报》1973年1期，75页	
154	H59：1	郑州南关外		夹砂灰陶	20.6	14.8		绳纹	商代早期	《考古学报》1973年1期，75页	
155	H60：15	郑州南关外	Cb型Ⅱ式	夹砂灰陶	残16.6	15.2			商代早期	《考古学报》1973年1期，75页	
156	T87：139	郑州南关外	Cb型Ⅱ式	泥质灰陶	残13			绳纹	商代早期	《考古学报》1973年1期，75页	
157	陶斝M16：2	新郑望京楼M16	Ca型Ⅲ式	夹砂灰陶	22.2	14.6			商代早期	《文物》2012年9期	
158	PWZT85⑤：3	黄陂盘龙城		夹砂灰陶				凹弦纹、绳纹	商代早期	《盘龙城》	
159	PLZH4：11	黄陂盘龙城		泥质灰陶	18.4	15.4		弦纹	商代早期	《盘龙城》	似为鬶
160	PYWF1Z1：7	黄陂盘龙城		夹砂灰陶		9.6		凹弦纹、绳纹	商代早期	《盘龙城》	足尖残

续表

序号	标本号	出土地点	型式	陶质	通高（厘米）	口径（厘米）	腹径（厘米）	纹饰	文化性质	资料来源	备注
161	PYZT9⑤：2	黄陂盘龙城		泥质黑陶	残8.4	15.3		凸弦纹	商代早期	《盘龙城》	裆残
162	PYZT6⑤：3	黄陂盘龙城		夹砂红陶	残23	12		凹弦纹、绳纹	商代早期	《盘龙城》	
163	PYZH1：5	黄陂盘龙城		夹砂灰陶	残17.2	11		凹弦纹、绳纹	商代早期	《盘龙城》	
164	PYZM10：2	黄陂盘龙城	C型Ⅲ式	夹砂灰陶	残16.8	10.5		凹弦纹	商代早期	《盘龙城》	
165	P：099	黄陂盘龙城		夹砂灰陶	残19.2	14			商代早期	《盘龙城》	
166	C5.1H103：9	郑州二里冈	Da型Ⅰ式						商代早期	《考古学报》1956年3期，84页	
167	H17：38	郑州二里冈	不明	夹砂灰陶	20.6	15.4		细绳纹	商代早期	《郑州二里岗》22页	
168	H9：362	郑州二里冈	Ca型Ⅲ式	夹砂灰褐陶	20	7		细绳纹	商代早期	《郑州二里岗》22页	
169	H2乙：35	郑州二里冈	Ca型Ⅳ式	夹砂灰陶	20.6	6.5		阴纹	商代早期	《郑州二里岗》22页	
170	H2乙：232	郑州二里冈	Ca型Ⅲ式	夹砂灰陶	残17.4				商代早期	《郑州二里岗》22页	口残

续表

序号	标本号	出土地点	型式	陶质	通高（厘米）	口径（厘米）	腹径（厘米）	纹饰	文化性质	资料来源	备注
171	T2④：15	郑州市木材公司	不明						商代早期	《华夏考古》1996年1期	
172	C8T18②：25	郑州市白家庄	不明						商代早期	《华夏考古》1996年1期	
173	83YSⅢ M18：4	偃师商城	Ca型Ⅲ式	夹砂灰陶	21	16.9		交错绳纹	商代早期	《考古》1984年10期，878页	
174	H1：1	偃师商城	Cb型Ⅲ式	夹细砂灰陶	19.5	13.8		绳纹	商代早期	《考古》1984年6期，497页	
175	H2：4	偃师商城	不明	夹砂灰陶		13		阴弦纹	商代早期	《考古》1984年6期，497页	残
176	ⅣH179：5	偃师商城	Ca型Ⅲ式	夹砂黑陶	20	14		细绳纹	商代早期	《考古》1999年2期，16页	
177	ⅣH73：2	偃师商城	Ca型Ⅲ式						商代早期	《中国考古学·夏商卷》177页	
178	ⅣH47：10	偃师商城	Ca型Ⅲ式						商代早期	《中国考古学·夏商卷》178页	
179	ⅦT19④：2	偃师商城	Ca型Ⅲ式						商代早期	《中国考古学·夏商卷》178页	
180	ⅣT12④：2	偃师商城	Ca型Ⅲ式						商代早期	《中国考古学·夏商卷》178页	

续表

序号	标本号	出土地点	型式	陶质	通高（厘米）	口径（厘米）	腹径（厘米）	纹饰	文化性质	资料来源	备注
181	99ZSCWT22M4：4	郑州人民路西侧T22M4	Ca型Ⅳ式	夹砂灰陶	20.8	12		凹弦纹、绳纹	商代早期	《文物》2003年4期，12页	
182	T55M68：3	偃师商城Ⅳ区M68	Ca型Ⅲ式	夹砂浅灰陶	19.5	15.3		绳纹、划纹	商代早期	《考古》2006年6期，39页	
183	T115④：23	郑州市商代制陶遗址	Ca型Ⅲ式					绳纹	商代早期	《华夏考古》1991年4期，3页	
184	H116：20	郑州市商代制陶遗址	Ca型Ⅳ式						商代早期	《华夏考古》1991年4期，12页	
185	H135：30	郑州市商代制陶遗址	Ca型Ⅲ式						商代早期	《华夏考古》1991年4期，12页	
186	M146：6	郑州市商代制陶遗址	不明					弦纹、绳纹	商代早期	《华夏考古》1991年4期，16页	
187	M10：8	安阳洹北商城花园庄M10	Db型Ⅰ式	夹砂灰陶	22.9	17.7		弦纹、绳纹	商代中期	《考古学集刊》第15辑，347页	
188	M11：8	安阳洹北商城花园庄M11	Db型	泥质灰陶		14.2			商代中期	《考古学集刊》第15辑，347页	
189	T20②：920	磁县下七垣	不明		9.8	8.8		素面	商代中期	《考古学报》1979年2期，203页	
190	Ⅶ采集	河南偃师商城	Ca型Ⅳ式						商代中期	《中国考古学·夏商卷》178页	

续表

序号	标本号	出土地点	型式	陶质	通高（厘米）	口径（厘米）	腹径（厘米）	纹饰	文化性质	资料来源	备注
191	M4：3	郑州市北二七路M4	Ca型Ⅳ式		残15	11		弦纹、绳纹	商代中期	《考古》1986年4期，334页	
192	M4：7	郑州市北二七路M4	Ca型Ⅳ式						商代中期	《考古》1986年4期，334页	下半部残
193	三家庄M4：1	1980年安阳三家庄M4	Ca型Ⅴ式	夹砂灰陶	20	15.5	18.6	阴线纹	商代中期	《考古》1983年2期，130页	
194	T4（6）：215	汤阴白营	B型Ⅱ式						商代中期	《考古》1980年3期，193页	
195	GM367：10	殷墟西区GM367	Db型Ⅱ式	泥质灰陶	30	19		绳纹	商代晚期	《考古学报》1979年1期，64页	
196	GM216：34	殷墟西区GM216	Db型Ⅲ式	泥质灰陶	15.5	11.8			商代晚期	《考古学报》1979年1期，80页	
197	GM4：11	殷墟西区GM4	Db型Ⅱ式	泥质灰陶	21.4	13.6			商代晚期	《考古学报》1979年1期，80页	
198	M53：11	大司空墓M53	Db型Ⅱ式	泥质灰陶					商代晚期	《考古》1964年8期，383页	简报未发表体量信息
199	GM233：29	殷墟西区GM233	Db型Ⅱ式	泥质灰陶	9.3	13		弦纹	商代晚期	《殷墟发掘报告》227页	
200	XDM：558	新干商代大墓	Cb型Ⅲ式	泥质红陶	24	19		圆点纹	商代晚期	《新干商代大墓》178页	
201	M121：21	滕州前章大M121	Db型Ⅲ式	夹砂灰褐陶	18.8	12.8		旋纹、绳纹	西周早期早段	《前章大》189页	

续表

序号	标本号	出土地点	型式	陶质	通高（厘米）	口径（厘米）	腹径（厘米）	纹饰	文化性质	资料来源	备注
202	M21：58	滕州前章大M21	Db型Ⅲ式	夹砂灰褐陶	20.4	15.6		旋纹、绳纹	西周早期	《前章大》189页	
203	M13：1	滕州前章大M13	Db型Ⅲ式	夹砂黑褐陶	18.5	12.4		旋纹	西周早期	《前章大》189页	
204	M103：26	滕州前章大M103	Db型Ⅲ式	夹砂褐陶	17.2	11.2		旋纹、绳纹	西周早期	《前章大》189页	

附表五　出土陶斝墓陶器组合表

时代	出土单位	墓室（平方米）	等级	随葬器物	陶斝型式
商代早期	河南郑州洛达庙M24	0.97	小型墓	陶斝1	Ca型Ⅲ式
商代早期	河南新郑望京楼M16	1.33	小型墓	陶簋1、斝1	Ca型Ⅲ式
商代早期	河南偃师商城M18	1	小型墓	陶深腹盆1、敛口盆1、小口罐1、瓮1、斝1	Ca型Ⅲ式
商代早期	河南郑州制陶遗址M146	2.04	小型墓	铜鼎1，陶爵1、觚1、斝1，玉柄形器1	不明
商代早期	河南郑州商城 99ZSCWT22M4	2.07	小型墓	陶爵1、斝1、盆1、豆1	Ca型Ⅳ式
商代中期	河南安阳洹北商城M10	2.04	小型墓	铜鼎1、戈2，陶爵1、觚1、斝1，骨匕1、镞3，漆器1	Db型Ⅰ式
商代中期	河南安阳洹北商城M11	2.7	小型墓	铜戈1，陶簋1、爵1、觚1、斝1	Db型
商代中期	河南郑州北二七路M4	不明		铜爵1，陶爵1、斝2、豆1、鬲1、纺轮1，玉笄	Ca型Ⅳ式
商代中期	河南安阳三家庄M4	2.1	小型墓	铜矛1、戈1，陶鬲1、爵1、觚1、斝1	Ca型Ⅴ式
商代晚期	河南安阳大司空M53	4.06	中型墓	铜爵2、觚2、觯1，陶鼎1、爵1、觚1、斝1、尊1、卣1、盘1	Db型Ⅱ式

续表

时代	出土单位	墓室（平方米）	等级	随葬器物	陶斝型式
商代晚期	河南安阳殷墟西区GM4	3.33	小型墓	陶鼎1、簋1、爵2、觚2、斝1、尊1、卣1	Db型Ⅱ式
商代晚期	河南安阳殷墟西区GM216	4.2	中型墓	铜觚1、戈1、镞15，陶鼎1、簋1、甗1、尊1、爵2、觚2、斝1，陶爵1、觚1、罐1、罍1	Db型Ⅲ式
商代晚期	河南安阳殷墟西区GM367	1	小型墓	陶簋1、鬲1、小罐1、罍1、盘1、斝1	Db型Ⅱ式
商代晚期	河南安阳小屯西地GM233	2.55	小型墓	陶鼎2、簋1、罐2、尊1、卣1、罍1、斝1、觚1	Db型Ⅱ式
商代晚期	江西新干商代大墓	40	大型墓	青铜器475件，玉器754件（颗），陶、硬陶、原始瓷器139件	Cb型Ⅲ式
西周早期	山东滕州前章大M121	4.99	中型墓	铜爵2、觚2、觯1、尊1、戈1、铃1，陶鬲1、簋1、罍4、罐2、壶2、瓿1、斝1	Db型Ⅲ式
西周早期	山东滕州前章大M21	5.89	中型墓	铜鼎1、簋1、爵4、觚4、觯4、尊1、角1、卣1、斝1，陶罍2、罐2、尊1、斝1	Db型Ⅲ式
西周早期	山东滕州前章大M13	2.94	小型墓	铜鼎1、爵1、觚1、觯1、尊1，陶鬲1、簋1、罍4、壶1、瓮1、瓿1	Db型Ⅲ式
西周早期	山东滕州前章大M13	2.94	小型墓	铜鼎1、爵1、觚1、觯1、尊1，陶鬲1、簋1、罍4、壶1、瓮1、瓿1	Db型Ⅲ式
西周早期	山东滕州前章大M103	5.78	中型墓	陶鬲3、簋3、罐1、罍3、盆1、瓿3、斝1	Db型Ⅲ式

附表六　各期段青铜斝典型器物图

型式			一期		二期	三期		四期	
			早段	晚段		早段	晚段		
A型	Aa型	Ⅰ	 1						
		Ⅱ	 2						
		Ⅲ		 3					
		Ⅳ			 4				
	Ab型	Ⅰ	 5						
		Ⅱ	 6						
		Ⅲ		 7	 8				

续表

型式			一期		二期	三期		四期	
			早段	晚段		早段	晚段		
A型	Ab型	Ⅳ			 9				
		Ⅴ			 10				
		Ⅵ				 11			
	Ac型	Ⅰ		 12					
		Ⅱ		 13					
		Ⅲ			 14				
		Ⅳ				 15			

续表

型式		一期		二期	三期		四期
		早段	晚段		早段	晚段	
B型	Ⅰ			 16			
	Ⅱ				 17		
	Ⅲ					 18	
	Ⅳ						 19

续表

型式		一期		二期	三期		四期	
		早段	晚段		早段	晚段		
C型	Ⅰ			 20				
	Ⅱ				 21			
	Ⅲ					 22		
	Ⅳ						 23	

续表

型式			一期		二期	三期		四期	
			早段	晚段		早段	晚段		
D型	Da型	Ⅰ				 24			
		Ⅱ						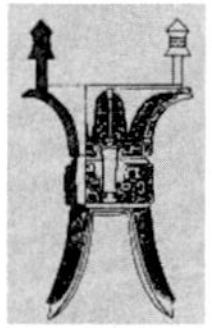 25	
	Db型	Ⅰ				 26			
		Ⅱ					 27		

注：1.素面斝（WT245M49：1）　2.乳钉纹斝（垣曲古城南关M16：8）　3.乳钉纹斝（全集1.15）　4.兽面纹斝（随州淅河）　5.素面斝（二里头M9：1）　6.素面斝（垣曲商城M1：11）　7.弦纹斝（99ZSCWT17M2：1）　8.兽面纹斝（C8M3：6）　9.兽面纹斝（铜陵童墩村）　10.兽面纹斝（YM333：R2045）　11.兽面纹斝（小屯M5：781）　12.弦纹斝（C8M32：2）　13.兽面纹斝（全集1.94）　14.兽面纹斝（藁城台西M36：4）　15.兽面纹斝（M269：49）　16.弦纹斝（大辛庄M106：9）　17.弦纹斝（林县下陶村）　18.素面斝（殷墟M53：54）　19.折斝（庄白一号窖藏）　20.目雷纹斝（河青1.123）　21.兽面纹斝（59武官M1：2）　22.弦纹斝（GM198：6）　23.登作尊彝斝　24.妇好大方斝（M5：855）　25.长子口方斝（M1：130）　26.兽面纹斝（YM238：R2040）　27.册方斝

附表七　青铜斝体量与墓室面积关系一览表

序号	墓葬名称	器号	时代	型式	通高（厘米）	口径（厘米）	墓室面积（平方米）	墓葬等级	备注
1	河南偃师二里头遗址M9	二里头M9：1	一期早段	Ab型Ⅰ式	30.5	17～18	2.04	小型	
2	河南登封王城岗WT245M49	WT245M49：1	一期早段	Aa型Ⅰ式	23.2	15.6	1.7	小型	
3	山西垣曲商城M16	M16：8	一期早段	Aa型Ⅱ式	28.4	15.8	4.78	中型	
4	河南郑州东里路黄河医院C8M32	C8M32：2	一期晚段	Ac型Ⅰ式	24.5	17.2	0.9	小型	
5	河南偃师商城83YSⅢM1	83YSⅢM1：5	一期晚段	Ab型Ⅳ式	31	19.5	2.57	小型	
6	山西垣曲商城M1	M1：10	一期晚段	Ab型Ⅱ式	19.2	13.5	2.65	小型	
7	河南郑州商城T61M1：1	T61M1：1	一期晚段	Ab型Ⅲ式	22	15	1.58	小型	
8	河南郑州99ZSCWT17M2	99ZSCWT17M2：1	一期晚段	Ab型Ⅲ式	20.6	15.3	1.04	小型	
9	湖北黄陂楼子湾M3	楼M3：3	一期晚段	Ab型Ⅲ式	27.2	16.6	3.25	小型	
10	湖北黄陂楼子湾M4	楼M4：2	一期晚段	Ab型Ⅲ式	不明	18	3.05	小型	

续表

序号	墓葬名称	器号	时代	型式	通高（厘米）	口径（厘米）	墓室面积（平方米）	墓葬等级	备注
11	湖北黄陂李家嘴M1	李家嘴M1：10	一期晚段	Ab型Ⅲ式	不明	不明	残	大型	随葬器物与李家嘴M2相当，极有可能为大型墓
		李家嘴M1：11	一期晚段	Ab型Ⅲ式	不明	17.8			
		李家嘴M1：12	一期晚段	Ab型Ⅲ式	25.4	不明			
		李家嘴M1：13	一期晚段	不明	不明	不明			
12	湖北黄陂李家嘴M2	李家嘴M2：10	一期晚段	Ab型Ⅲ式	31.6	21.2	12.82	大型	
		李家嘴M2：19	一期晚段	Ab型Ⅲ式	25.6	17.2			
		李家嘴M2：22	一期晚段	Ab型Ⅲ式	24	17.8			
13	河南郑州东里路C8M39	C8M39：1	一期晚段	Ab型Ⅳ式	28.5	19.4	0.75	小型	
14	湖北黄陂杨家嘴M1	PYZM1：2	一期晚段	Ab型Ⅲ式	残20	15.8	3.48	小型	
		PYZM1：4	一期晚段	Ab型Ⅲ式	34.4	22.4			
15	湖北黄陂杨家嘴M2	PYZM2：1	一期晚段	Ab型Ⅲ式	26.8	17.6	3.04	小型	
16	河南辉县琉璃阁M110	M110：2	一期晚段	Ab型Ⅴ式	24.5	17.5	1.68	小型	

续表

序号	墓葬名称	器号	时代	型式	通高（厘米）	口径（厘米）	墓室面积（平方米）	墓葬等级	备注
17	河南郑州二里冈商墓		一期晚段	B型I式	21.4	13.5	1.13	小型	
18	河南郑州市白家庄M2	M2：7	二期	Ac型Ⅰ式	22	不明	1.58（残）	小型	
19	河南郑州市白家庄M3	M3：4	二期	Aa型Ⅲ式	25	15.5	3.39（残）	中型	墓葬被破坏，依简报来看，应为中型墓
		M3：6	二期	Ab型Ⅳ式	26	17.9			
20	湖北黄陂盘龙城HPCYM1	89HPCYM1：2	二期	Ab型Ⅳ式	24.7	16	3.57	小型	
21	河南郑州市北二七路M1	北二七路M1：1	二期	Ab型Ⅲ式	33	19.8	3.92	小型	
		北二七路M1：2	二期	Ab型Ⅲ式	23	14.3			
		北二七路M1：4	二期	Ab型Ⅲ式	27.5	17.2			
22	河南郑州市北二七路M2	北二七路M2：1	二期	Ab型Ⅲ式	21.3	14	2.97	小型	
		北二七路M2：12	二期	Ab型Ⅲ式	21	不明	2.97		
23	河南郑州市铭功路西侧M2	M2：7	二期	Ab型Ⅲ式	19.8	15.2	2.57	小型	
		M2：20	二期	Ab型Ⅲ式	20	14.8	2.57		

续表

序号	墓葬名称	器号	时代	型式	通高（厘米）	口径（厘米）	墓室面积（平方米）	墓葬等级	备注
24	河南武陟大驾村商墓		二期	C型Ⅰ式	20	14.5	残1.2	小型	
25	湖北黄州下窑嘴商墓		二期	Ab型Ⅲ式	39	18	3.51	小型	
26	山东滕州市轩辕庄村南商墓		二期	Ab型Ⅳ式	24.5	14.5	2.76	小型	
27	湖北黄陂楼子湾M10	楼M10：5	二期	不明	20.2	14.4	2.46	小型	
28	湖北黄陂杨家湾M4	PYWM4：4	二期	Ab型Ⅳ式	不明	14.9	2.06	小型	
		PYWM4：13	二期	不明	不明	不明			
29	湖北黄陂杨家湾M5	PYWM5：3	二期	Ab型Ⅲ式	25.2	14.4	0.73	小型	
30	湖北黄陂杨家湾M7	PYWM7：3	二期	Ab型Ⅳ式	26.8	18.1	2.46	小型	
31	湖北黄陂杨家湾M11	PYWM11：2	二期	Ab型Ⅲ式	22.4	14.6	3.4	小型	
		PYWM11：29	二期	Ab型Ⅲ式	23.4	14.4			
		PYWM11：30	二期	Ab型Ⅲ式	不明	不明			
		PYWM11：31	二期	Ab型Ⅳ式	21.2	14.4			
32	山东济南大辛庄M106	M106：4	二期	Ab型Ⅲ式	23.4	15.5	7.04	中型	
		M106：9	二期	B型Ⅰ式	21.2	13.6			

续表

序号	墓葬名称	器号	时代	型式	通高（厘米）	口径（厘米）	墓室面积（平方米）	墓葬等级	备注
33	河北藁城台西M14	M14：1	二期	Ac型Ⅲ式	23.6		2.86	小型	
34	河北藁城台西M112	M112：5	二期	Ac型Ⅲ式	34.6		6	中型	
35	河北藁城台西M22	M22：5	二期	Ac型Ⅲ式	24.3		3.24	小型	
36	河北藁城台西M36	M36：4	二期	Ac型Ⅲ式	27.8		4.35	中型	
37	河北藁城台西M35	M35：2	二期	Ac型Ⅲ式	29		2.44	小型	
38	河北藁城台西M85	M85：2	二期	Ac型Ⅲ式	24.8		4.5	中型	
39	河南安阳三家庄M3	三家庄M3：3	二期	Ac型Ⅲ式	26.6	17.6	4.35	中型	
40	河南安阳殷墟YM232	YM232：R2038	二期	Ac型Ⅱ式	30.1	19～19.3	7.82	中型	
		YM232：R2039	二期	Ac型Ⅲ式	23.5	15.7～16.8			
41	河南安阳殷墟YM333	YM333：R2044	二期	Ab型Ⅴ式	28.9	17～21.2	4.3	中型	
		YM333：R2045	二期	Ab型Ⅴ式	34	16.3			
42	河南安阳殷墟YM388	YM388：R2046	二期	Ac型Ⅲ式	27.9	16.5～17	8.64	中型	
		YM388：R2047	二期	Ab型Ⅴ式	27.8	13.7～14.8			

续表

序号	墓葬名称	器号	时代	型式	通高（厘米）	口径（厘米）	墓室面积（平方米）	墓葬等级	备注
43	河南安阳殷墟YM188	YM188：R2036	三期早段	Ac型Ⅳ式	32.7	20.1～20.2	1.93	小型	
		YM188：R2037	三期早段	Ac型Ⅲ式	31.1	17.2～17.6			
44	河南安阳殷墟YM331	YM331：R2041	三期早段	Ac型Ⅲ式	38.6	23.4～24.9	6.08	中型	
		YM331：R2042	三期早段	Ac型Ⅳ式	30.8	19.2～19.5			
		YM331：R2043	三期早段	Ac型Ⅲ式	38.5	24.1～24.5			
45	河南河南安阳59武官M1	M1：2	三期早段	C型Ⅲ式	26.3	15.3	7.5	中型	
46	河南安阳殷墟花园庄东地M60	M60：8	三期早段	Ac型Ⅲ式	37.7	21.4	1.66	小型	
47	河南安阳殷墟花园庄M54	M54：53	三期早段	Da型Ⅰ式	66.6	26.5～28.2	25.15	大型	
48	河南河南安阳小屯77AXTM18	77AXTM18：15	三期早段	Ac型Ⅲ式	28.2	17	10.35	大型	
		77AXTM18：17	三期早段	C型Ⅲ式	26.8	20			
49	河南安阳大司空M539	大司空M539：35	三期早段	C型Ⅲ式	29.3	16	5.37	中型	
50	河南安阳殷墟YM238	YM238：R2040	三期早段	Db型Ⅰ式	19.1	13.1～15	2.45	小型	

续表

序号	墓葬名称	器号	时代	型式	通高（厘米）	口径（厘米）	墓室面积（平方米）	墓葬等级	备注
51	河南河南安阳小屯M5	M5：855	三期早段	Da型Ⅰ式	68.8	25.1～24	22.4	大型	
		M5：752	三期早段	Da型Ⅰ式	67	25～23.4			
		M5：854	三期早段	Da型Ⅰ式	67.6	25.6～23.2			
		M5：845	三期早段	Db型Ⅰ式	21	14.4～12.3			
		M5：751	三期早段	Ac型Ⅳ式	64	28.2			
		M5：857	三期早段	Ac型Ⅳ式	65.7	30.7			
		M5：860	三期早段	Ac型Ⅳ式	66.5	30.7			
		M5：1197	三期早段	Ac型Ⅳ式	61.2	29.3			
		M5：861	三期早段	Ac型Ⅳ式	61.8	29.2			
		M5：317	三期早段	Ac型Ⅳ式	残25.5	19			
		M5：782	三期早段	Ac型Ⅳ式	42.1	19.3			
		M5：781	三期早段	Ab型Ⅵ式	48.4	22.3			
		77AXTM18：17	三期早段	C型Ⅲ式	26.8	20			

续表

序号	墓葬名称	器号	时代	型式	通高（厘米）	口径（厘米）	墓室面积（平方米）	墓葬等级	备注
52	河南罗山县蟒张天湖M8	天湖M8：7	三期早段	Ac型Ⅲ式	33.4	20.6	4.16	中型	
53	河南罗山县蟒张天湖M12	罗山M12：2	三期早段	B型Ⅱ式	28	20.9	6.39	中型	
54	陕西西安老牛坡M44	M44：7	三期早段	Ac型Ⅲ式	23	15	2.28	小型	
55	山东滕州轩辕村墓		三期早段	Ac型Ⅳ式	24.5	14.5	2.76	小型	
56	河南安阳刘家庄北地M220	M220：5	三期早段	Ac型Ⅳ式	23.8		3.32	小型	
57	河南安阳殷墟西区GM907	GM907：4	三期晚段	Ac型Ⅱ式	33	17.3	2.53	小型	
58	河南安阳高楼庄M8	高楼庄M8：7	三期晚段	C型Ⅲ式	23.8	16	6.9	中型	
59	河南安阳戚家庄东M269	戚家庄M269：49	三期晚段	Ac型Ⅳ式	34.7	19.9	6.46	中型	
60	河南安阳殷墟GM198	GM198：6	三期晚段	B型Ⅲ式	20.6	13.4	2.46	小型	
61	河南安阳殷墟郭家庄M160	M160：111	三期晚段	Da型Ⅰ式	43.5	19.1～20.5	12.72	大型	
		M160：173	三期晚段	Da型Ⅰ式	43.4	19～20.6			
		M160：174	三期晚段	B型Ⅱ式	27.5	20.1			
62	河南安阳殷墟GM875	GM875：5	三期晚段	B型Ⅱ式	33	19	5.44	中型	

续表

序号	墓葬名称	器号	时代	型式	通高（厘米）	口径（厘米）	墓室面积（平方米）	墓葬等级	备注
63	河南罗山县蟒张天湖M1	M1：13	三期晚段	C型Ⅲ式	26.5	15.5	15.98	大型	
64	河南罗山县蟒张天湖M41	M41：8	三期晚段	B型Ⅱ式	不明	13.4	10.92	大型	器残
65	河南安阳殷墟赛格金地M1	M13：7	三期晚段	B型Ⅲ式	15.3	16.7	4.29	中型	
66	安阳殷墟刘家庄北M1046	99ALM1046：20	三期晚段	B型Ⅱ式	24.3	16.2	8.30	中型	
67	河南安阳殷墟GM1713	GM1713：51	三期晚段	B型Ⅲ式	19.6	11.6	4.68	中型	
68	河南安阳郭庄北M6	M6：27	三期晚段	B型Ⅲ式	17.9	14.5	5.29	中型	
69	河南安阳刘家庄M9	M9：29	三期晚段	B型Ⅱ式	22	16	6.05	中型	
70	河南安阳殷墟郭家庄M53	M53：54	三期晚段	B型Ⅲ式	17.7	13.1	2.88	小型	
71	河南安阳殷墟GM2579	GM2579：9	三期晚段	B型Ⅲ式	18.5	11.5	4.76	中型	
72	河南安阳殷墟徐家桥M1	徐M1：2	三期晚段	B型Ⅱ式	31.2	20.8	4.5	中型	
73	河南安阳殷墟戚家庄东M63	M63：15	三期晚段	B型Ⅱ式	18.2	11.6	5.44	中型	
74	河南安阳殷墟西区GM269	GM269：9	三期晚段	B型Ⅱ式	20	13.2	4.08	中型	
75	山东滕州前掌大墓地M213	M213：69	三期晚段	B型Ⅱ式	34.4	21.2	4.23	中型	

续表

序号	墓葬名称	器号	时代	型式	通高（厘米）	口径（厘米）	墓室面积（平方米）	墓葬等级	备注
76	河南安阳大司空AST1418M303	M303：108	三期晚段	B型Ⅱ式	34.3	18.4	9.22	中型	
		M303：118	三期晚段	Ac型Ⅳ式	36.7	21.7			
77	河南安阳榕树湾M1	2007RSWM1：14	三期晚段	B型Ⅱ式	26.5	16.5	5.64	中型	
78	山西灵石旌介M1	M1：27	三期晚段	B型Ⅱ式	27	18.8	10.13	大型	
79	山东滕州前掌大墓地M38	M38：52	四期	B型Ⅳ式	35	19	8.22	中型	
80	山东滕州前掌大墓地M21	M21：43	四期	B型Ⅳ式	32.4	20	5.87	中型	
81	山东滕州前掌大墓地M11	M11：95	四期	B型Ⅳ式	31.2	17.6	6.33	中型	
82	甘肃灵台白草坡M1	M1：20	四期	B型Ⅱ式	32.5	19.5	8.25	中型	
83	河南洛阳北窑西周墓		四期	C型Ⅴ式	18	9.8	3.94	小型	
84	河南鹿邑太清宫长子口墓	M1：130	四期	Da型Ⅱ式	38	18.9～18.8	67.5	大型	
		M1：196	四期	B型Ⅱ式	27.8	16.4			
		M1：222	四期	Da型Ⅱ式	39	19.1～19.2			
85	陕西泾阳高家堡M4	91SJGM4：6	四期	B型Ⅱ式	29.9	18.3	8.74	中型	

续表

序号	墓葬名称	器号	时代	型式	通高（厘米）	口径（厘米）	墓室面积（平方米）	墓葬等级	备注
86	岐山贺家村一号墓		四期	Ac型Ⅳ式	41	19.5	11.89	大型	
87	陕西扶风庄李M9	M9：8	四期	B型Ⅱ式	31	17.8	8.35	中型	

参考文献

一、历史文献

H

（汉）司马迁. 1982. 史记［M］. 北京：中华书局.

（汉）许慎. 1963. 说文解字［M］. 北京：中华书局.

L

刘柯，李克和. 2003. 管子译注［M］. 哈尔滨：黑龙江人民出版社.

Q

（清）孙诒让. 1980. 周礼正义［M］. 北京：中华书局.

（清）王聘珍（撰），王文锦点校. 1983. 大戴礼记解诂［M］. 北京：中华书局.

W

王文锦. 2001. 礼记译解［M］. 北京：中华书局.

X

徐元诰. 2002. 国语集解［M］. 北京：中华书局.

Y

杨天宇. 2004. 周礼译著［M］. 上海：上海古籍出版社.

杨伯峻. 2005. 春秋左传注［M］. 北京：中华书局.

杨天宇. 2004. 仪礼译著［M］. 上海：上海古籍出版社.

Z

周振甫. 2002. 诗经译注［M］. 北京：中华书局.

二、青铜器著录

A

安徽省博物馆. 1987. 安徽省博物馆藏青铜器［M］. 上海：上海人民出版社.

安阳市文物工作队、安阳市博物馆. 1993. 安阳殷墟青铜器［M］. 郑州：中州古籍出版社.

〔澳〕巴纳，张光裕. 1978. 中日欧美澳纽所见所拓所摹金文汇编［M］. 台湾：艺文印书馆.

B

北京图书馆金石组. 1985. 北京图书馆藏青铜器铭文拓本选编［M］. 北京：文物出版社.

C

陈佩芬. 2004. 夏商周青铜器研究［M］. 上海：上海古籍出版社.

曹玮. 2005. 周原青铜器［M］. 成都：巴蜀书社.

G

故宫博物院. 1942. 故宫［M］. 北京：故宫博物院.

故宫博物院. 1999. 故宫青铜器［M］. 北京：紫禁城出版社.

H

黄濬. 1936. 尊古斋所见吉金图［M］. 北京：北平尊古斋.

河南出土商周青铜器编辑组. 1981. 河南出土商周青铜器［M］. 北京：文物出版社.

L

罗振玉. 1921. 殷文存［M］. 上海：仓圣明智大学，民国5年.

罗振玉. 2003. 贞松堂集古遗文［M］. 北京：北京图书馆出版社.

罗振玉. 1931. 贞松堂集古遗文补遗［M］.

罗振玉. 1934. 贞松堂集古遗文续编［M］.

罗振玉. 1935. 贞松堂吉金图［M］.

罗振玉. 1983. 三代吉金文存［M］. 北京：中华书局.

李学勤、艾兰. 1995. 欧洲所藏中国青铜器遗珠［M］. 北京：文物出版社.

刘雨. 2002. 近出殷周金文集录［M］. 北京：中华书局.

梁彦民. 2006. 神韵与辉煌 · 青铜器卷［M］. 西安：三秦出版社.

刘雨、汪涛. 2007. 流散欧美殷周有铭青铜器集录［M］. 上海：上海辞书出版社.
旅顺博物馆. 2008. 旅顺博物馆藏文物精粹·青铜器卷［M］. 北京：文物出版社.
刘雨、严志斌. 2010. 近出殷周金文集录（二编）［M］. 北京：中华书局.

M
（明）胡文焕. 1997. 古器具名［M］. 山东：齐鲁书社.

Q
（清）梁诗正. 西清古鉴［M］. 乾隆十四年敕编，光绪十四年辽宋书馆铜版影印本.
（清）王杰. 西清续鉴甲编［M］. 乾隆五十八年敕编，宣统三年涵芬楼石印宁寿宫写本影印本.
（清）王杰. 西清续鉴乙编［M］. 乾隆年间敕编，民国二十年宝蕴楼钞本石印本.
（清）王杰. 宁寿鉴古［M］. 民国二年涵芬楼依宁寿宫写本石印本.
（清）冯云鹏、冯云鹓. 金石索［M］. 清道光七年木刻本.
（清）曹载奎. 怀米山房吉金图［M］. 道光十九年自刻本.
（清）刘喜海. 长安获古编［M］. 清光绪三十一刘鹗补刻标题本.
（清）端方. 陶斋吉金录［M］. 清光绪三十四年石印本.
（清）丁麟年. 移林馆吉金图识［M］. 宣统二年石印本.
（清）吴荣光. 筠清馆金文［M］. 清宜都杨守敬重刻本.
（清）刘心源. 奇觚室吉金文述［M］. 光绪二十八年石印本.
（清）朱善旂. 敬吾心室彝器款识［M］. 朱之溱石印本，光绪三十四年.
（清）吴式芬. 1913. 捃古录金文［M］. 清光绪二十一年吴氏家刻本. 浙江：西泠印社翻刻本.
（清）吴大澂. 1930. 愙斋集古录［M］. 上海：涵芬楼.
（清）方濬益. 1935. 缀遗斋彝器款识考释［M］. 上海：商务印书馆.
（清）刘体智. 1935. 小校经阁金石拓本［M］. 庐江刘氏.
（清）刘体智. 1912-1949. 善斋吉金录［M］. 庐江刘氏.

R
容庚. 1929. 宝蕴楼彝器图录［M］. 北京：北平内政部古物陈列所.
容庚. 1935. 海外吉金图录［M］. 北京：燕京大学考古学社.
容庚. 1936. 颂斋吉金图录［M］. 容庚. 2012. 颂斋吉金图君.［M］. 北京：中华书局.
〔日〕林巳奈夫. 1984. 殷周青铜器综览［M］. 东京：吉川弘文馆.
〔日〕泉屋博物馆. 2002. 泉屋博古——中国古铜器编［M］. 东京：便利堂株式会社.

S

（宋）赵九成. 续考古图［M］. 乾隆四十六年四库全书文渊阁书錄钱曾影钞宋刻本.

（宋）王黼. 博古图录［M］. 清乾隆十八年天都黄晟亦政堂修补明万历二十八年吴万化宝古堂刻本.

（宋）王黼. 1753. 博古图录［M］. 宝古堂刻本，清乾隆十八年.

（宋）王俅. 1985. 啸堂集古录［M］. 北京：中华书局影印本.

（宋）薛尚功. 1986. 历代钟鼎彝器款识法帖［M］. 北京：中华书局影印本.

孙壮. 1976. 澂秋馆吉金图［M］. 台北：台联国风出版社印行.

孙稚雏. 1981. 金文著录简目［M］. 北京：中华书局.

陕西省考古研究所，陕西省文物事业管理委员会，陕西省博物馆. 1979. 陕西出土商周青铜器一［M］. 北京：文物出版社.

陕西省考古研究所，陕西省文物事业管理委员会，陕西省博物馆. 1980. 陕西出土商周青铜器二［M］. 北京：文物出版社.

陕西省考古研究所，陕西省文物事业管理委员会，陕西省博物馆. 1980. 陕西出土商周青铜器三［M］. 北京：文物出版社.

陕西省考古研究所，陕西省文物事业管理委员会，陕西省博物馆. 1984. 陕西出土商周青铜器四［M］. 北京：文物出版社.

上海博物馆商周青铜器铭文选编写组. 1986-1988. 商周青铜器铭文选［M］. 北京：文物出版社.

孙稚雏. 1986. 青铜器论文索引［M］. 北京：中华书局.

W

王辰. 1935. 续殷文存［M］. 北京：考古学社专集第五.

吴镇烽. 1989. 陕西金文汇编［M］. 西安：三秦出版社.

吴镇烽. 2012. 商周青铜器铭文暨图像集成［M］. 上海：上海古籍出版社.

X

西北大学文博学院. 2006. 城洋青铜器［M］. 北京：科学出版社.

Y

于省吾. 1935. 十二家吉金图释［M］. 北京：燕京大学哈佛燕京学社.

于省吾. 1940. 双剑誃古器物图录［M］. 北京：北京琉璃厂函雅堂.

严一萍. 1983. 金文总集［M］. 台湾：艺文印书馆.

于省吾. 2009. 商周金文录録遗［M］. 北京：中华书局.

Z

邹安. 1916. 周金文存［M］. 影印本.

邹寿祺. 1926. 梦坡室获古丛编［M］. 石印本.

中国社会科学院考古研究所. 1962. 美帝国主义劫掠的我国殷周铜器集录［M］. 北京：科学出版社.

钟柏生，陈昭容，黄铭崇，袁国华等. 1962. 新收殷周青铜器铭文暨器影汇编. 台湾：台北艺文印书社.

周法高. 1980. 三代吉金文存补［M］. 台北：台联国风出版社.

中国社会科学院考古研究所. 1985. 殷墟青铜器［M］. 北京：文物出版社.

中国青铜器全集编辑委员会. 1996. 中国青铜器全集［M］. 北京：文物出版社.

张亚初. 2001. 殷周金文集成引得［M］. 北京：中华书局.

中国社会科学院考古研究所. 2001. 殷周金文集成释文［M］. 香港：中文大学出版社.

张懋镕，张仲立. 2005. 青铜器论文索引（续编）［M］. 香港：香港明石文化国际出版有限公司.

中国社会科学院考古研究所. 2007. 殷周金文集成［M］. 北京：中华书局.

三、学术研究

1. 专著

C

曹玮. 2004. 周原遗址与西周铜器研究［C］. 北京：科学出版社.

D

杜廼松. 2005. 古代青铜器［M］. 北京：文物出版社.

G

郭宝钧. 1981. 商周铜器群综合研究［M］. 北京：文物出版社.

郭沫若. 2004. 两周金文辞大系图录考释［A］. 郭沫若全集［C］. 北京：科学出版社.

L

李伯谦. 2003. 商文化论集［C］. 北京：文物出版社.

罗振玉. 2006. 殷墟书契考释三种［M］. 北京：中华书局.

吕琪昌. 2007. 青铜爵、斝的秘密［M］. 杭州：浙江大学出版社.

李朝远. 2007. 青铜器学步集［C］. 北京：文物出版社.

M

马承源. 2003. 中国青铜器［M］. 上海：上海古籍出版社.

R

容庚. 1941. 商周彝器通考［M］. 北京：燕京大学哈佛燕京学社.

W

王国维. 2003. 观堂集林［M］. 石家庄：河北教育出版社.

Y

岳洪彬. 2006. 殷墟青铜礼器研究［M］. 北京：中国社会科学出版社.

严志斌，洪梅. 2008. 殷墟青铜器——青铜时代的中国文明［M］. 上海：上海大学出版社.

严志斌. 2013. 商代青铜器铭文研究［M］. 上海：上海古籍出版社.

Z

邹衡. 1980. 夏商周考古学论文集［M］. 北京：文物出版社.

朱凤瀚. 1995. 古代中国青铜器［M］. 天津：南开大学出版社.

邹衡. 1998. 夏商周考古学论文集（续集）［M］. 北京：科学出版社.

张懋镕. 2002. 古文字与青铜器论集［C］. 北京：科学出版社.

张天恩. 2004. 关中商文化研究［M］. 北京：文物出版社.

张懋镕. 2006. 古文字与青铜器论集（第二辑）［C］. 北京：科学出版社.

张渭莲. 2008. 商文明的形成［M］. 北京：文物出版社.

朱凤瀚. 2009. 中国青铜器综论［M］. 上海：上海古籍出版社.

张翀. 2012. 商周青铜豆整理与研究［M］. 北京：线装书局.

2. 论文

A

安金槐. 1989. 对于郑州商代南关外期遗存的再认识［J］. 华夏考古，（1）.

C

陈芳妹. 1988. 商周青铜酒器［J］. 故宫文物月刊，6（8）.

D

杜金鹏. 1994. 商周铜爵研究［J］. 考古学报，（3）.

杜迺松. 2003. 青铜器定名的几个理论问题［A］. //吉金文字与青铜文化论集［C］. 北京：紫禁城出版社.

G

高广仁，邵望平. 1981. 史前陶鬶初论［J］. 考古学报，（4）.

高炜，杨锡璋，王巍，杜金鹏等. 1998. 偃师商城与夏商文化分界［J］. 考古，（10）.

H

韩建业，杨新改. 1997. 王湾三期文化研究［J］. 考古学报，（1）.

L

李济. 1948、1949. 记小屯出土之青铜器［J］. 中国考古学报第3、4册.

李济. 1959. 斝的形制及原始李济［J］. "中央"研究院历史语言研究所集刊，第39册上.

李济. 1968. 殷墟出土青铜斝形器之研究：青铜斝形器的形制与花纹［A］. //中国考古报告集新编·古器物研究专刊（第三本）［C］. "中央"研究院历史语言研究所.

刘万航. 1985. 酒与青铜酒器［J］. 故宫文物月刊，2（10）.

刘宝成，刘森淼. 1991. 商周方鼎初论［J］. 考古，（6）.

栾丰实. 1994. 试论岳石文化与郑州地区早期商文化的关系——兼论商族起源问题［J］. 华夏考古，（4）.

李少龙. 1999. 青铜爵的功用、造型及其与商文化的关系［J］. 南开大学学报（哲社），（1）.

J

蒋志龙. 1995. 釜形斝研究［J］. 考古与文物，（4）.

贾红波. 1998. 爵用新考［J］. 中原文物，（3）.

Q

仇祯. 1984. 关于郑州商代南关外期及其他［J］. 考古，（2）.

S

孙华. 1980. 关于二里头文化［J］. 考古，（6）.

宋新潮. 1987. 西安老牛坡遗址发掘的主要收获［J］. 西北大学学报（哲社），（1）.

T

田昌五. 1981. 夏文化探索［J］. 文物，（5）.

W

王立新，朱永刚. 1995. 下七垣文化探源［J］. 华夏考古，（4）.
魏峻. 1997. 下七垣文化新探［J］. 北京大学. 青年考古学家，（9）.

X

许宏，赵海涛. 2010. 二里头遗址文化分期再检讨——以出土铜、玉礼器的墓葬为中心［J］. 南方文物，（3）.

Y

殷玮璋. 1978. 二里头文化探讨［J］. 考古，（1）.
袁广阔. 1998. 试论夏商文化的分界［J］. 考古，（10）.

Z

张忠培. 1997. 黄河流域空三足器的兴起［J］. 华夏考古，（1）.
郑彤. 1997. 下七垣文化来源探索［J］. 北京大学. 青年考古学家，（9）.
张懋镕. 1999. 西周方座簋研究［J］. 考古，（12）.
张懋镕. 2003. 两周青铜盨研究［J］. 考古学报，（1）.

四、考古资料

1.　考古报告

A

安阳市文物考古研究所. 2011. 安阳殷墟徐家桥郭家庄商代墓葬：2004～2008年殷墟考古报告［M］. 北京：科学出版社.

B

北京大学考古文博学院. 2002. 洛阳王湾［M］. 北京：北京大学出版社.

G

国家文物局. 1999. 晋中考古［M］. 北京：文物出版社.

H

河南省文物局文物工作队. 1959. 郑州二里岗［M］. 北京：科学出版社.

河北省文物研究所. 1985. 藁城台西商代遗址［M］. 北京：文物出版社.

河南省文物研究所，中国历史博物馆考古部. 1992. 登封王城岗与阳城［M］. 北京：文物出版社.

河南省文物考古研究所，周口市文化局. 2000. 鹿邑太清宫长子口墓［M］. 郑州：中州古籍出版社.

湖北省文物考古研究所. 2001. 盘龙城：1963年～1994年考古发掘报告［M］. 北京：文物出版社.

韩国河，赵海洲. 2006. 新乡李大召［M］. 北京：科学出版社.

N

内蒙古自治区文物考古研究所，鄂尔多斯博物馆. 2000. 朱开沟［M］. 北京：文物出版社.

Q

齐岸青. 2004. 郑州市文物考古研究所. 郑州大师姑［M］. 北京：科学出版社.

S

山东省文物管理处、济南市博物馆. 1974. 大汶口［M］. 北京：文物出版社.

山东大学历史系考古专业教研室. 1990. 泗水尹家城［M］. 北京：文物出版社.

陕西省考古研究所. 1995. 高家堡戈国墓［M］. 西安：三秦出版社.

陕西省考古研究所，榆林市文物保护研究所. 2005. 神木新华［M］. 北京：科学出版社.

山西省考古研究所. 2006. 灵石旌介商墓［M］. 北京：科学出版社.

T

佟国华. 2001. 垣曲古城东关［M］. 北京：科学出版社.

Z

中国科学院考古研究所. 1956. 辉县发掘报告［M］. 北京：科学出版社.

中国科学院考古研究所. 1959. 庙底沟与三里桥［M］. 北京：科学出版社.

中国社会科学院考古研究所. 1980. 殷墟妇好墓［M］. 北京：文物出版社.

中国社会科学院考古研究所. 1987. 殷墟发掘报告［M］. 北京：文物出版社.
中国社会科学院考古研究所. 1988. 武功发掘报告［M］. 北京：文物出版社.
中国社会科学院考古研究所. 1988. 夏县东下冯［M］. 北京：文物出版社.
中国历史博物馆，山西省考古研究所，垣曲县博物馆. 1996. 垣曲商城［M］. 北京：科学出版社.
中国社会科学院考古研究所. 1998. 安阳殷墟郭家庄商代墓葬［M］. 北京：中国大百科全书出版社.
中国社会科学院考古研究所. 1999. 偃师二里头［M］. 北京：中国大百科全书出版社.
郑州文物考古研究所. 1999. 郑州商代铜器窖藏［M］. 北京：科学出版社.
郑州大学文博学院，开封市文物工作队. 2000. 豫东杞县发掘报告［M］. 北京：科学出版社.
郑州市文物考古研究所. 2001. 郑州大河村［M］. 北京：科学出版社.
中国社会科学院考古研究所. 2005. 滕州前掌大墓地［M］. 北京：文物出版社.

2. 简报

A
安阳市文物工作队. 1991. 殷墟戚家庄东269号墓［J］. 考古学报，（3）.
安阳市文物工作队. 1991. 河南安阳郭庄村北发现一座殷墓［J］. 考古，（10）.
安阳市文物工作队. 1997. 1983～1986年安阳刘家庄殷代墓葬发掘报告［J］. 华夏考古，（2）.

B
北京大学. 河北省文化局邯郸考古发掘队. 1959. 1957年邯郸发掘简报［J］. 考古，（10）.
北京大学考古实习队. 1961. 洛阳王湾遗址发掘简报［J］. 考古，（4）.
北京市文物管理处. 1977. 北京市平谷县发现商代墓葬［J］. 文物，（11）.
保全. 1981. 西安老牛坡出土商代早期文物［J］. 考古与文物，（2）.

C
程长新，曲得龙，姜东方. 1982. 北京拣选一组二十八件商代带铭铜器［J］. 文物，（9）.
程长新，张先得. 1982. 历尽沧桑　重放光华　北京市拣选古代青铜器展览简记［J］. 文物，（9）.
蔡全法，马俊才，郭木森. 2000. 河南省新密市发现龙山时代重要城址［J］. 中原文物，（5）.

D

邓同德. 1982. 河南项城出土商代前期青铜器和刻文陶拍［J］. 文物，（9）.

戴应新. 1992. 泾阳高家堡商周墓群发掘记续（二）——酒器［J］. 故宫文物月刊，10（7）.

戴遵德. 1980. 山西灵石旌介村商代墓葬和青铜器［A］// 文物编辑委员会. 文物资料丛刊3［C］. 北京：文物出版社.

G

郭宝钧. 1936. 濬县辛村古残墓之清理［J］. 田野考古报告. 第1册.

郭宝钧. 1951. 1950年春殷墟发掘报告［J］. 中国考古学报. 第5册.

郭冰廉. 1958. 湖北黄陂矿山水库工地发现了青铜器［J］. 考古通讯，（9）.

葛介屏. 1959. 安徽阜南发现殷周时代的青铜器［J］. 文物，（1）.

郭勇. 1962. 石楼后蓝家沟发现商代青铜器简报［J］. 文物，（4、5）.

郭德维，陈贤一. 1964. 湖北黄陂盘龙城商代遗址和墓葬［J］. 考古，（8）.

葛治功. 1965. 安徽嘉山县泊岗引河出土的四件商代铜器［J］. 文物，（7）.

1966. 故宫博物院藏品资料选介［J］. 文物，（5）.

甘肃省博物馆文物组. 1972. 灵台白草坡西周墓［J］. 文物，（12）.

甘肃省博物馆文物队. 1977. 甘肃灵台白草坡西周墓［J］. 考古学报，（2）.

高礼双. 1981. 山西出土的商周青铜器［J］. 晋阳学刊，（2）.

高炜，高天麟，张岱海. 1983. 关于陶寺墓地的几个问题［J］. 考古，（6）.

隰县小西天文管所（王进）. 1991. 山西隰县庞村出土商代青铜器［J］. 文物，（7）.

郭勇. 1980. 山西长子县北郊发现商代铜器［A］//文物编辑委员会. 文物资料丛刊3［C］. 北京：文物出版社.

H

河南文物工作队一队. 1955. 郑州市白家庄商代墓葬发掘简报［J］. 文物参考资料，（10）.

河南省文化局文物工作队一队. 1957. 郑州商代遗址的发掘［J］. 考古学报，（1）.

河南省文化局文物工作队一队. 1957. 郑州商代遗址的发掘［J］. 考古学报，（1）.

黄河水库考古工作队河南分队. 1960. 河南陕县七里铺商代遗址的发掘［J］. 考古学报，（1）.

河南省文化局文物工作队. 1960. 河南新乡潞王坟商代遗址发掘报告［J］. 考古学报，（1）.

河北省文化局文物工作队. 1960. 河北省几年来在废铜中发现的文物［J］. 文物，（2）.

河南省文化局文物工作队. 1966. 河南郑州上街商代遗址发掘报告［J］. 考古，（1）.

河北省博物馆，文物管理处. 1973. 河北藁城县商代遗址和墓葬的调查［J］. 考古，（1）.

河南省博物馆. 1973. 郑州南关外商代遗址的发掘［J］. 考古学报，（1）.

河北省博物馆，文物管理处. 1973. 河北藁城台西村的商代遗址［J］. 考古，（5）.

河北省文物管理处. 1974. 磁县界段营发掘简报［J］. 考古，（6）.

河北省文物管理处. 1975. 磁县下潘汪遗址发掘报告［J］. 考古学报，（1）.

湖北省博物馆. 1976. 一九六三年湖北黄陂盘龙城商代遗址的发掘［J］. 文物，（1）.

湖北省博物馆. 1976. 盘龙城商代二里岗期的青铜器［J］. 文物，（2）.

河南省博物馆，灵宝县文化馆. 1979. 河南灵宝出土一批商代青铜器［J］. 考古，（1）.

河北省文物管理处. 1979. 磁县下七垣文化遗址发掘简报［J］. 考古学报，（2）.

河北省文物管理处台西考古发掘队. 1979. 河北藁城台西村商代遗址发掘简报［J］. 文物，（6）.

韩明祥. 1982. 山东长清、桓台发现商代青铜器［J］. 文物，（1）.

黄陂县文化馆，孝感地区博物馆，湖北省博物馆. 1982. 湖北黄陂鲁台山西周遗址与墓葬［J］. 江汉考古，（2）.

河南省文物研究所，郑州大学历史系考古专业. 1983. 禹县瓦店遗址发掘简报［J］. 文物，（3）.

河南省文物研究所. 1983. 郑州北二七路新发现三座商墓［J］. 文物，（3）.

河南省文物研究所，郑州市博物馆. 1983. 郑州新发现商代窖藏青铜器［J］. 文物，（3）.

河南省信阳地区文管会，河南省罗山县文化馆. 1986. 罗山天湖商周墓地［J］. 考古学报，（2）.

河南省考古文物研究所. 1988. 许昌县大路陈村发现商代墓［J］. 华夏考古，（1）.

河南省文物研究所. 1991. 临汝煤山遗址1987～1988年发掘报告［J］. 华夏考古，（3）.

河南省文物研究所. 1991. 郑州市商代制陶遗址发掘简报［J］. 华夏考古，（4）.

邯郸地区文物保管所，永年县文物保管所. 1992. 河北省永年县何庄遗址发掘报告［J］. 华夏考古，（4）.

邯郸市文物管理处. 1992. 邯郸县商周遗址的调查［J］. 文物春秋，（2）.

河北省文物研究所，河北文化学院. 1992. 武安赵窑遗址发掘报告［J］. 考古学报，（3）.

河南省文物研究所. 1993. 河南巩县稍柴遗址发掘报告［J］. 华夏考古，（2）.

黄冈地区博物馆，黄州市博物馆. 1993. 湖北省黄州市下窑嘴商墓发掘简报［J］. 文物，（6）.

河南省文物考古研究所，郑州大学文博学院考古系，南开大学历史系博物馆学专业. 1996. 1995年郑州小双桥遗址的发掘［J］. 华夏考古，（3）.

河南省文物考古研究所，郑州市文物考古研究所. 1998. 郑州南顺城街青铜器窖藏坑发掘简报［J］. 华夏考古，（3）.

韩维龙，张志清. 2000. 鹿邑太清宫长子口墓出土青铜器［J］. 中原文物，（1）.

河南省文物考古研究所. 2000. 河南辉县市孟庄龙山文化遗址发掘简报［J］. 考古，（3）.

何毓灵. 2001-3-28. 殷墟发现商代贵族墓［N］. 中国文物报.（1）.

河南省文物考古研究所. 2003. 郑州商城新发现的几座商墓［J］. 文物，（4）.

河南省博物馆，郑州市博物馆. 1977. 郑州商代城遗址发掘报告［A］// 文物编辑委员会. 文物资料丛刊1［C］. 北京：文物出版社.

湖北省文物考古研究所，随州市博物馆. 2012. 湖北随州市叶家山西周墓地［J］. 考古，（7）.

何毓灵，唐际根，岳占伟，等. 2012. 河南安阳市殷墟刘家庄北地2010～2011年发掘简报［J］. 考古，（12）.

湖北省文物考古研究所，随州市博物馆. 2011. 湖北随州市叶家山西周墓地发掘简报［J］. 文物，（11）.

J

既陶. 1959. 山东省普查文物展览简介［J］. 文物，（11）.

江西省博物馆，清江县博物馆. 1977. 今年江西出土的商代青铜器［J］. 文物，（9）.

晋保、赵京力. 1991-3-17. 捐献殷墟甲骨［N］. 中国文物报.（1）.

K

孔繁银. 1959. 山东滕县井亭煤矿等地发现商代铜器及古遗址、墓葬［J］. 文物，（12）.

喀左县文化馆，朝阳地区博物馆，辽宁省博物馆. 1977. 辽宁省喀左县山湾子出土殷周青铜器［J］. 文物，（12）.

孔德新. 1980. 河南新乡市博物馆藏几件商代早期青铜器［A］//文物编辑委员会. 文物资料丛刊3［C］. 北京：文物出版社.

L

陆懋德. 1951-1-27. 介绍故宫杨宁史的古铜器群［N］. 光明日报（5）.

刘长荪，陈恒树. 1965. 湖北浠水发现两件铜器［J］. 考古，（7）.

洛阳博物馆. 1978. 洛阳矬李遗址试掘简报［J］. 考古，（1）.

洛阳博物馆. 1972. 洛阳北窑西周墓清理记［J］. 考古，（2）.

辽宁省昭乌达盟文物工作站，中国科学院考古所东北队. 1973. 宁城县南山根的石椁墓［J］. 考古学报，（2）.

洛阳博物馆. 1975. 河南临汝煤山遗址调查与试掘［J］. 考古，（5）.

罗西章. 1977. 杨家堡出土的商周之际的铜器［J］. 文物，（12）.

洛阳博物馆. 1978. 孟津小潘沟遗址试掘简报［J］. 考古，（4）.

鲁琪，葛英会. 1978. 北京市文物展览巡礼［J］. 文物，（4）.

刘得祯. 1981. 甘肃灵台两座西周墓［J］. 考古，（6）.

临汝县文化馆. 1983. 河南临汝县李楼出土商代青铜器［J］. 考古，（9）.

刘俊琪. 1985. 介绍首都博物馆藏的六件商代青铜器［J］. 文物，（8）.

罗勋章，夏名采. 1989. 青州市苏埠屯商代墓发掘报告［J］. 海岱考古，（1）.

M

马得志，周永珍，张云鹏. 1955. 1953年安阳大司空村发掘报告［J］. 考古学报第9册.

孟宪武. 1985. 安阳三家庄发现商代窖藏青铜器［J］. 考古，（12）.

孟新安. 1987. 郾城县出土一批商代青铜器［J］. 考古，（8）.

N

南京博物院等. 1960. 江苏省十年来考古工作中的重要发现［J］. 考古，（7）.

Q

齐文涛. 1972. 概述近年来山东出土的商周青铜器［J］. 文物，（5）.

岐山县博物馆，庞文龙，刘少敏. 1992. 岐山县北郭乡樊村新出土青铜器等文物［J］. 文物，（6）.

曲沃县博物馆. 1996. 天马—曲村遗址青铜器介绍［J］. 文物季刊，（3）.

S

山西省文管会保管组. 1958. 山西石楼县二郎坡出土商周铜器［J］. 文物参考资料，（1）.

山西省文物工作委员会. 1959. 山西长子的殷周文化遗存［J］. 文物，（2）.

山东省博物馆. 1964. 山东长清出土的青铜器［J］. 文物，（4）.

山东省博物馆. 1972. 山东益都苏埠屯第一号奴隶殉葬墓［J］. 文物，（8）.

石楼文化馆. 1977. 山西永和发现殷代铜器［J］. 考古，（5）.

陕西周原考古队. 1978. 陕西扶风庄白一号西周青铜器窖藏发掘简报［J］. 文物，（3）.

尚松泉. 1980. 应城发现殷代斝、爵［J］. 江汉考古，（2）.

随州市博物馆. 1981. 湖北随县发现商代青铜器［J］. 文物，（8）.

山西省考古研究所晋东南工作站. 1988. 山西长治小神村遗址［J］. 考古，（7）.

宋国定，王文华，曾晓敏. 1996-4-21. 商代王室重器在郑州重见天日［N］. 中国文物报.（1）.

山东大学东方考古研究中心，山东省文物考古研究所，济南市考古研究所. 2004. 济南市大辛庄商代居址与墓葬［J］. 考古，（7）.

陕西省考古研究院，榆林市文物保护研究所. 2009. 陕西横山县瓦窑渠寨山遗址发掘简报［J］. 考古与文物，（5）.

陕西省考古研究院，商洛市博物馆. 2009. 陕西商洛市东龙山遗址仰韶与龙山时代遗存发掘简报［J］. 考古，（12）.

山东大学历史文化学院考古系. 2010. 济南大辛庄遗址139号商代墓葬［J］. 考古，（10）.

寿光县博物馆. 1985. 山东寿光县新发现一批纪国铜器［J］. 文物，（3）.

T

天津市文化局文物组. 1960. 天津市文化局从废铜中拣选出不少珍贵文物［J］. 文物，（2）.

天津市文物管理处. 1975. 西周夔纹铜禁［J］. 文物，（3）.

天津市文化局文物组. 1964. 天津市新收集的商周青铜器［J］. 文物，（9）.

唐金裕，王寿芝，郭长江. 1980. 陕西省城固县出土殷周铜器整理简报［J］. 考古，（3）.

滕州市博物馆. 1993. 山东滕州市发现商代青铜器［J］. 文物，（6）.

W

王献唐. 1951. 山东古代文物管理委员会收藏的黄县丁氏铜器［J］. 文物参考资料，（8）.

1972. 温县发现商代铜器［J］. 文物，（1）.

王言京. 1974. 山东邹县又发现商代铜器［J］. 文物，（1）.

王光永. 1977. 陕西省岐山县发现商代铜器［J］. 文物，（12）.

王进先. 1979. 山西长子县发现西周铜器［J］. 文物，（9）.

武陟县文化馆. 1980. 武陟县早商墓葬清理简报［J］. 中原文物，（3）.

王彦民，赵清. 1982. 郑州二里岗发掘一座商代墓［J］. 中原文物，（4）.

王进先. 1982. 山西长治市拣选、征集的商代青铜器［J］. 文物，（9）.

王长启. 1990. 西安市文物中心收藏的商周青铜器［J］. 考古与文物，（5）.

王光永. 1991. 陕西宝鸡戴家湾出土商周青铜器调查报告［J］. 考古与文物，（1）.

王兆麟，田长山. 1991-9-15. 泾阳商末古墓群出土一批礼器［N］. 中国文物报.（1）.

王长启. 2002. 西安丰镐遗址发现的车马坑及青铜器［J］. 文物，（12）.
王晓毅. 2011. 山西岢岚县乔家湾龙山文化晚期遗址［J］. 考古，（9）.

X

徐旭生. 1959. 1959年夏豫西调查“夏墟”的初步报告［J］. 考古，（11）.
熊卜发，刘志升. 1981. 黄陂县出土玉器、铜器［J］. 江汉考古，（1）.
信阳地区文管会，罗山县文化馆. 1981. 河南罗山县蟒张商代墓地第一次发掘简报［J］. 考古，（2）.
信阳地区文管会，罗山县文化馆. 1981. 罗山县蟒张后李商周墓地第二次发掘简报［J］. 中原文物，（4）.
新郑县文化馆. 1981. 河南新郑县望京楼出土的铜器和玉器［J］. 考古，（6）.
夏金瑞. 1982. 赣县白鹭官村商周遗址调查［J］. 江西历史文物，（1）.
熊卜发，鲍方铎. 1986. 黄陂出土的商代晚期青铜器［J］. 江汉考古，（4）.
西北大学历史系考古专业. 1988. 西安老牛坡商代墓地的发掘［J］. 文物，（6）.
夏名采，刘华国. 1996. 山东青州市苏埠屯墓群出土的青铜器［J］. 考古，（5）.
西北大学文化遗产与考古学研究中心，陕西省考古研究所，旬邑县博物馆. 2006. 陕西旬邑下魏洛遗址发掘简报［J］. 文物，（9）.

Y

杨绍舜. 1959. 石楼发现古代铜器［J］. 文物，（3）.
杨绍舜. 1976. 山西石楼新征集到的几件商代青铜器［J］. 文物，（2）.
杨宝顺. 1975. 温县出土的商代铜器［J］. 文物，（2）.
杨育彬，赵灵芝，孙建国，等. 1981. 近几年来在郑州新发现的商代青铜器［J］. 中原文物，（2）.

Z

中国科学院考古研究所洛阳发掘队. 1955. 1954年秋洛阳西郊发掘简报［J］. 考古通讯，（5）.
赵霞光. 1958. 郑州南关外商代遗址发掘简报［J］. 考古通讯，（2）.
翟所金. 1961. 泰安市发现古代文物［J］. 文物，（1）.
中国科学院考古研究所洛阳发掘队. 1961. 1959年河南偃师二里头试掘简报［J］. 考古，（2）.
中国科学院考古研究所洛阳发掘队. 1965. 河南偃师二里头遗址发掘简报［J］. 考古，（5）.
郑州市博物馆. 1965. 郑州市铭功路西侧的两座商代墓［J］. 考古，（10）.

中国科学院考古研究所山西工作队. 1973. 山西芮城东庄村和西王村遗址的发掘［J］. 考古学报，（1）.

中国科学院考古研究所安阳工作队. 1977. 安阳殷墟五号墓的发掘［J］. 考古学报，（2）.

中国社会科学院考古所安阳工作队. 1979. 安阳武官村北的一座殷墓［J］. 考古，（3）.

中国社会科学院考古所安阳工作队. 1981. 安阳小屯村倍的两座殷代墓［J］. 考古学报，（4）.

1982-8-17. 郑州市又发现一批商代青铜器［N］. 光明日报.（2）.

中国社会科学院考古研究所河南二队. 1982. 河南临汝煤山遗址发掘简报［J］. 考古学报，（4）.

张增午. 1982. 河南林县下陶村发现一件晚商青铜斝［J］. 文物，（9）.

张家芳. 1982. 湖北襄樊拣选的商周青铜器［J］. 文物，（9）.

张久益. 1983. 临汝县李楼出土商代青铜器介绍［J］. 中原文物，（2）.

柘城县文化馆. 1983. 河南柘城心闷寺遗址发现商代铜器［J］. 考古，（6）.

中国社会科学院考古研究所河南第二工作队. 1984. 1983年秋季河南偃师商城发掘简报［J］. 考古，（10）.

中国社会科学院考古研究所河南二队. 1985. 河南密县新砦遗址的试掘［J］. 考古，（5）.

张增午. 1986. 河南林县拣选到三件商代青铜器［J］. 文物（3）.

中国社会科学院考古研究所二里头工作队. 1986. 1984年秋河南偃师二里头遗址发现的几座墓葬［J］. 考古，（4）.

郑州市文物工作队，陈立信. 1988. 郑州岔河商代遗址调查简报［J］. 考古，（5）.

中国社会科学院考古研究所安阳队. 1990. 安阳大寒南岗遗址［J］. 考古学报，（1）.

中国社会科学院考古研究所二里头工作队. 1991. 河南偃师二里头遗址发现新的青铜器［J］. 考古，（12）.

中国社会科学院考古研究所二里头工作队. 1992. 1987年偃师二里头遗址墓葬发掘简报［J］. 考古，（4）.

中国社会科学院考古研究所安阳工作队. 1992. 1980年河南安阳大司空村M539发掘简报［J］. 考古，（6）.

中国历史博物馆考古部，山西省考古研究所. 1997. 1988～1989年山西垣曲古城南关商代遗址发掘简报［J］. 文物，（10）.

张志清，韩维龙，郭木森. 1998-6-3. 鹿邑太清宫遗址考古发掘又有重大发现［N］. 中国文物报.（1）.

中国社会科学院考古研究所河南第二工作队. 1999. 河南偃师商城Ⅳ区1996年发掘简报［J］. 考古，（2）.

中国社会科学院考古研究所安阳队. 2004. 河南安阳市54号商代墓葬发掘报告［J］. 考古，（1）.

中国社会科学院考古研究所安阳队. 2008. 殷墟大司空M303发掘报告［J］. 考古学报，（3）.

中国社会科学院考古研究所安阳队. 2006. 河南安阳殷墟花园庄东地60号墓［J］. 考古，（1）.

中国社会科学院考古研究所河南第二工作队. 2006. 河南偃师商城Ⅳ区1999年发掘简报［J］. 考古，（6）

中国社会科学院考古研究所山西队，山西省考古研究所，临汾市文物局. 2005. 山西襄汾陶寺遗址2002年发掘报告［J］. 考古学报，（3）.

张剑. 1980. 洛阳博物馆馆藏的几件青铜器［A］//文物编辑委员会. 文物资料丛刊3［C］. 北京：文物出版社.

郑州市博物馆. 1981. 河南荥阳西史村遗址试掘简报［A］//文物编辑委员会文物资料丛刊5. 北京：文物出版社.

周原考古队. 2008. 陕西扶风县周原遗址庄李西周墓发掘简报［J］. 考古，（12）.

郑州市文物考古研究院. 2012. 河南新郑望京楼二里岗文化城址东一城门发掘简报［J］. 文物，（12）.

后　　记

本书是在我硕士论文基础上修改、润色而成，回望写作过程，不可谓不艰辛，幸有师长、亲友、同事的指引、鼓励，方得以顺利完成，付梓之际，想对他们说几句感谢的话语，其言也轻，其意也诚。

2006年，蒙恩师张懋镕教授不弃，允我忝列门墙，引我走上治学之路，教我研习中国古代青铜器。工作后，不能时时聆听先生教诲，深以为憾，但先生所教严谨的学术态度、淡泊的处世风范必将使我终生受益。

感谢我的爱人杜娟女士。由于教学任务繁重，本书写作几乎填满了我全部的课余时间，为让我心无旁骛，她一人承担起了照顾孩子、操持家务的重任，在此期间，她还在兰州大学顺利攻读了硕士学位，个中艰辛，我是深知的。

2009年7月，我毕业分配到西北民族大学历史文化学院任教，同事们给予了我诸多关怀、帮助，他们是，尹伟先教授、段小强教授、刘英教授、朱悦梅教授，挚友春峰兄、光国兄，恕我不能一一具名于此。他们给予我的帮助也并不止于本书的写作。

感谢听我讲授《中国古代青铜器》的历届学生，他们给了我许多有益的启示，还应感谢钟永莉、苗平、胡子尧、叶舒颖等同学给予的热情鼓励及代为打印、邮寄书稿。

是为记。

吴　伟

2015年冬月于金城